統治機構改革は
教育をどう変えたか

現代日本のリスケーリングと教育政策

徳久恭子／砂原庸介／本多正人［編著］

ミネルヴァ書房

はじめに

　「学校」,「教育」。この言葉を聞くと語り出してしまうのはなぜだろう。日本は誰もが教育に物申す社会。この表現が過言でないのは，学歴が人生を左右するという認識がいまだ強いからだ。しかし，社会階層の上昇移動に学歴が必要だという事実のみで人の語りは熱を持たない。学歴獲得という行為と学校教育に対する期待との間にあるずれの大きさが，不満や理想を述べさせる。知識偏重の詰め込み教育は，「子どもは子どもらしく，のびのびと育てる」という子育て論になじまないだろうし，高度に情報化した知識基盤社会にも対応できないといわれる。そこで求められるのは，幅広い知識と柔軟な思考力にもとづいて判断を下せる，先見性・創造性・独創性のある人材だからだ。

　教育の理想と現実の不一致は今に始まったことではない。大正期には，都市新中間層が直面したジレンマだったし，戦後においても事あるごとに指摘され，中央教育審議会や臨時教育審議会，教育再生会議などで幾度となく改善が検討されてきた。にもかかわらず，学校教育への不満はあり続けている。読売新聞が1984年から2013年の間に行った計17回の世論調査では，いずれも不満が満足を上回った。[1]不満の高さは「教育については『１億総批評家』とも言われる国民の関心の高さ」の裏返しであり，[2]不満の理由は時々で変わる。

　だが，そこにはある傾向もみられる。「今の学校教育への不満点と改革が必要な点」を時系列でみると，回答者の不満は日本教育の問題点とされてきた「詰め込み教育」に集まっていたことがわかる。その回答は1985年の調査時から30〜40％台と高くあり続けたものの，2000年代に低下を始め，2013年には14％にまで押し下がった。同様の傾向は「偏差値教育」でも確認された。[3]これと対照的なのは「学力の低下」で，おおむね10％未満の回答に収まっていたもの

i

が，2001年に17.6％，2005年に44.5％，2008年に39.2％，2013年に32％と高位で推移した。問題の所在に明らかな逆転がみられたのである。

学力への懸念は，2000年前後に子どもの学習離れや大学生の学力低下が頻繁に報道されたことで高まった。PISA2003における国際順位の下落はそれを確信に変え，犯人探しが始まった。再び読売新聞の世論調査をみると，学力低下の原因をゆとり教育に求める回答が多かったことがわかる。興味深いのは，ゆとり教育を「評価しない」人が，小学校高学年の子を持つ家庭で56％，中学生を持つ家庭で52％を占めたこと，つまり，ゆとり教育を実際に受けている家庭ほど否定派が多く，そうでない世代に低いという事実だった。[4]

世論調査は回答者の男女比や年齢構成に配慮して行われるが，世代ごとの回答差が顕著な項目も少なくない。学校教育に民主化と社会階層移動の夢をみた団塊世代，詰め込み教育・受験戦争・管理教育を経験した団塊ジュニア世代，デジタルネイティブで「生きる力」の育みが求められたZ世代（概ね1990年代中盤～2000年代生），多様性（ダイバーシティ）や社会問題の解決を重視し，経験（疑似経験を含む）や興味を重視するα世代（概ね2010年代以降生）を並べただけでも教育経験の違いは明らかで，そのことが評価を違えさせている。4つの世代に当たる筆者の親，筆者，姪，息子が集まって話しても学校や先生の印象はずいぶん異なる。竹刀を持った体育教師が当たり前だった世代と不適切な世代。今や笑い話でしかないが，学校や教員の社会的地位，学校経営のあり方，保護者や地域社会のかかわり方などは時代により異なるようだ。

変わらないのは「受験」「学歴」「就職」の3点セット，つまり，日本は学歴社会だという認識だ。団塊世代は進学率が限られたことと売り手市場が重なり，学歴の高さが好条件の就職を保障するという認識が経験と直結した。団塊ジュニア世代は母数も大きく，進学率の向上により熾烈な学歴獲得競争を余儀なくされたが，就職が氷河期にあったことで，景気や労働需給という偶発性を克服するのも学歴だという認識を強めさせた。少子化で売り手市場にあり，転職を自明視するZ世代をみても学歴重視は変わっていない。[5] 受験の低年齢化に注

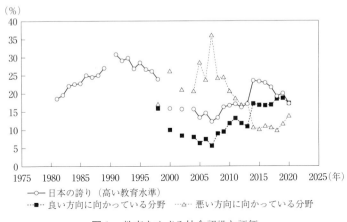

図1　教育をめぐる社会認識と評価
出所：内閣府「社会意識に関する世論調査」から筆者作成。

目すれば，むしろ高まっているかもしれない。もちろん，それには注意が必要で，受験の低年齢化は親世代の選好として捉える必要がある。バブル崩壊と知識社会化による労働市場の二極化を目の当たりにしたZ世代の保護者（団塊ジュニアの前後を含む群）は，減少する安定雇用を得るための学歴獲得競争を上層部で激化させた。都市部の「お受験」過熱はその表れで，ゆとり教育への支持の低さもここから説明できる。

　教育と経済が不可分だとする認識は別の調査にも表れている。図1が示すように，日本の誇りとして「高い教育水準」を挙げる割合は経済大国の地位についた1980年代に高まり，平成不況下で下がった。教育が経済成長を支えるという認識の相関が確認されたわけだが，リーマンショックの影響が現れた2009年以降の動きが説明できない。そこで，「現在の日本の状況について，良い方向／悪い方向に向かっている」分野における教育の評価を検討すると，それがPISAの順位に連動したことがわかった。教育分野への評価は，知識社会化が学力をより重視させる現実に反した施策を採った政府への不満に代替されたのである。文部科学省による「全国学力・学習状況調査」が2007年度から実施さ

れ，都道府県・市区町村教育委員会による学力向上の取り組みが功を奏し，PISA2012 の順位が大幅に改善されたことが2014年の評価の逆転をもたらしたことは，それを示唆する。

子ども中心主義の言説や画一的な教育への批判が強く訴えられる日本において，序列化される学力に大きな期待が寄せられるのはなぜだろうか。筆者はそれを公正さの認識に求める。就職においては資格よりも学校歴を重視する日本では，選抜機会の均等と複数性，評価基準の明白性が重視されるからである。内申点への毛嫌いは学校や教員への不審から説明されることもあるが，テスト以外の要素が重視されることに公平性を見出さないからかもしれない。日常的な学習態度や課外活動への取り組みを問わず，非人格化された知識のみが問われる試験を平等と見做すなら，学校教育は標準化された教育課程にもとづいて全国一律的に行われるのが望ましくなる。卵が先かにわとりが先か論になりそうだが，地理的・社会経済的な格差を是正し，標準的な義務教育を全国に保障することを目的に築かれた戦後の教育システムが（制度の意図しない）学力による一元的評価を可能にしたといえるし，市場が偏差値による序列化を望むことで，それに親和的な教育システムを存続させたといえる。

だが，それは盤石とはいいがたい。本書は教育格差を是正するために義務教育の「標準化」を志向する行動原理を「教育の論理」と呼ぶが，近年の政治は標準的であることより個別性や多様性の高さを望んでいる。1990年代から2000年代にかけての日本政治の課題は，統治機構をグローバル化し知識社会化した時代の政策需要に見合う意思決定を柔軟かつ迅速に行えるものに築き直すことにあった。つまり，第 2 次世界大戦後に先進諸国で築かれた合意の政治を基調とするケインズ主義的福祉国家を支えた統治機構を，政治経済社会全般にわたる構造改革の断行を可能にするものに再編しようとする試みであり，首相主導の意思決定を可能にする省庁再編や地方分権改革が実施された。一連の改革は行政組織に対し民間企業の経営手法を導入する NPM（New Public Management）のアイディアを用いて実施されることが多く，教育においても「市場の

論理」（多様化・個別化）にもとづく改革が志向された。

　しかし，そのことと教育における市場化の徹底は同じでない。本書は1990年代以降の教育改革がどのような理由で推進され，それがどのように実現されたのか／されなかったのかを明らかにする。先行研究との違いは，教育を統治機構のあり方と結びつけて論じ，2000年代以降の変化を統治機構改革に対する教育側（文部科学省や都道府県・市町村教育委員会）の反応として説明することにある。もちろん，教育側の対応は同じでない。地方分権改革により義務教育における地方政府の自律性が増しているからである。そこで，本書は地方政府の対応（標準化／多様化への志向性）にも注意を払う。

　ここまで読んだみなさんは「よくある話」と思われたかもしれない。だが，実はそうでもない。教育を市場との関係で，さらには，その関係が政治の判断により決められることを正面から捉えた研究は管見の限り多くない。また，居住地にかかわらず，均質的な教育を受けられるのは当たり前のことではなく，それを保障する教育行政システムが日常的に作動することで実現されていることに案外無自覚だ。言葉を換えれば，1990年代に端を発する一連の政治改革は，知らず知らずのうちに標準化された教育を侵食しているかもしれない。どこにでもいたはずの公立学校の先生はどこにでも居続けないかもしれない。標準化を志向する「教育の論理」が多様化を期待する「市場の論理」にすり替わり，それに伴うリスク管理が十分に行われなければ，標準化された今ある学校は昔話となって，別の学校像を生みだすかもしれない。どのような学校教育を選ぶかは私たち有権者の，ひいては，その代理人である政治家の判断を俟つ。本書が日本の教育行政の特徴を知る手がかりとなり，みなさんの将来の判断に資することになれば，執筆陣にとって望外の喜びだ。一連の検討を通じて，みなさんと教育と政治の問題を広く考えたい。

徳久恭子

注

(1) 『読売新聞』2013年4月18日朝刊。

(2) 読売新聞が2008年12月6，7日に行った世論調査（年間連続調査「日本人」）の結果を受けた坂東眞理子の評（『読売新聞』2008年12月26日朝刊）。

(3) 30％前後で推移した回答が2001年調査で21.7％と過去最低を記録し，2013年調査では14％に下落した（『読売新聞』2001年3月15日朝刊）。

(4) 読売新聞が2005年1月15，16日に行った世論調査の回答をみると，「学校週5日制が始まったのと同時に，文部科学省は，小・中学校でのゆとりのある教育を目指して，授業時間や教科内容をそれまでより減らしました。あなたは，この『ゆとり教育』を，評価しますか，評価しませんか。」という問いに対し，「評価しない」と答えた割合は全回答の44.4％だった。

(5) 株式会社ライボが行った「2024年学歴とキャリアの実態調査」（対象者20～50代の男女：有効回答数629人）では，学歴社会は必要だとする回答は20代が最も高く，73.9％を占めた。

(6) 日本の高い経済成長の鍵が日本人の学習意欲の高さにあることなどを示した，E・ボーゲルの『ジャパン・アズ・ナンバーワン』が広く知られたことも関係したと思われる。この推察は，読売新聞が2008年12月6，7日に行った世論調査の質問項目，「戦後の日本の経済発展は，日本人の高い教育水準に支えられてきた」と思うかどうかについて，「そう思う」とする回答が78.5％を占めたことからも支持される（『読売新聞』2008年12月26日朝刊）。

統治機構改革は教育をどう変えたか
──現代日本のリスケーリングと教育政策──

目　　次

はじめに

序　章　「教育の論理」と政治の判断 ……………………… 德 久 恭 子… 1
　　1　近代国家と教育 ……………………………………………… 1
　　2　統治機構改革とその影響 …………………………………… 12

第 I 部　教育・市場・政治

第 1 章　政治改革と教育改革 …………………………… 待 鳥 聡 史… 23
　　　　　──連動性についての検討──
　　1　2つの改革は関係するのか ………………………………… 23
　　2　政治改革の全体像 …………………………………………… 25
　　3　政治改革にとっての教育改革 ……………………………… 30
　　4　教育改革にとっての政治改革 ……………………………… 33
　　5　リスケーリングの位置づけ ………………………………… 38

第 2 章　政府間関係の再編 ……………………………… 市 川 喜 崇… 47
　　　　　──地方分権改革と平成の大合併による変化──
　　1　2つの時代状況 ……………………………………………… 47
　　2　2000年分権改革 ……………………………………………… 49
　　3　三位一体改革 ………………………………………………… 57
　　4　平成後期の分権改革 ………………………………………… 61
　　5　平成の大合併 ………………………………………………… 62
　　6　都道府県と市町村の関係 …………………………………… 66
　　7　分権改革による変化をどう見るか ………………………… 69

目　次

第3章　教育行政システムの確立と変革圧力 ……… 徳久恭子… 75
　　　──統治機構改革がもたらすリスケーリングへの教育の対応──

　1　教育行政システムの構築 …………………………………………… 75
　2　「市場の論理」と教育 ……………………………………………… 84
　3　政治の力学と教育側の反応 ………………………………………… 92

第Ⅱ部　リスケーリングと教育

第4章　教育行政における空間構成とスケール … 川上泰彦… 107
　　　──教員人事の「最適」追求──

　1　教育行政における多様な空間 ……………………………………… 107
　2　県費負担教職員（正規・常勤教員）人事における
　　　空間の変動 …………………………………………………………… 111
　3　教員人事のスケールと政策の「最適」観 ………………………… 118
　4　非正規雇用・周辺的スタッフをめぐるスケーリングと
　　　その影響 ……………………………………………………………… 121
　5　「教員不足」への対応と今後 ……………………………………… 125

第5章　教員人事の再編は進んだのか？ ………… 砂原庸介… 133
　　　──地方分権後の自治体の対応──

　1　地方分権と教育の再編成 …………………………………………… 133
　2　集権と分権にゆれる教育 …………………………………………… 135
　3　役割分担変更の可能性 ……………………………………………… 138
　4　データと分析手法 …………………………………………………… 141
　5　分析結果 ……………………………………………………………… 144
　6　包括的ではなく選択的な対応 ……………………………………… 149

ix

第6章　教育行政における中間（middle）…………本多正人…153
——中間単位問題を通して見る日本の教育事務所——

1　リスケーリングの中の中間単位 ………………………………153
2　分権改革と中間単位 ……………………………………………158
3　日本の教育行政の中間単位 ……………………………………166
4　中間単位の将来像 ………………………………………………178

第7章　イギリス教育政策におけるリスケーリング…近藤康史…189
——日本との比較のために——

1　イギリスの教育政策を見る視点 ………………………………189
2　地方主導の教育——1970年代まで ……………………………193
3　国家と学校へのリスケーリング——1980年代 ………………197
4　パートナーシップの構造転換とリスケーリング
　　——1990年代後半から現在へ………………………………201
5　リスケーリングはなぜ進んだか ………………………………208

終　章　教育行政研究の「失われた環」をつなぐ
　　　…………………………徳久恭子・砂原庸介・本多正人…213

1　教育行政研究の可能性 …………………………………………213
2　レジームとイデオロギー ………………………………………218
3　リスケーリングと教育 …………………………………………223

むすびにかえて……231
索　　引……234

序　章

「教育の論理」と政治の判断

徳 久 恭 子

1　近代国家と教育

不思議の国の教育

　日本では，義務教育が標準的であることが強く求められるのはなぜだろうか。結論を述べると，日本の義務教育は，地理的・社会経済的条件にかかわらず，均質的な教育を受けることを児童生徒に保障することを目的とするからであり，それを実体化する制度群により運用されている。つまり，日本には，「標準化」という「教育の論理」があり，そのもとで学校教育が運営されているのである。ところが，自国の制度をありふれたものとみなしがちな私たちはそれに気がつきにくい。しかし，日本の学校教育と似た例が先進諸国にあるかと考えてみるとそうでもないことに気がつく。最たる例は教科書と先生（以下，例示を除き教員）だ。

　小学３年生の２学期を終えて転校した筆者は新見南吉の「てぶくろを買いに」を二度習った。教科書が違ったからだ。年度途中の引っ越しだったため，登校初日に担任の面談を受け，各教科の進路を確認し，理科についてのみ補講を二度受けた。学習漏れを防ぐためだ。この例は何を示すのだろうか。１つは，教科書が市区町村ごとに異なっていることであり，もう１つは，学年ごとの学習内容が一律に定められていることだ。敷衍すれば，日本では，学習指導要領が法的拘束力を持つとされることで，全国どこに住んでいても同じ教育課程

（カリキュラム）で学ぶこととなり，市区町村ごとに教科書が違っていても検定教科書であることで教育内容の同質性が保証されていることがわかる。

　先進諸国では，国の定めた教育課程を徹底させる例はフランスなどわずかにとどまる。国の定めた教育課程基準を持つ場合であっても地方自治体が地方レベルの基準を定めたり（フィンランド），その基準を州が定めたり（ドイツ，カナダ，オーストラリア），学校区に委ねたり（アメリカ），学校の設置形態ごとに扱いが変わったり（イングランド）と教科課程のあり方は国ごとに大きく異なる[1]。ただし，欧米においても全国共通の教育課程基準（カリキュラムやスタンダード等）を設ける機運が高まっている。高度に情報化した知識基盤社会においては，人的資本への投資こそ経済発展の鍵となるという見方が設置を促すからである。もちろん，拘束力は国ごとに異なるし，学校に独自カリキュラムを設ける余地を認めるなど個別性への配慮を伴うことが多い。

　このように，教育課程のあり方は，どのような学校体系（単線型，複線型，分岐型）を築いてきたかという学校教育特有の事情（歴史的経路依存性）によることもあれば，主権国家の構成（連邦制／単一主権国家）や政府間関係に規定されることもある。つまり，教育課程の多様性は教育特有の制度と政治制度から説明されるのである。

　では，先生はどうだろうか。公立の小中学校出身者にはなじみのことだが，毎年3月になると教職員の人事異動が発表され，幾人かの先生は転出し，4月に新しい先生が着任する。児童生徒が通うのは市区町村立の学校だが，政令指定都市を除けば，教職員の人事権は給与負担者である都道府県教育委員会に置かれる。このため，教職員は都道府県内全域もしくは特定区域の中を移動する。これを県費負担教職員制度と呼ぶが，この仕組みがあることで，医者の配置に苦労するへき地でも教職員を確保できている。

　教員の身分に注目すれば，ドイツやフィンランドのようにその身分を地方公務員とする国もあれば，フランスのように国家公務員とする国もあるし，独自の形態をとる国もある。だが，採用については，欠員が生じた場合に学校ごと

に行う例が多い。定期的な広域異動は例外的だ。

　他国と比較すれば，日本は特有の教育課程や人事制度を持つことがわかる。そのことは，次の疑問を生じさせる。国民教育の実施にあたり，フランスやドイツをはじめとする欧米の教育システムを参照に築かれたはずの日本の学校教育制度が独自性を持ったのはなぜかである。まずはこの問いに答えてみよう。

後発国における政治と教育

　学校教育への期待は国や時代により異なる。中世に学校体系を築き始めたヨーロッパでは，ラテン語教育を中心にエリート教育を行う宗教機関の学校と母国語で読み書きを行う初等教育的な都市学校とが併存した。つまり，学校は階級に特徴づけられたのである。近代的な学校教育の特徴である，公教育の発展は市民革命以降のことだったが，複線型をとるイギリスの学校体系や分岐型をとるドイツの学校体系が示すように，学校教育には階級性が色濃く残された。19世紀に分厚さを増した中流階級を見ても，子弟の社会的地位を上昇させるための教育投資（エリート教育）を行えたのは富裕な上流層（専門職者や実業家）のみで，階層移動の門戸は狭かった（橋本ほか 2001）。

　だが，非欧米諸国は違った。日本をはじめとする後発型近代国家においては，学校教育の発展と工業化が同時に進められた。工業社会は標準的な基礎学力を有する多数の未熟練労働者と中堅技能者，高度技術者を要するが，そこには相当数の雇用があり，専門知識や技術を習得すれば，社会的地位の上昇は可能だった。階層移動を願う人は学校教育に期待するわけだが，後発型近代国家においては，学校体系の導入が全国一律的に行われるため学歴獲得への開放性はおおむね高く，機会の均等が形式的に保障される。そのことは教育への期待値を高め，学歴獲得競争を過熱させた（ドーア 2008）。

　学校教育の前身がギルドや宗教機関にあった欧州では，公教育制度導入後も学校の自治への配慮が少なくなく，政府関与のあり方も国ごとに異なった。一方，学校教育が近代化の手段に位置づけられた後発型近代国家では，導入目的

が明確であることから標準的な初等中等教育と高度化された高等教育が志向されやすい。つまり，制度設計における国家の意図は定かであることが多い。ただし，それは実効性を保障しなかった。統治機構の構築が先行した欧米諸国と異なり，すべての改革を並行させた後発型近代国家では，発展のタイミングにより財政力などの行政資源（行政リソース）を違えたからである。

　日本の場合，明治初期に教育独自の行政区画の下で中央統制を徹底させるフランス型の学区制の導入が試みられたが，財政的理由から無力化した。集権・分離型の教育行政制度の構築を断念した明治政府は，財政負担を市町村に求めながらも，義務教育を国の事務として官選知事に監督させながら実施する融合型の中央・地方関係を築いた（天川 1986, 2017）。国内行政を総合的に把握する内務省にとっては，教育も一事務に過ぎず，一般行政との兼ね合いで事業が実施された。施設の建設・管理，教職員の雇用など義務教育に関わる費用は膨大で，就学率が向上すればするほどに財政負担は過剰になり，町村の財政は逼迫するばかりだった。明治政府は国庫負担金制度の導入によりこれに対処したが，それは教育行政を一般行政から「分立」[2]させた。教育行政は戦後に福祉国家が確立する過程で定着した分立・融合・分散型の中央・地方関係を先駆的に築いたのである（曽我 2022）。

　このように，後発型近代国家は教育を政治統合ならびに人的資本形成の手段とし，義務教育を全国一律的に実施するための制度設計を課題とした。対人サービスである学校教育は地域で実施されることから中央・地方，地方・地方関係，すなわち，政府間関係の構築が求められる。政府間における権限や財源の配分，指揮監督関係等は社会保障の分野でも要になるが，多くの場合，教育はそれに先行して設計された。その意味で，教育のあり方は統治機構に強く関連づけられたといえる。

教育の論理

　ではそのもとで，どのような教育が実現されたのだろうか。近代化を急ぐ明

治政府は富国強兵，つまり，国民の育成と工業社会を担う人的資本の形成を求めた。教育に多数の受け手がいる以上，被教育者（児童生徒と保護者）の支持を欠いたままでの実施は難しい。学校は地域社会の象徴で結節点でもあるという今日的な理解は，明治期に運動会などのイベントを通じて人々の共感を得た帰結で作為を伴った（花井 1986；佐藤 2002）。学校教育の有用性が社会的に高まれば，就学率も向上する。明治政府の狙いはそこにあった。もちろん，教育は教育のみで完結しない。その先に就業（就職）がある。

　日本の工業化は明治中期以降に本格化し，農民の離村と都市人口の増加が顕著になった。大正期には，公務員や専門職，金融などのサービス業，製造業管理職などに従事する新中間層の厚みが増し，東京や大阪などの大都市を中心に近代家族（夫と専業主婦と子からなる核家族）が形成され，消費文化も華やいだ。都市新中間層になれたのは，高等教育費を負担できる資産家や家業を持たない新中間層の子弟，農村部で突出した能力を持ち名望家の支援を受け学歴を築いた立身出世の体現者などで，すべての者に開かれたわけではなかった。だが，都市には丁稚奉公，工場の未熟練労働としての就業，軍への徴用，高等教育への進学などさまざまな理由から流入した人たちが，それぞれの経路で立志伝の人たちを輩出した。そうした逸話は教育を通じた立身出世の期待を高め，近代化をさらに推進させた（見田 1971；中村 1999）。経営の側にしても，就学により「読み・書き・そろばん」といった標準的な能力を持つ労働者を，地域を問わず全国的に募集できることは好ましかった。それを上回る能力については，学歴が指標となった。

　都市部で不足する労働力を国内人口の社会移動により充足する形態は戦後も維持され，高度経済成長とともに強化された。しかも，この時期は親世代の地位を上回る階層移動が一過的に可能で，教育の大衆化も相まって学歴獲得競争が激しさを増した（佐藤 2000；苅谷 2001）。学校教育は「いい学校，いい職場，昇進」を目標とするサラリーマン社会に適合的なシステムとして機能したのである。

学歴が人生設計や子育て戦略の駆動力となると，人々の関心は教育機会の均等に向けられた。「平等」は公教育が遵守すべき規範の1つだが，階級や人種・民族的な差異が小さかった日本では，都市と農村という地理的不平等の是正に力点が置かれた。学校教育は巨額の運営費を要するが，財政力の弱い農村部ではそれが難しい。格差の是正には国庫負担が不可欠だとする意見が戦前に繰り返し述べられたのも，このためだった。教育行政を他の一般行政から独立させようとしたのも，行政運営の総合性という観点から教育費の削減を容認した内務省に対抗しようとしたためで，義務教育費国庫負担金制度は財政面から教育行政の「分立」を保障した。

　占領期の改革は教育行政の分立を日本側が予期せぬ形で強化した。民主化の一環としてアメリカ側が導入を強く求めた教育委員会制度が教育行政を一般行政から実質的に独立させたからである。のみならず，それは系統性を保った。講和独立後に行われた制度の見直しにより，文部省（後の文部科学省）―都道府県教育委員会―市町村教育委員会というタテの系列化と，政府間が相互に関与する仕組みを築いたからである。戦前に内務省系統の下で実現した教育行政における融合型の政府間関係を文部省系統に一本化したことは，教育行政が「教育の論理」にもとづいて運用されることを意味した（徳久 2008）。具体的には，学習指導要領による教育課程の統一，学級編制の標準化，教員の研修指導を通じた教育実践の標準化などにより教育内容の標準化を図ったのである。このように，戦後の教育行政システムは「標準化」という「教育の論理」を保障する諸制度の補完関係から構成されたわけであるが，それは自己強化のみで維持されたのだろうか。

市場の期待

　6・3・3・4制という単線型の学制をとる日本では，生徒は9年の義務教育を終えた後，就職か進学かを選択する。高校への進学率が9割を上回った1974年以降は進学が一般化し，よりよい就職を勝ち取るための学歴獲得競争が

序　章　「教育の論理」と政治の判断

激化した。問題は，日本や韓国などの東アジア諸国において「受験」の過剰過熱が見られるのはなぜかである。

後発型近代国家では，学校教育における階級性の低さが学歴志向を高めさせているが，企業の採用行動もそれに影響する。ジョブ型雇用で資格の獲得がキャリアを保障する社会においては，求人のタイミングは不定期で教育へのアクセスも多様になる。一方，日本や韓国のように企業特有の特殊技能が企業の比較優位を築く社会においては，可塑性の高い若年者を雇用し，OJT による技能習得を求めるため新規学卒一括採用が基本になる（Hall and Soskice eds. 2001=2007；Amable 2003=2005）。「学校から就職へ」というルートが固定化した社会では，そうでない社会に比べて学歴がひときわ重要になる。

くわえて，日本には特有の事情が働いた。進路指導の指標として考案された学力偏差値という仕組みが学校を事細かに序列化することで，採用に可塑性を重視する企業に学校歴という代替指標を与えたからである。この仕組みは学生にも「公平さ」という感覚をもたらした。上位から下位までを小刻みに序列化する偏差値は，少しでも上の学校をめざす機会を可視化させたからである。しかも，日本の大学一般入試は出身高校や在籍中の成績を問わない御破算主義の選抜を行うため敗者復活が容易で，そのことが受験への信頼度を高め，競争を熾烈なものにした（竹内 1995）。

偏差値の問題を教育システムに照らせば，単線型の学制が偏差値による序列化を許したし，全国共通の教育課程（カリキュラムの標準化）が同一指標の採用を可能にしたといえる。企業は採用活動にこれを積極活用した。その意味で，日本の教育システムは企業の生産戦略と一体化した教育訓練システム・技能形成に親和的だったし（徳久 2011），官民が一体となって「学校卒業＝就職」という「間断のない移動」のシステム，いわゆる「就社」社会を築かせたことも補完性を強化した（菅山 2011）。

ただし，それが知識基盤化した社会においても適合的であるかは定かでない。知識基盤社会におけるサービス経済は労働市場を少数の専門技能の高い労働者

7

と多数の未熟練労働者に二分する。経済成長を牽引する金融，情報通信，医療等の先端産業部門では卓越した能力が求められるため，高等機関における高度な専門技能の開発や担い手の育成（エリート教育）が期待される。これは企業の独自開発を否定しないが，OJT による技能習得とは異なる人材育成を求めることも少なくない。

　技能の高度化はそれを理解する基礎学力の向上を同時に求める。つまり，高度人材育成と並行して，標準化された基礎学力の習得（マス教育）の重要性が増す。ゆえに，脱工業化した社会における教育改革は重層的に実施されることを予定する。もちろん，力点は国により異なる。過去に築かれた教育制度によっても，各国の社会経済状況によっても課題は変わるからである。たとえば，イギリス，アメリカ，ドイツのように，学校教育に階級や人種，職能を反映してきた国では基礎学力のばらつきが高いため，初等中等教育における標準化（マス教育の改善）が求められる。一方，均質的な初等中等教育を実現してきた後発型先進国においては，研究機関の世界的地位の向上をめざす高等教育改革に重きが置かれる。

　各国政府は転換した経済構造の下での発展を続けるために，教育政策を転換させるが，対応はそれのみではなかった。経済活動の重点が第 3 次産業に移れば，不安定雇用，失業の長期化や貧困といった新しい社会的リスクが不可避的に生じるため，その管理が同時に求められたからである。欧州連合（EU）はリスクが起る前段階から予防的措置を講じることで，個人のリスク管理と将来的な経済成長を両立させる社会的投資を福祉国家再編の鍵とし，人的資本への投資と社会的包摂に力点を置いた（Esping-Andersen, et al. 2002；Morel, Palier, and Palme 2012）。加盟各国は社会的投資戦略に応えるべく保育・教育政策の舵を大きく切った。EU の例が示すように，産業構造の転換は市場親和的な教育改革（高度人材の育成）を求める一方で，市場の失敗に対処し，それを成長に資するものに転換させる政策（社会的投資戦略）を間接的に要請する。つまり，ここでも教育政策は市場と不可分の関係にあることがわかる。より正確には，

「教育の論理」は「市場の論理」から自由でなく，いずれの論理を優先させるかは政治の判断をもって決められ再構築されることがわかる。

　日本はどうだろう。市場変化に敏い経済団体は，教育課程全般をつうじて創造性や革新性の高い人材を育成することを求めた（飯吉 2008）。他国の技術を模倣・改善することで付加価値を生み出した20世紀の経済成長モデルは有効性を失い，新規性が問われたこと，技術革新の拠点となる大学を見ても，アジア諸国の評価が高まる中で日本の評価が下がったことなどが危機感を募らせた。だが，それだけではなかった。バブル経済が崩壊して以降，日本企業の多くは経費削減による経営再建を図ったが，成長戦略にかかわる企業内の人材育成や技能継承・開発も例外にせず，人材育成の外部化を期待した。

　つまり，経済団体は高度人材育成に向けた教育改革を期待したわけだが，個々の企業の行為はそれを阻害するものだった。分厚い生産年齢人口であり続けた1946～1960年生まれの年齢群が退職したことで，労働力の囲い込みが優先事項となり，企業は採用活動を早期化させたが，そのことは高等教育機関における人材育成の軽視を暗示したからである。

政治の判断と「市場の論理」

　人材補充という目的に照らせば，企業の行為は合理的といえる。だが，採用の早期化は学習機会を妨げることで人的資本の低下をもたらすかもしれないし，高度人材育成を通じた日本経済の発展という社会全体の利益を阻害するかもしれない。いわゆる合成の誤謬が確認される。状況を改善し公益を実現するには，社会問題をマクロな次元で捉え，処方箋を示すことが求められる。公共政策においては，秩序形成の単位をどこに置き，それをどのような志向性の下に進めるかについての政治の判断が求められる。

　敗戦と占領を経験した日本はブレトンウッズ体制に自動的に組み込まれ，秩序を方向づけられた。これにより，国際経済においては「開放性と自由化」を原則としつつ，国内の「自立的な経済政策」を容認する「埋め込まれた自由主

義」（Ruggie 1982）と評される規範が共有された。西側先進諸国が経済成長を背景に国民の雇用や所得を国家が保障するケインズ主義的福祉国家を築き，国内秩序を安定させたように，日本も国家が市場を社会的諸関係の中に埋め直し，機能させることを課題とした。1957年12月に示された新長期経済計画（岸信介内閣）はその走りで，経済成長，完全雇用，社会保障制度の強化などが目指された。教育も枠外でなかった。1960年12月の国民所得倍増計画（池田勇人内閣）は国家による人的資本の形成を重視したもので，教育投資が課題となった。

　福祉国家における国民統合は豊かさによるもので，ナショナル・アイデンティティによる統合を後退させた。学校教育においても国民教育の比重は下がり，産業社会に生きる基礎的学力や社会規範の習得を主とした。日本においては，教科教育中心の普通教育を「標準化」されたシステムの下で効率的に実施した。このように，1970年代までの学校教育は，国家による市場統制を通じて国民生活を豊かにするという政治の判断に規定されたわけであるが，それは「教育の論理」と親和的だった。

　ところが，1970年代に生じた2度の石油危機は西側先進諸国の高度経済成長を終焉させ福祉国家の基礎を揺るがし始めた。各国政府には，社会経済構造が情報社会（脱工業社会）へと転換しつつある現実への対応と福祉国家の再編が急がれた。ここでも教育への期待は高く，1980年代に改革を本格化させていった。日本も例外でなかったが，対応は同じでなかった。石油危機を巧みに乗り切った経験は日本人の自負を強め，追いつき型近代と決別し，「ウチ」から作り出される新しい価値に頼った国家運営が期待された（苅谷 2019）。それを構想したのは自由民主党や官邸のブレーンとして活躍した村上泰亮・山崎正和らリベラル・モダニストや香山健一ら保守主義者であり（宇野・待鳥編 2025），構造改革のビジョンが福田赳夫や大平正芳政権期に示された。

　注目したいのは，経済界において経済を牽引する論理がケインズ主義からフリードマンやハイエクなどの自由主義に移行しつつあったことであり，それを強く主張する土光敏夫が1974年に経済団体連合会（経団連）会長に就任したの

序　章　「教育の論理」と政治の判断

は分水嶺であった（大嶽 1994：12-13）。土光は教育政策にも積極的に発言した
が，核心は彼が委員長を務めた日本経済調査協議会の1972年の報告書において，
「公費負担の原則に立脚して教育の機会均等化をはかりながら，しかも国民に
よる教育サービス選択の自由と学校経営における私的イニシアティブを認め」
ることを求め，公設民営や学校利用券（バウチャー）の導入などを要望した点
にあった（日本経済調査協議会編 1972：124-126）。つまり，多様な選択肢のある
自由競争と消費者の選択という「市場の論理」が教育に求められたのである。
学校教育を変革するには「外からくる自由化」が必要だとする主張は香山健一
を媒介して，中曽根康弘首相が設置した臨時教育審議会（臨教審）の改革アイ
ディアとして採用されていった。

　だが，「自由化」というアイディアは，個人の尊厳，自由・規律，自己責任
の原則からなる「個性重視の原則」に読み替えられていく。この原則は1996年
7月19日の中央教育審議会（中教審）答申「21世紀を展望した我が国の教育の
在り方について（第1次答申）」において，変化の激しいこれからの社会に対応
できる主体的な個人を育成すること，すなわち，「生きる力」をゆとりの中で
育成するという新しい学力観として実を結んだ（苅谷 2002）。アイディアの再
解釈を通じて市場化を制度の弾力的運用の枠内に止めたことに着目すれば，臨
教審の改革においても「教育の論理」が勝ったといえる。

　しかし，政治は「市場の論理」を求め始めていた。バブル崩壊による不況が
一過的でないことが判明するにつれ，「21世紀にふさわしい新しいシステム」
の創出が不可欠との認識が強まったからである。日本経済の再建を担った橋本
龍太郎首相は1996年1月22日の施政方針演説で「21世紀にふさわしい，創造性
あふれた経済社会をつくっていくためには，我が国の最大の資源である人間の
頭脳，英知を十二分に活用し，未来を支える有為な人材の育成や知的資産の創
造を行い，経済フロンティアの拡大を図ることが必要」だとした。構造転換し
た経済社会に見合う人的資本の形成が重視されたのである。それを世論が支持
したことは，「はじめに」に述べた。刮目したいのは，人材の育成が市場の力

II

を借りて行う方向に転じつつあったことである。

　経済成長を牽引した日本の経済システムは政府による市場の関与，長期的・安定的な政官関係ならびに企業集団・系列を基調にしたが，脱工業化しグローバル化した経済社会においてはむしろ逆効果をもたらすとの政治の判断が1990年代以降に主流になると，「市場の論理」にもとづく改革が志向された。後に「官製市場」と評された教育の特性が改革を呼び込んだといえるが，それだけではなかった。この時期は統治機構のあり方そのものが対象になっていた。中央政府がすべてを決める集権的な体制は，機動的でも効率的でもないという批判が高まっていたからである（待鳥 2020）。そこで注目されたのは，地方自治体や企業に自律性を与えて経済厚生を高める NPM（New Public Management）的な発想だった（大住 2003）。日本の教育行政は財政面でも行政面でも独立性を保ったことから，市場化による改革がいち早く求められた分野であった。「標準化」という教育行政システムの特性は後発近代国家的な統治機構が求めたことを念頭におけば，教育の再編圧力は当然に生じるし，行政改革と地方分権改革に並走したのは明らかだった。

　もちろん，それが一律におよぶわけではない。教育行政の主体が中央政府なかでも文部科学省に置かれれば，統一的・標準的な施策が採られやすくなり，「教育の論理」が堅持されやすくなる。逆に，地方政府に置かれれば，規制緩和などによる個別化・多様化が期待され，「市場の論理」になじみやすくなる。もちろん，これは理念型で地方政府の実際の選択を規定しない。市場化を望むことも標準化を望むことも地方政府の自由となる。

2　統治機構改革とその影響

教育行政システムの再編圧力

　1990年代の統治機構改革は，教育にどのような影響を与えたのだろうか。一般に，初等中等教育（公立学校）の運営は文部科学省が基準を定め，都道府

県・市区町村の教育委員会が実施する。行政委員会である教育委員会は首長部局（一般行政）から相当程度の独立性を保ち運営される。首長の側も高校教育をのぞけば関与に限定的で，教育コミュニティ（文部／文部科学省，教育委員会，校長会などの利益団体，教育学者等から形成される政策共同体）の自律性は高かった。変化をもたらしたのは，1990年代以降に本格化した統治機構改革で，教育行政はタテの権限配置の変更（「分権化」，「（再）集権化」）とヨコの権限配置の変更（「総合化」）に迫られた。その特徴を簡単に整理しておこう。

「分権化」とは，下位政府が自律的な意思決定を行える程度を高めることを指すが，2000年4月1日に施行された地方分権一括法や2000年代に実施された三位一体改革，市町村合併が関係している。三位一体改革とは，国の関与の縮小ならびに地方の権限と責任の拡大を目指す税財政改革の通称で，小泉純一郎政権が掲げる構造改革の一環として2002年に着手された。根底には，中央と地方の役割分担の再編を伴う新しい国づくりへの志向性があったという（林2018）。教育においては，義務教育費国庫負担金の全面的な一般財源化が浮上したが，それを回避したい文部科学省は，地方の自律性を高めるための制度の弾力的運用を認め，総額裁量制を導入した。制度運用を通じた改革は，地方の政策裁量を実質的に高めさせたのである。

その活用を促したのは市町村合併だった。行政の効率化を目指した市町村合併は，学区・市町村・都道府県内の教育行政区画（教育事務所の設置単位）の変更や行政リソースの縮減を迫る一方で，人口減少への対応を求めた。少子化による学校統廃合は全国的に行われたが，検討の過程で地域における学校の意義が改めて問われた。人口流出の著しい地域においては，地域人材の育成・確保が欠かせず，特色ある学校づくりが求められたからである（徳久2018）。若年人口の転出は高校進学を起点にすることが多く，高校の魅力化が急がれた。設置形態の多様化（中高一貫教育の実施，小中一貫型小学校・中学校や義務教育学校の設置），語学や理数教育に重点化した研究開発を行う指定校認定，国際バカロレア（IB）の設置などが地方で積極的に推進されたのは高度人材育成により生

徒を確保し，定住を促すためだった。これらはいずれも制度の弾力的運用が可能にしたもので，首長の意思によるものが多かった。小規模自治体では，首長部局と教育委員会の連携が容易で，首長判断で独自策の採用も可能だった。つまり，「総合化」が「分権化」と合致することで，地方の自律的な意思決定を容易にしたのである。

「総合化」とは，相対的に自律性の高い行政分野を首長部局が所管する一般行政の枠内で運用させることを意味するが，2015年4月1日に施行した「地方教育行政の組織及び運営に関する法律」（地教行法）の一部を改正する法律がそれと関係した。同法は教育委員会制度の改革を目的にしたもので，首長による大綱の作成，首長と教育委員会が協議・調整する場としての総合教育会議の設置，首長による教育長の任命などを内容とした。

「（再）集権化」とは，下位政府の自律的な意思決定が行える程度を低めることを指す。上位政府と下位政府の間の権限配置の再編として捉えることが一般的である。本書では，イギリスの例で（第6・7章）この概念を用いるが，もう1つ別の意味でも利用する。それは，中央政府内の意思決定が「官邸」に集中することで，各省の意思決定の自律性を下げさせる意味での「集権化」である。小泉政権以降の官邸主導の政治がこれにあたる。官邸が市場化を志向すれば，標準化の維持は難しくなる。

教育行政におけるリスケーリング

このように，2000年代の諸改革は政策形成の主体を地方政府に置き，学校教育のあり方を地方政治が決める仕組みを不十分ながらも整えさせた。地方政治においても多様性が追求されやすい点に注視すれば，教育は「市場の論理」と親和的な方向で展開されつつあるといえる。だがそれによって，「市場の論理」が全面的に展開されるわけではない。学校教育の市場化は限定的で，制度の弾力的運用にとどまっているからである。くわえて，地方政府の資源も選択を左右する。財政規模が大きければ，教職員の独自採用や施設の充実を前提にした

序　章　「教育の論理」と政治の判断

特色ある学校づくりも可能になるし，教員の研修支援も十分に行える。だが市町村の多くは限られた行政リソースの中で学校運営に当たっている。資源に乏しい市町村が頼るのは都道府県の教育委員会や教育事務所であったり，近隣市町村（一部事務組合等）であったりする。地方政府の政策は単独で形成・実施されるのではなく，政府間関係の下で築かれている。のみならず，地方政府は地域社会（保護者，地縁組織，市民社会組織，企業）との連携も活用する。

　地方政府はさまざまな単位と結びつきながら学校教育を運用しているわけであるが，そのガバナンスは変化する。「教育の論理」が主たる時期には教育コミュニティで完結できた意思決定も，「市場の論理」が志向される時期には首長や議員との調整が欠かせなくなったし，政策形成の司令塔が官邸となることで行動原理が変わる可能性も否めないからである。ところが，後発型近代国家として教育システムを築いた日本では，教育が統治機構の再編の影響を受けやすいという想定を欠いた。そのことが，教育のガバナンスの問題を捉えにくくしている。教育のガバナンスの実態ならびにその変化を捉えるために，本書は「リスケーリング」という概念に注目する。

　「リスケーリング」とは，統治空間の構成の「スケール（水準）の引き直し」を意味する（町村 2015）。耳慣れない概念かもしれないが，グローバリゼーションと福祉国家の再編が不可逆的な時代において，国家は自らの統治の正当性を保つために，政策介入の空間的単位を調整する（Jessop 2002=2005）[3]。国家や地方という閉じた空間で政策が完結した福祉国家の時代と異なり，グローバル化は EU という国家横断的な圏域や経済活動の単位として複数の都市が連なった「都市圏（city region）」（都市間競争の空間単位）（Kantor et al. 2012）などの新しい単位を生じさせたり，より狭域の単位（コミュニティ）の重要性を高めさせたりすることで，公共問題の解決をマルチスケールで行わせる。つまり，国家はガバナンスの権限の一部を上方もしくは下方に移譲させたりしながら，国家機能を再編していくのであるが，空間的範囲の調整は政策領域ごとに異なる（Brenner 2004, 2019=2024；Keating 2013）。

15

福祉国家再編期における国家の統治能力やガバナンスの問題は行政学を中心に議論されてきたことを考えると，リスケーリングという概念に頼る必要があるのかという素朴な疑問が投げかけられるかもしれない。もちろん，理由はある。リスケーリングは，政府間関係のみでは十分に扱えない別の単位，たとえば，中間単位を可視化させやすいし，単位の変化が志向される理由の説明も可能になるからである。教育行政は，都道府県教育委員会の支所にあたる「教育事務所」が所管する特有の政策空間を持つ。先行研究は「支所」である教育事務所を都道府県の教育委員会（本庁）と一体的に理解してきたため，中間単位特有の機能を見落としてきた。だが，教育事務所は市町村間・学校間の調整や，域内の「標準化」を保障する機関として機能してきた（本多・川上編 2022）。であれば，教育事務所の役割を経年的に確認することで，「教育の論理」と「市場の論理」のいずれが勝っているか，つまり，政治の判断は貫徹できているかどうか，その理由は何かを明らかにできる。

　スケールへの注目は複数の単位を抱える教育行政の特徴を捉えるうえでも有効だといえる。学校を起点に公立の義務教育のガバナンスをみると，学校—［地域社会：学区］—市町村教育委員会—教育事務所［旧郡区］—都道府県教育委員会—文部科学省からなる政府間関係のガバナンスと，学校内のガバナンス（「校長—教頭—主任—教員」からなる教員体系と保護者をはじめとする利害関係者の関係性），地方政府内のガバナンス（教育委員会と首長部局の関係）が複数次元で縦横に関係しあいながら機能しているからである。

　もちろん，その関係は政治の判断により変化しうる。ゆえに，リスケーリングを行う主体の意図の把握が求められる（山﨑 2013）。つまり，①教育のガバナンスがどのように構築されたかという「スケールの決定」，②それはどのように機能しているかという「リスケーリングの状態」，③既存のスケールはどのように再編された／されようとしているのかという「リスケーリングの政治」の３つの段階ごとの検討が求められるのである。

　この目的に即し，本書は２部から構成される。第Ⅰ部はリスケーリングの政

治（マクロ）とスケールの決定をあつかう。第1章では，教育ガバナンスの再編を促した政治改革の実態に迫ることで，政治のトレンドを明らかにする。第2章では，教育ガバナンスの再編を促した地方分権改革を確認する。第3章は，日本の教育行政システムがどのように築かれたか（スケールの決定），それは政治の判断を受けてどのように変化したのか，また，それにどう対抗しようとしているのかを確認する。

　第Ⅱ部は1990年代の改革を経て築かれたガバナンスがどのように機能しているのか（リスケーリングの状態），ならびにそれはどのように再編されたのか（ミクロなリスケーリングの政治）を明らかにする。第4章では，教員人事に関するリスケーリングの状態を確認する。それを踏まえて，第5章では，教員人事に注目して地方政府のリスケーリングの志向性を量的に把握する。第6章では，教育行政特有の中間単位の再編（スケールクラフト）をめぐる政治過程を明らかにする（リスケーリングの状態とミクロなリスケーリングの政治）。これにより日本の教育行政空間の意義を検討したい。

　第Ⅱ部で使用するのは，本書の執筆陣が実施した3つのアンケート調査である。[4]先行研究の多くは法令の解釈や制度研究に力点を置いたため，実態把握が不十分であり，それを補完する目的で行った。一連のデータは後続研究に資すると考える。本書が明らかにする教育ガバナンスの再編は欧米諸国や東アジア諸国との間に共通性を見出せるものなのか，日本特有のものなのかは定かでない。検討は今後の課題に残されるが，本書では，リスケーリングの先進例であるイギリスにおける教育ガバナンスの再編を紹介することで（第7章），手がかりを得たいと考える。これらを受けて，終章では，統治機構改革は教育をどう変えたかを改めて論じ直す。つまり，「教育の論理」，「市場の論理」，政治の判断の関係から本書の含意を導き出したい。その際，本書では直接扱えなかったイデオロギーの問題についても若干言及したい。

注

(1) 国立教育政策研究所「諸外国における教育課程の基準（改訂版）――近年の動向を踏まえて」（2013年）を参照した。

(2) ここでいう「分立」とは，政策領域ごとに地方行政組織や財源，人的資源，情報の経路が存在している状態を指している（曽我 2022：240）。

(3) 空間単位の区分として，たとえば，グローバル，トランス・ナショナル，リージョナル（supra-national）といった上位単位，ナショナル，インターナショナルという「ナショナル」な単位，リージョナル（sub-national），ローカルといった下位単位などが挙げられる。

(4) 調査の詳細は第4章に述べる。本調査ならびに本書はJSPS科研費（JP20H01459，JP20K20847）の助成を受けて行った研究成果の一部である。

参考文献

天川晃（1986）「変革の構想――道州制論の文脈」大森彌・佐藤誠三郎編『日本の地方政府』東京大学出版会。

天川晃（2017）『戦後自治制度の形成――天川晃最終講義』左右社。

飯吉弘子（2008）『戦後日本産業界の大学教育要求――経済団体の教育言説と現代の教養論』東信堂。

宇野重規・待鳥聡史編（2025）『〈やわらかい近代〉の日本――リベラル・モダニストたちの肖像』弘文堂。

大住荘四郎（2003）『NPMによる行政革命――経営改革モデルの構築と実践』日本評論社。

大嶽秀夫（1994）『自由主義的改革の時代――1980年代前期の日本政治』中央公論社。

苅谷剛彦（2001）『階層化日本と教育危機――不平等再生産から意欲格差社会へ』有信堂高文社。

苅谷剛彦（2002）『教育改革の幻想』筑摩書房。

苅谷剛彦（2019）『追いついた近代　消えた近代――戦後日本の自己像と教育』岩波書店。

佐藤俊樹（2000）『不平等社会日本――さよなら総中流』中央公論新社。

佐藤秀夫編（2002）『日本の教育課題5　学校行事を見直す』東京法令出版。

菅山真次（2011）『「就社」社会の誕生――ホワイトカラーからブルーカラーへ』名古屋大学出版会。

曽我謙悟（2022）『新版　行政学』有斐閣。

竹内洋（1995）『日本のメリトクラシー――構造と心性』東京大学出版会。

序　章　「教育の論理」と政治の判断

ドーア，R. P.［松居弘道訳］（2008）『学歴社会──新しい文明病』岩波書店。

徳久恭子（2008）『日本型教育システムの誕生』木鐸社。

徳久恭子（2011）「学歴と労働市場」『レヴァイアサン』49：84-109。

徳久恭子（2018）「高校を核とする地方創生の試み」『立命館法学』380：159-210。

中村牧子（1999）『人の移動と近代化──「日本社会」を読み換える』有信堂高文社。

日本経済調査協議会編（1972）『新しい産業社会における人間形成──長期的観点からみた教育のあり方』東洋経済新報社。

橋本伸也・藤井泰・渡辺和行・進藤修一・安原義仁（2001）『エリート教育』ミネルヴァ書房。

花井信（1986）『近代日本地域教育の展開──学校と民衆の地域史』梓出版社。

林省吾（2018）「三位一体改革のねらいと課題」『地方自治法施行70周年記念自治論文集』総務省，791-799頁。

本多正人・川上泰彦編（2022）『地方教育行政とその空間──分権改革期における教育事務所と教員人事行政の再編』学事出版。

待鳥聡史（2020）『政治改革再考──変貌を遂げた国家の軌跡』新潮社。

町村敬志（2015）「リスケーリングの視点から統治の再編を考える」『学術の動向』20（3）：73-79。

見田宗介（1971）「『立身出世主義』の構造──日本近代の価値体系と信念体系」『現代日本の心情と論理』筑摩書房。

山﨑孝史（2013）『政治・空間・場所──「政治の地理学」にむけて（改訂版）』ナカニシヤ出版。

Amable, Bruno（2003）*The Diversity of Modern Capitalism*, Oxford University Press.（＝山田鋭夫・原田裕治ほか訳（2005）『五つの資本主義──グローバリズム時代における社会経済システムの多様性』藤原書店）。

Brenner, Neil（2004）*New State Spaces : Urban Governance and the Rescaling of Statehood*, Oxford University Press.

Brenner, Neil（2019）*New Urban Spaces : Urban Theory and the Scale Question*, Oxford University Press.（＝林真人監修（2024）『新しい都市空間──都市理論とスケール問題』法政大学出版局）。

Esping-Andersen, Gøsta et al.（2002）*Why We Need a New Welfare State*, Oxford University Press.

Hall, Peter and David W. Soskice eds.（2001）*Varieties of Capitalism : The Institutional Foundations of Comparative Advantage*, Oxford University Press.（＝遠山弘徳ほか訳（2007）『資本主義の多様性──比較優位の制度的基礎』ナカニ

19

シヤ出版)。

Jessop, Bob (2002) *The Future of the Capitalist State,* Polity.（＝篠田武司ほか訳（2005)『資本主義国家の未来』御茶の水書房)。

Kantor, Paul, Christian Lefèvre, Asato Saito, H. V. Savitch, and Andy Thornley (2012) *Struggling Giants : City-Region Governance in London, New York, Paris, and Tokyo,* University of Minnesota Press.

Keating, Michael (2013) *Rescaling the European State : The Making of Territory and the Rise of the Meso,* Oxford University Press.

Morel, Nathalie, Bruno Palier and Joakim Palme (2012) *Towards a Social Investment Welfare State ? : Ideas, Policies and Challenges,* Policy Press.

Ruggie, J. G. (1982) "International Regimes, Transactions, and Change: Embedded Liberalism in the Postwar Economic Order", *International Organization,* Vol. 36.

第Ⅰ部
教育・市場・政治

第1章

政治改革と教育改革
—— 連動性についての検討 ——

待 鳥 聡 史

1 2つの改革は関係するのか

「市場の論理」の優越

1990年代から2000年代初頭にかけて進められた公共部門の諸改革は，教育改革にどのような影響を与えたのだろうか。逆に，公共部門の諸改革にとって教育改革とはいかなる存在だったのだろうか。また，それらはなぜなのだろうか。本書が注目する「リスケーリング」は，この文脈においていかなる位置づけを与えることができるのだろうか。これらについての検討に先立ち，先行する研究との関係から問いの意義を明らかにしておきたい。

公共部門の改革が教育改革に与える影響は多くの論者が認めており，これまで大きく2つの方向から論じられてきた。1つには，同時期に生じた教育の変革を新自由主義的だと捉えた上で，そこに政治の影響，より端的には公共部門の改革と共通する要素や考え方を見出すものである。このような見解は，教育学においては珍しくないが，政治学にも存在する（たとえば，髙田 2024；中嶋 2012, 2013；森 2012）。

この立場に対しては，教育に生じた変化の相当部分は特定のイデオロギーの帰結ではなく，政治改革の帰結による伝統的な教育政策過程の自律性の弱まりにより，本書にいう「市場の論理」が発現したためだと指摘できる。序章で論じているように，中央政府の地方政府に対する大きな影響力，あるいは統制を

23

第 I 部　教育・市場・政治

基礎に，文部科学省と文教族議員が高い自律性によって教育政策を定めることで，全国標準化をはじめとする戦後日本の「教育の論理」は維持されていた。教育政策過程の閉鎖性を弱め，一方において地方分権改革により地方政府の独自の判断を許容し，他方において中央政府内部での文部科学省の自律性あるいは教育政策過程の閉鎖性を解消すれば，そこに現れるのは有権者の関心や意向，すなわち自由や創意工夫を重視した政治的な「市場の論理」をより直接的に反映した政策決定になるのは必然的であった。

　また，実際にも新自由主義の立場をとる政治勢力が優越していたとは言い難い。公共部門の改革が進められた時期を「改革の時代」と呼び，その始期を1988年のリクルート事件発覚に，終期を小泉純一郎政権が終わった2006年に，それぞれ設定して考えてみよう。この間，1989年参議院選挙での自民党過半数割れを皮切りに，1993年には非自民連立による細川護熙政権，94年に社会党首班の村山富市政権が誕生，続く橋本龍太郎政権は自民党首班だが社会党と新党さきがけが途中まで連立に加わり，小渕恵三政権の半ば以降は自民党と公明党の連立となった。このように政治的変化が大きく，多様な勢力が政権に加わっていた時代に，新自由主義のように具体的な政策の方向性が明確な理念を一貫させることは容易ではない（徳久 2012）。

優越を生み出した政治改革

　もう 1 つの研究の方向性は，公共部門の改革がもたらす具体的な制度変化に注目し，それが教育に及ぼした影響を実証的に検討するものである。この立場の最も目立った成果は，中央政府の行政改革が文部科学省に与えた影響を解明した青木栄一と彼の研究グループによる一連の研究である（青木 2019，2021）。

　行政改革により文部科学省が受けた影響については，青木らの研究グループが余すところなく指摘している。すなわち，最も顕著なのは中央省庁内部での自律性の低下であり，内閣府（総合科学技術・イノベーション会議）や経済産業省（経産省）の介入をしばしば受けるようになったこと，その一因には省庁再編に

よる文部省と科学技術庁の統合があったことなどである。他方で，文部科学省が教育政策・文教行政領域において長らく保持してきた影響力のうち，地方自治体や教育現場との関係については，義務教育費国庫負担金の変革や少人数学級編制のような個別テーマについては，既に優れた研究が蓄積されている（青木 2013；阿内 2021）。また，教育委員会制度や教育長任命への地方分権改革の影響についても，比較的早くから検討がなされている（村上 2011）。

しかし，なお考えるべき点は残されている。教育は全体として中央政府と地方政府の融合的関係が顕著な政策領域だったのであり，国政レベルの改革はより複合的な効果をもたらした可能性が高い。地方分権に限定せず，政治改革の総体と教育政策の変化の関係を考察する余地は残されていよう。とりわけ，先にも言及したように，行政改革による文部科学省の中央省庁内部における自律性の低下と，地方分権改革における地方自治体の自律性の向上が結合することで「教育の論理」に対する「市場の論理」の全般的な優越をもたらした。その意義の解明は，青木らの見解を敷衍しつつ本章が独自に試みるものである。

なお，公共部門の改革は「統治機構改革」と呼ばれることもあり，本書のタイトルもそれに由来する。しかし，本章ではより大きな広がりを含意して「政治改革」と総称することにしたい（待鳥 2020）。政治改革という語は，しばしば選挙制度改革のみを指して用いられるが，実際には遥かに大規模な，国家と社会のインターフェイスにまで及ぶ制度変革が含まれる。

2　政治改革の全体像

実質的意味の憲法の改正

政治改革は，日本の公共部門のほぼすべてに及ぶ，極めて広範な制度変革であった。具体的には，政党のあり方や議員行動に大きな影響を与えた選挙制度改革，中央省庁再編と内閣機能強化を柱とした行政改革，段階的に進められた地方分権改革，日本銀行法の改正と大蔵省からの金融部門の分離が組み合わせ

第 I 部　教育・市場・政治

られた中央銀行改革，裁判員制度や法科大学院制度の導入などが行われた司法
制度改革が，本章にいう政治改革を直接的に構成する。これらに加えて，独立
行政法人制度の導入を含む特殊法人改革，商法（会社法）改正を通じたコーポ
レート・ガバナンスや証券市場の改革なども，関連する制度変革だと理解して
よいだろう。

　大規模で広範な制度変革が，先に述べた「改革の時代」に連続して行われた
ことで，日本の公共部門のあり方は著しい変化を経験した。すなわち，中央政
府・地方政府・政府間関係のいずれについても，政策の決まり方が従来とは大
きく異なったものになったのである。それは，政府あるいは公共部門の運営の
あり方，すなわちガバナンス構造が変化したことを意味していた。憲法学では，
日本国憲法のような成文の憲法典に限らず，より広く公共部門のガバナンス構
造を定めた諸ルールを「実質的意味の憲法」と呼ぶ。その言葉を使うならば，
政治改革によって生じたのは「実質的意味の憲法の改正」だったと考えること
ができる（待鳥 2016, 2020）。

　最も典型的で重要な例は，首相の権力の強まりと官邸主導の政策過程の常態
化であろう。おおむね1980年代までの日本の首相は，イギリスやドイツなど他
の議院内閣制諸国と比べて在任期間が短く，かつ影響力が小さいことが特徴だ
と見なされていた。実際には，戦後の政治外交の骨格を作った吉田茂，高度経
済成長を軌道に乗せた池田勇人，日米同盟の強化に尽力した中曽根康弘など，
大きな影響力を発揮した首相は存在し，沖縄返還交渉を進めた佐藤栄作のよう
に官邸主導も見られる場合もあった。しかし，これらは優れた資質を持った政
治家が首相に就いた場合にのみ生じる，例外だと見なされることが多かったの
である。

　首相の権力を制約していたのは，与党党首としても，行政部門の長（執政長
官）としても，十分な権限や資源を持たないことであった。政治改革はこの両
者を変えた。すなわち，選挙制度改革によって小選挙区中心の仕組みになると，
大政党の公認候補者であるかどうかが当落を強く規定するようになり，党首を

はじめとする幹部が持つ影響力は飛躍的に増大した。大政党が政権をめぐって競争する選挙においては，党首は「顔」として党勢の消長に大きな意味を持つようになり，勝利を収めた場合に党首が得られる威信も高まった。さらに，行政改革の柱である内閣機能強化は，内閣府の創設や内閣官房の拡充，特命担当大臣ポストの設置などを通じて，首相が執政長官として政策立案を行うための基盤を著しく強化した。これらの変化によって首相の権力は強められ，今日では官邸主導こそが当たり前だと考えられるようになったのである（待鳥 2012）。

指導理念としてのリベラル・モダニズム

なぜ「実質的意味の憲法の改正」といえるほどの大規模な制度変革が実現したのであろうか。選挙制度改革の直接の起点となり，「改革の時代」の幕を開けたのが1988年6月の『朝日新聞』報道によるリクルート事件発覚であったことは既に述べたが，日本政治が停滞状況にあるという認識は，それ以前から存在していた。

政治改革を理論面でリードした政治学者の佐々木毅は，1987年5月に『いま政治になにが可能か』という著作を公刊し，広範な読者と高い評価を得て，同年に吉野作造賞を受賞した。[1] 同書で指摘されたのは，当時深刻化していた日米経済摩擦の影響もあり，佐々木が「横からの入力」と呼ぶ日本政治への外圧が強まっていること，それに対して利益誘導政治に慣れきった自民党政権は的確な応対ができていないこと，そして政権をめぐる政党間競争により中長期的なビジョンや国際協調など政治が本来的責任を果たすべきことであった。日本政治が重要な政策課題に対する応答能力を失っており，それを回復するためには制度変革が必要であるという言説は，同書をはじめとする一連の彼の議論をきっかけに形成されたと考えられる。リクルート事件は政治腐敗の顕在化であったが，それが政治資金規正法の改正など直接的な腐敗防止策に止まらなかったのは，より構造的で大きな問題が日本政治にはあるという認識が既に存在していたためであった（山口 2023）。

第Ⅰ部　教育・市場・政治

　このような認識は，自民党長期政権にかねて批判的であった言論界のみなら
ず，戦後復興と高度経済成長を経て先進国の仲間入りを果たした自信に満ちて
いた経済界，利益誘導政治の一端を担いつつもその歪みも痛感していた一部の
官僚や若手政治家にも広がった。1989年参議院選挙で自民党が過半数を割ると，
社会党の存在感が一時的に強まったが，同党は外交・安全保障や税制などにつ
いて実現可能性に乏しい政策を依然として信奉していることが顕在化し，政党
間競争の不十分さを広く白日の下に晒すことにつながった。

　さらに，決定打となったのは1989年の冷戦終結と，その後の国際秩序の流動
化であった。とりわけ，90年から91年にかけてのイラクによるクウェート侵略
が引き起こした湾岸危機・湾岸戦争に際して，日本が十分に対応できず，巨額
の資金的支援を行ったにもかかわらず低い評価しか得られなかった経験は，小
沢一郎ら自民党政権の中枢部にいた政治家にも変革の必要を実感させることに
つながった。

　かくして，冷戦後の新しい国際情勢や，日本のマクロ経済の好パフォーマン
スを個々人の豊かさの実感につなげるといった新しい課題に，政治がいかに的
確に応答できるか，そのために何が必要かという論点が，1990年代の改革論議
の中心になっていった。当時しばしば用いられた表現を借りれば，「経済一流，
政治三流」の状況を変え，「経済一流」にふさわしい政治にすることが目標と
なったのである。

　佐々木がニコロ・マキアヴェッリやジャン・ボダンなど近代初期の思想家を
研究テーマとし，変革期における権力や秩序，そして個人の自由という観点か
ら現代日本政治を考えるための示唆を得ていたことは，大きな意味を持ったと
考えられる。もちろん，幕末開国期以降の政治をめぐる言説において，個々人
の自律性や自発的行動を前提にした政治のあり方，すなわち近代的人間像にも
とづく政治の合理化が追求されたことは珍しくなかった。福沢諭吉や丸山眞男
の立場は，いずれもそのようなものだったはずである（宇野 2023）。

　「改革の時代」における議論がそれまでとは恐らく大きく異なっていたのは，

28

政治の合理化あるいは近代化が社会経済的な成功や繁栄の維持に不可欠な体制内改革の構想として打ち出されたことにあった。そうであるがゆえに，体制内改革としての政治の合理化・近代化，その具体的手段としての制度変革という流れが，さまざまな立場の人々に共有されることになったのだと考えられる。このような立場を，以下では「近代主義右派」あるいは「リベラル・モダニズム」と呼ぶ（待鳥 2020，2025）[2]。

制度間連動の変容

「改革の時代」における近代主義右派は，1980年代までに生じた日本政治の行き詰まりについての認識を前提に，それを改めるための制度変革を志向した。そのことは，政治改革に一貫した傾向を与えることにつながったが，個々の領域における具体的な改革は多様な方向性を持つことになった。明確な理念にもとづく改革を個別の制度変革に変換する道筋は，それぞれの領域に従来から存在していた課題認識や改革案のあり方に事実上委ねられたためである。制度の挙動に関する知見が十分には蓄積されていなかったことも手伝い，結果的には領域ごとに制度変革の方向性が異なり，領域間あるいは制度間の連動を低下させてしまうことにもつながった（待鳥 2020）。

教育政策・文教行政と密接に関わる中央・地方関係は，このような制度間連動の変容が顕著に見られる領域である。その主たる理由は，中央政府に関しては選挙制度改革と行政改革を通じて集権化が追求されたのに対して，地方分権改革は地方政府により大きな行財政的自律性を与えることを追求したためである。地方分権改革により権限と財源の双方が地方政府に移譲され，中央政府内部においても総務省や国土交通省など地方政府との関係が深い省庁に対する官邸の優位が確立されると，中央政府と地方政府が異なった方向性の政策を追求することに対する歯止めは効きづらくなった。

加えて，地方分権改革を経てもなお，従来からの融合的中央・地方関係，すなわち中央政府と地方政府が協働しながら政策を展開することが求められる場

第Ⅰ部　教育・市場・政治

面は少なくない。政治改革に際しての異なった方向性の混在と，改革以前から
の関係の残存によって，中央・地方関係は困難さを強めることになったのであ
る。2020年から3年半にわたって続いた新型コロナウイルス感染症のパンデ
ミックは，上に述べたような中央・地方関係が抱える困難が顕在化した実例であ
った（竹中 2020）。[3]

　しかし，中央と地方の連携がすべて失われたわけではない。中央政府内部に
おける集権化と，中央・地方関係における分権化の後であっても，中央政府と
地方政府が同じ政策的立場をとることはありうるからである。教育政策・文教
行政における「教育の論理」に対する「市場の論理」の優越は，集権化した中
央政府と分権を受けた地方政府（とくに首長）が共通して追求した。また，中
央政府では官邸が，また地方政府内部では首長が，それぞれ強い関心を持たな
い教育行政組織などについては，伝統的な「教育の論理」が残存する可能性も
ある。

3　政治改革にとっての教育改革

準備されていた新しい政策過程

　教育，とくに初等中等教育の基本的な目標や方向性，その具体的な方策とし
ての学習指導要領や教科書のあり方について，自民党の一部議員は古くから関
心を抱いてきた。いわゆる文教族議員である。だが，文教族議員が多かったと
まではいえず，関与の範囲も限定的であった。猪口孝と岩井奉信はかつて，
1980年代初頭の教科書有償化問題をめぐる政策過程の事例研究などを通じて，
自民党文教族は少人数で凝集性が高い「番犬型」の関与を行うという特徴を持
つと論じた（猪口・岩井 1986）。また，レオナルド・ショッパは1970年代から80
年代初頭までの文教族について，イデオロギー的な論点以外には関心が乏しく，
教育政策の大部分について文部省が高い自律性を有していたと指摘した
（Schoppa 1991：87）。本書にいう「教育の論理」の政策過程における基盤は，

ここに求められる。

　転換点となったのは，1984年の臨時教育審議会（臨教審）の設置であった。臨教審設置は首相であった中曽根康弘の肝煎りで進められたこともあり，教育における新自由主義の強まりのきっかけだと見なされることが多い。しかし，近年の大島隆太郎と高木加奈絵の研究は，臨教審は教育政策に関与するアクターの数を大幅に増やす契機になったこと，とりわけ公明党などの中道政党の関与につながったことを，当時の報道やオーラルヒストリーなどの丹念な分析から明らかにしている（大島・高木 2018）。それまで，文部省と日本教職員組合（日教組），自民党文教族と左派野党といった固定的で排他的な性格が強かった教育をめぐる政策過程が，より広い文脈や構図とつながるようになったことこそが，80年代の最大の変化であった[4]。言い換えれば，文部省と文教族議員が閉鎖的な政策過程において重視してきた「教育の論理」が，この時期から外部アクターの関心に晒されるようになったのである。

　では，政治と教育の接点はなぜこの時期に拡大し，それはどのような争点としてだったのだろうか。苅谷剛彦は，臨教審の答申や各種文書に注目しながら，そこには「追いつき型近代化」の手段としての戦後教育という認識と，それが終わったがゆえに新たな教育改革が必要とされるという課題提示がなされていることを指摘する（苅谷 2019：92-98）。中曽根自身は，1970年代の石油危機によって企業や労働組合のあり方が変わってきたと認識しており，それに呼応するように進めた行財政改革の延長線上に教育改革を位置づけていたとされる（大島・高木 2018：60）。このような短期的でやや表面的な認識が，臨教審で中心的役割を果たした香山健一の影響によって，より長期的かつ構造的な見解へと転換されたということなのであろう（苅谷 2019：106-117）。

　関与するアクターの拡大と，ポスト「追いつき型近代化」という課題認識の共有が，1980年代以降における政治と教育の関係の変化を考える上での鍵となる。ただし，臨教審の答申の多くは具体化しなかったように，個別具体的な教育政策・文教行政の変化の直接の起点として80年代を位置づけることには，恐

第 I 部　教育・市場・政治

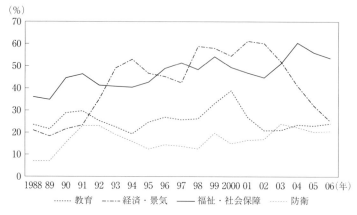

図 1-1　改革の時代における有権者の重要課題認識
出所：日本経済新聞ウェブサイト「支持率を追う　日経世論調査アーカイブ」（https://vdata.nikkei.com/newsgraphics/cabinet-approval-rating/，2024年8月9日最終アクセス）から，筆者作成。

らくいささかの無理があるように思われる（青木 2025）。むしろ，苅谷が的確に注目しているように，教育をめぐる言説や議論の質的な変化，あるいは方向性の変化の起点になった時代だったというべきであろう。教育は，誰もが関心を持ち，発言する政策領域へと変貌を始めたのである。

有権者の関心の強まり

　世論調査データからも，本章にいう「改革の時代」には，教育改革への関心が強まる傾向にあったことが窺える。図 1-1 は，『日本経済新聞』の世論調査において重要課題だとされた比率を，教育政策に加えて景気対策，福祉・社会保障政策，防衛政策（2000年以降は「外交・安全保障政策」）を取り上げてグラフ化したものである。

　教育政策は，選挙制度改革が終わった1994年頃から従来よりも関心を集めるようになり，橋本龍太郎政権が六大改革の一環として教育改革を唱えるようになる時期にピークに達している。この時期に重要課題として教育改革を挙げる

有権者は，おおむね20％台後半から30％台の前半で安定していた。調査時の文言が2000年９月から2001年２月まで「青少年犯罪対策や教育問題」となっていたため，2000年の数値は例外的だと考える必要があるが，教育政策やその変革に対して，有権者は明らかに恒常的な注意を払うようになっていたのである。なお，この傾向は現在まで継続しており，後継に当たる選択肢「子育て・教育・少子化対策」を重要課題とする有権者は30％台後半にまで上昇し，その水準で高止まっている。

　景気対策や福祉・社会保障政策のような経済に関連する争点ほどではないにしても，有権者がこれだけの関心を持つのであれば，政治家にとって教育改革についての発言や行動は明らかに意味がある。その際には，経済動向などの影響を受けて評価が変転しやすい新自由主義的な言説よりも，弱者やマイノリティへの配慮を含めた子供それぞれの個性を伸長すること，個々人が自由な選択ができるようにすること，それが中長期的にはマクロ次元での日本の国際化や競争力にもつながることといった，異論を唱えにくい主張の形をとることもまた自然であろう。本書にいう「市場の論理」とは，経済に圧倒的に高い優先順位を置く新自由主義とは異なり，より広範な有権者の関心と支持を反映した立場である。その主張の基礎にある理念は近代主義，とりわけ本章にいうリベラル・モダニズムそのものだといえる。政治と教育の距離が近づき，その接点が大きくなるほどに，強まるのは近代主義にもとづく「市場の論理」なのである。[5]

4　教育改革にとっての政治改革

文部省の自律性低下

　1980年代後半以降，教育をめぐる政治過程に生じたことは，エリートレベルにおいて文部省（2001年の省庁再編後には文部科学省）と少人数の自民党文教族が有していた高い自律性が失われ，関与するアクターが増大したこと，有権者レベルにおいては教育政策や教育改革に対する関心が高止まりするようになった

こと，政治家と有権者をつなぐ言説あるいは理念として，政治改革と共通する近代主義（リベラル・モダニズム）が主流になったことであった。それは同時に，文部省・自民党文教族と対峙してきた日教組と左派政党が，教育の政治過程において影響力を弱めることにもつながっていた。

　ただし，文部省や自民党文教族の自律性低下は一律に生じたわけではない。自民党文教族について先に見ておこう。既に中曽根政権期の臨教審設置の時点で，文教族の自律性の低下は始まっていた。その傾向は，教育に関心を持つ政治家や有権者が多くなったことと，政治改革によっていっそう強められることになった。とりわけ，選挙制度改革によって衆議院が小選挙区制中心の選挙制度となり，大政党である自民党の場合には小選挙区制での議席獲得が必須であることは，公認権を持つ党執行部の影響力を増すことにつながった。党内が集権化し，関心が高い分野での政策立案も従来のボトムアップからトップダウンへと移行したことから，族議員の存在感は全体として大きく低下した。文教族だけが例外であったと考えることはできない。

　文部省（文科省）については，大きく3つの異なる自律性があったように思われる。1つは中央政府内部での自律性であり，政権や与党，他省庁からの介入を受けずに政策を展開する能力である。もう1つは政府間関係における自律性で，とくに初等中等教育において政策を実施する地方政府に対して，自らの方針を貫徹させる能力である。第3は高等教育・科学技術政策において大学などの研究機関に対して持つ自律性である。大学などは憲法により自治が保障されているが，そこに文部省の方針を受け入れさせる能力を指す。これらのうち，研究機関に対する自律性は本章の行論とは直接関係しないので，他の2つの自律性との関係で必要な限りにおいてのみ言及することにしたい。

　中央政府内部での文科省の自律性については，既に述べたように青木（2019，2021）が優れた分析を行っているので，ここでも改めて彼の議論を要約しておくことにしよう。政治改革の結果として，政策過程の全般において官邸の存在感の高まりが見出されることは，しばしば指摘される（たとえば，竹中 2006；

待鳥 2012, 2020）。青木によれば，文科省もその影響を強く受けている。すなわち，官邸主導の政策過程では内閣官房・内閣府が政策の基本方針を打ち出すことが常態化するが，教育が経済政策とのつながりを強めるほど，文科省ではなく内閣府の総合科学技術・イノベーション会議や，官邸に多くの人材を送り込んでいる経産省の方針が教育政策に強く反映されることになる。それは官邸や経産省による「間接統治」であり，本書にいう「教育の論理」に対する「市場の論理」の優越を，中央省庁レベルで生み出した要因である。なお，この傾向の背景にあって無視できないもう１つの要因が，省庁再編によって文部省と科学技術庁が統合されたことだとも，青木は指摘している。

政府間関係における自律性はどうだろうか。青木の研究プロジェクトに加わっていた北村亘は，文科省官僚に対するサーベイから，２つの興味深い知見を見出している。１つは，文科省官僚の中では，個々人や世帯の所得格差を是正することと地域間の格差を是正することの双方に積極的な「介入主義」が，最大のグループを形成していることである。とりわけ，教育政策の立案に最も大きな役割を果たしていると考えられる，旧文部省入省の現課長クラスに，介入主義が最も顕著だという。もう１つには，このように政府の役割について大きいと認識する傾向にありながら，地方政府の能力全般については懐疑的だと見られる面が強いことである（北村 2019）。文科省官僚の多数派の認識としては，中央政府と地方政府は上意下達の関係にあり，地方政府は中央政府の指示や支援があって初めて効果や意義のある政策が展開できる存在だということなのだろう。この点はまさに政治改革の一部である地方分権改革の方向性とは正反対だといえる。それだけに，文科省の自律性（地方政府への独占的影響力）の低下を示唆すると考えられよう。

合意争点としての地方分権

それに比べて，有権者の認識は大きく異なっており，地方分権や自治の拡大についての合意は強い。筆者もメンバーであった研究グループでは，有権者が

第 I 部　教育・市場・政治

憲法の実際の規定や理想のあり方として何を想定しているかについて，サーベイ実験を含むオンライン調査を行った⁽⁶⁾。そこでは，中央集権と地方分権のどちらが望ましいかについて，一部の調査対象者には「中央集権」と「地方分権」という文言のみを，別の一部の調査対象者にはそれぞれの長所と短所の情報も提供した上で，選択してもらう実験を行った。その結果，与えられる情報の多寡に関わらず，回答者は常に地方分権が望ましいとした。これは，議院内閣制／大統領制など他の政治制度とは全く異なる回答傾向であった。つまり，地方分権は基本的な方向性について異論がなく，手段についてのみ立場による差異がある「合意争点」なのである（待鳥 2021）。

　実際にも，地方政府の自律性はほぼ一貫して高められてきた。「改革の時代」にあっては，1995年の地方分権推進法の制定と，それにもとづいて設置された地方分権推進委員会の答申によって進められた第 1 次地方分権改革，2000年代前半の平成の市町村合併や三位一体改革が行われ，権限と財源の両面において地方政府への移譲が図られた。これらの改革によって，現在の中央・地方関係の基本的な構図は整えられたといえる⁽⁷⁾。さらに2006年以降にも，地方分権改革推進法による第 2 次地方分権改革が継続している。かつてのように，中央政府が権限・財源・人材のすべてにおいて優越しており，許認可や補助金などを通じて地方政府をコントロールしているという姿は，もはや過去のものになったといってよい。

　自律性の向上は，地方政府が多様性を高めていることも意味する。権限と財源を多く持つようになった地方政府は，従来は中央政府の定めた一律のルールや基準に従うしかなかった事柄について，自らの判断にもとづいた選択を行うようになり，地方政府相互間の違いが大きくなっているのである。

　教育との関係で最も典型的なのが，三位一体改革による義務教育費国庫負担制度の変更である。この変更によって，従来は義務教育費の半額を国庫負担としていたものが 3 分の 1 へと引き下げられ，あわせてそれによる削減分を含む地方政府への財源移譲，および負担金部分についても総額裁量制の導入が図ら

れた。

この変更を文部科学省から見れば，教育のナショナルミニマムあるいは「教育の論理」を支える制度の後退であった。しかし地方政府から見れば，従来は使途が定まった補助金として中央政府から配分されていた資金の一部が削減され，地方交付税交付金など使途自由の一般財源になり，かつ補助金部分の使途の裁量も拡大し，地方政治家と有権者が重視する「市場の論理」のために活用できることになったのである。その財源や裁量を使って何をするかは地方政府ごとの判断に委ねられているが，非正規雇用教職員の増大など教育環境の悪化につながるという批判と，少人数授業の実施が可能になったという評価の両方が早くから存在した（小川・山下 2007）。

地方政治の影響の強まり

地方政府の自律性と多様性が強まっていることと密接に関係するのが，地方政治の動向である。行財政的関係と並ぶ地方自治のもう1つの柱である地方政治については，戦後一貫して制度的自律が認められてきた。しかし，行財政や人事における自律性が制約されていたがゆえに，都道府県レベルの革新自治体など一部を除いて，政治的自律性が地方政府の多様性を生み出す範囲や程度は限定されがちであった。地方分権改革は，この点を大きく変化させた。すなわち，政治的に自律し独自の意思を持つ地方政府が，それを実現させるための権限と財源を確保するという構図が生まれたのである。

1990年代以降の地方政治には，冷戦終結による国内政治の保守と革新の対立の終焉，政治改革の帰結としての政党間関係の変化や中央・地方間の政治的系列関係の弱まりなどもあり，無党派首長や地方政党の台頭が見られるようになった。これらの新しい政治勢力は，一方において行財政の「無駄」をなくすことを強く主張し，他方においては有権者の関心を意識しつつ，「市場の論理」を重視した教育改革を推進する傾向にあった。地方政党として「大阪維新の会」が登場したのと平仄を合わせるように，学区制の廃止や学校統廃合などに

第Ⅰ部　教育・市場・政治

よる公立高校の変革が進められた大阪府はその典型だが，公立中学校を含めた
学区自由化や選択の幅を設けた制服の導入，公立高校の中高一貫化や個性強化
などは，全国的に見られる傾向でもある(8)。

　制度的に見れば，地方政治は「改革の時代」を無傷で乗り切ったともいえる。
首長と議会が別々に公選される二元代表制も，中選挙区制や大選挙区制など個
人集票が有利に作用し政党化が進みづらい議会の選挙制度も維持された。現在
の地方政治制度は，首長が地方政府の領域全体の利益を追求し，議会が個々の
議員の選出地域や支持基盤といった個別利益を追求するという棲み分けを生み
出しやすく，しかも権限配分の関係で議会は相対的に小さな責任しか地方政府
の運営に対して負っていない。そのため，議会はしばしば全体合理性の観点か
らの政策転換を拒み，現状維持を志向しやすいとされる（砂原 2012）。

　首長は議会の現状維持志向に対抗する目的もあって，有権者の関心が強い政
策領域において大胆な変革を打ち出すことも珍しくない。経済政策を展開しづ
らい地方政府において，議会に十分な基盤を持たない無党派首長などが「市場
の論理」にもとづいた教育改革に熱心になるのは，その典型例なのである。し
かし二元代表制の下では，議会の現状維持志向もまた高い民主主義的正統性を
持つ。公立学校の統廃合問題などがしばしば紛糾するのは，地方政治制度が
「改革の時代」を無傷で乗り切ったがゆえに，伝統的な「教育の論理」がなお
一定の存在感を示していることの表れである。政治改革の影響は一律ではない。

5　リスケーリングの位置づけ

2つの側面

　政治改革との連動性から教育改革を捉えるとき，教育政策の立案や決定に際
して中央政府内部で文部科学省の自律性の低下，教育をめぐる中央地方関係に
おける中央政府の影響力低下，そして地方政府内部における政治アクター，と
りわけ首長の教育政策への関与の強まりという3つの面において，大きな変化

が生じたと考えることができる。また，地方分権改革と並行して進められた市町村合併は，都道府県と市町村の間での影響力関係を変えたと一義的に断定することはできないが，教育政策をめぐるユニット（単位）の変化を生み出した可能性はある。たとえば，3つの市町村が合併して1つの市になる場合，従来は3つ存在していた教育委員会が1つとなり，首長も教育長も1人になることを意味する。それは意思決定のユニットの実質的な拡大を伴うと見るのが自然であろう。ただし，そのような変化はもっぱら制度的なものであって，理念や運用の変化を伴っていないかもしれない。

　本書が全体として注目するリスケーリングは，大きく分ければ2つの側面を持つ。1つには，中央政府・都道府県・市町村など異なる政府レベルの間で生じる，政策に関する意思決定のユニットの変化，すなわち制度的な線引きの変更である。もう1つには，同じレベルの政府内部で生じる，意思決定において影響力を持つアクターの変化である。

　これらのうち，政治改革との連動性が強く見られるのは，後者すなわち同一レベルの政府内部における影響力関係の変化であろう。具体的には，先に述べたような中央政府内部や中央地方関係における影響力関係の変化を受けて，地方政府レベルでの教育政策における伝統的かつ相当程度まで自律的なアクターであった教育委員会や教育事務所に代わって，地方政治家（とくに首長）の影響力が強まり，それに適合的な制度改革が生じることが考えられる。ただし，地方政治家は公選されるため，もっぱら有権者の関心が高いテーマについて，より大きな影響力を行使しようとする可能性が高い。このような政治の判断が作用する結果として，地方政府における教育政策の影響力関係は，一部の領域やテーマについては首長主導が目立ち「市場の論理」が強く作用することになる半面，別の一部の領域やテーマについては伝統的教育アクターの自律性の残存と「教育の論理」の作用が見られることが予想される。

第 I 部　教育・市場・政治

いくつかのデータ

　その点についての具体的な検討は続く各章に委ね，ここでは代表的なデータ
のみを挙げておくことにしよう。

　本書の元になった研究グループが2022年に行った全国の市町村教育委員会へ
のサーベイにおいて，2010年以降に指導主事あるいは充て指導主事の増員を行
ったかどうかを尋ねている。文部科学省の説明によれば，指導主事とは「学校
の営む教育活動自体の適正・活発な執行を促進するため，校長及び教員に助言
と指導を与えることを職務として教育委員会事務局に置かれる職」であり，よ
り具体的には「教育課程，学習指導，生徒指導，教材，学校の組織編制その他
学校教育の専門的事項の指導に関する職務を行う」ことになっている（中央教
育審議会・第5回地方教育行政部会（2004年6月15日）配布資料）。

　指導主事や充て指導主事を増員した教育委員会は，回答数817のうちの362
（44.3％）で，増員しなかったのが401（49.1％）である。全体で見ればほぼ二分
されているが，増員した教育委員会は中核市・一般市・特別区などに多く，地
域で見れば関東や近畿に多い。さらに，指導主事等の増員の理由としては「市
町村独自の教育政策を行うため」が最も多く，一部には「首長の意向による」
を挙げる市もあり，これらは学齢人口の増加との相関関係が見られた。市町村
の場合，関係する学校教育は大部分が公立小中学校ということになるが，都市
部を中心として有権者の教育への関心が高まり，これらの学校を通じた独自の
教育政策が政治的にプラス評価を得られるようになったために，とりわけ政治
的競争性が高い地域の場合に，政治家の関与が生じていることを窺わせる。

　対照的に，教育に関する事務を複数の市町村で実施するといった，意思決定
における各市町村の自律性を低下させる方向での選択については，消極的な姿
勢が見られる。同じ調査に際して，教育委員会事務局の人員体制を「不足」
「やや不足」という回答が70％以上であったにもかかわらず，事務の共同処理
は80％以上の市町村教育委員会が行っておらず，事務局の人員体制に対する評
価とも全く相関が見られない。制度的な困難さが大きいことを考慮に入れる必

要はあるが，人員不足を認識しつつも，それに共同処理のような合理化で対応する意思はほぼ持たないようである。ここからは，有権者の関心が乏しいと見られるテーマにおいては，自らの市町村を超えたユニット再編という意味でのリスケーリングには消極的な姿が浮かび上がる。

教育学と政治学の共同作業の必要性

　本章においては，リスケーリングという観点を意識しつつ，1990年代から2000年代初頭にかけて進められた政治改革が，教育改革にどのような影響を与えたのか，逆に政治改革にとって教育改革とは何だったのか，またそれらはなぜかについて検討を行った。

　改めてこの問いに立ち返るならば，直接の答えとしては以下のようになるだろう。すなわち，政治改革によって官邸主導の政策過程が常態化するなど，中央政府内部や政党内部での集権化が進んだ。同時期には，有権者の教育への関心が高止まりするようになったことや，産業政策との連関が意識されるようになった。これらが相まって，教育政策の展開における文部科学省や自民党文教族の自律性は低下した。また，政治改革の一環としての地方分権改革は，地方政府が自らの意思や関心にもとづいた政策選択を行うことを可能にした。台頭してきた無党派首長や地方政党にとって，教育改革は有権者から評価されやすい主張であったため，看板政策として掲げられる傾向が強まった。教育改革は，政治改革以降に影響力を増した勢力にとって，自らの立場を有権者に伝えやすい争点という意味を持った。

　これらを総合して考えれば，政治改革が教育改革を促したことは明らかだといえよう。本書にいうところの「教育の論理」に対する「市場の論理」の優越は，政治改革の政策的帰結なのである。しかし，それは一部の論者がいうような新自由主義的改革としてではない。むしろ，政治改革に共通する理念としてのリベラル・モダニズム，すなわち戦後の自由民主主義体制を前提としつつ，そこでの個々人の自由や自律を重視した政治や行政の合理化という近代主義右

第Ⅰ部　教育・市場・政治

派の考え方こそが，政治改革と教育改革をつなぐ回路であった。

　そうであるがゆえに，とりわけ初等中等教育を中心に，いわゆる「ゆとり教育」の推進や多様性の尊重を含む個性伸長の強調など，経済合理性には回収しきれない要素が教育改革に含まれることになったのである。確かに，高等教育政策や科学技術政策などには経済政策の影響が色濃いが，それは教育政策の部分でしかなく，かつ政府が一部の国立大学を大規模に支援してイノベーションを推進するといった考え方は，新自由主義からは縁遠いものだと見るべきだろう。

　教育に対する有権者の関心の高まりが，「改革の時代」における政治と教育の連動の背景にあったことは，本章が繰り返し指摘してきたところである。教育政策の選択や実施を担う単位の再編，すなわちリスケーリングが，有権者や政治家（首長）の関心が高い領域においては進行しやすく，低い領域においてはほぼ生じていないという現象は，まさにそのような意味での連動の帰結であり，政治の判断により生じた。同じように1990年代以降に教育改革を推進してきたイギリスにおいては，教育政策のインナーサークルでは多くの対立や議論があったものの，それが有権者の関心を集めてきたとはいえないとされる[9]。日本の族議員やアメリカの「鉄の三角形」など，政策過程において自律性の高い少数のアクターのみが関与する場合と，それが解体した場合の政策過程の相違は一般的にも注目すべき政治学のテーマであり，教育政策についてもアメリカを対象とした優れた成果が既に存在する（ヘニグ 2013=2021）。日本の教育政策や教育改革についても，教育学と政治学の共同作業によって分析が深められていくことが期待される。

　注
(1)　もちろん，この場合の「広範な読者」は経済界や言論界を含むエリート層が中心ではあっただろう。
(2)　なお，社会学者の竹内洋は「左派・右派」と「近代主義・伝統主義」という二つの軸からなる戦後日本の思想の見取図を提示している（竹内 2011：502）。この図

では「右派＋近代主義」のゾーンには「ニューライト」がおり，政治家では石田博英・大平正芳・宮澤喜一，国際政治学者の高坂正堯・永井陽之助らの名前が挙げられている。当然ながら本章にいう「近代主義右派」と重なる部分も多いが，竹内の議論はニューライトをアメリカにおけるウォルト・ロストウの近代化論や戦後民主主義の定着（「大衆モダニズム」）への応答と捉える点と，おおむね1960年代半ばのスナップショットに近い構図で，高度経済成長後半期以降の展開については扱われていない点などが異なる。

(3) 同様の修正の例として，黒田東彦総裁就任以降の政府・日銀関係が挙げられる。

(4) この点につき，村上祐介は地方行政教育法（地行教法）の改正による教育長任命制の改革が1980年代に挫折した過程を分析しつつ，この時点ではむしろ文部省を中心とするアクターこそが改革に熱心だったが，地方自治に関与する他のアクター（自治省）に敗北したために改革できなかったと指摘する。ただし，村上は自治省と文部省の関係が地行教法改正には長く意味を持ってきたとも論じる（村上2011：120-121）。また，勝田美穂は教育政策コミュニティの拡大が2000年代以降に進んだと指摘するが，1980年代に「変化が現れた」ことは否定していない（勝田2023：30）。

(5) 苅谷剛彦（2009：272）は，平等を重視した戦後の教育システムへの批判が，個々人の自由や個性を尊重すべきだという立場を共有しつつ，近代主義的個人化・心理主義的個人化・新自由主義的個人化という３つの形態をとったことを指摘し，近代主義的個人化を政治的個人化，新自由主義的個人化を経済的個人化と言い換えられるとする。

(6) 調査は，プロジェクトメンバー全員による質問票設計の後，ケネス・盛・マッケルウェインが実施した。対象は，調査会社「楽天インサイト」に回答者登録をしており，参加に同意した2371人の成人である。調査プラットフォームは米クアルトリックス（Qualtrics）社による。調査期間は2021年２月26日〜３月４日。実施に当たっては，東京大学社会科学研究所での倫理審査を経ている。

(7) なお，西尾勝（2007）は三位一体改革までを第２次地方分権改革と呼ぶが，ここでは現在の総務省や曽我謙悟（2019）の区分に従う。

(8) ただし，より有権者に意識されづらい行政内部での制度運用について，教育委員会制度の変革についての実証研究によれば，首長の影響力拡大が認識されているという見解（村上・本田・小川 2018）と限定的だとする見解（橋野 2020）の双方が存在する。

(9) 本プロジェクトによるロンドン大学政治経済大学院のアン・ウェスト教授（教育政策論）へのインタビュー。

参考文献

阿内春生（2021）『教育政策決定における地方議会の役割』早稲田大学出版部。

青木栄一（2013）『地方分権と教育行政』勁草書房。

青木栄一（2021）『文部科学省』中公新書。

青木栄一（2025）「早すぎた教育改革」宇野重規・待鳥聡史編『〈やわらかい近代〉の日本』弘文堂。

青木栄一編著（2019）『文部科学省の解剖』東信堂。

猪口孝・岩井奉信（1986）『「族議員」の研究』日本経済新聞社。

宇野重規（2023）『日本の保守とリベラル』中央公論新社。

大島隆太郎・高木加奈絵（2018）「1984年1月の臨教審設置の決定に至る経緯の再検討」『東京大学大学院教育学研究科教育行政学論叢』38：53-68。

小川正人・山下絢（2007）「義務教育国庫負担金総額裁量制の運用実態」『東京大学大学院教育学研究科紀要』47：471-489。

勝田美穂（2023）『教育政策の形成過程』法律文化社。

苅谷剛彦（2009）『教育と平等』中公新書。

苅谷剛彦（2019）『追いついた近代　消えた近代』岩波書店。

北村亘（2019）「文部科学省の格差是正志向と地方自治観」青木栄一編著『文部科学省の解剖』東信堂。

砂原庸介（2012）『地方政府の民主主義』有斐閣。

曽我謙悟（2019）『日本の地方政府』中公新書。

髙田一宏（2024）『新自由主義と教育改革』岩波新書。

竹内洋（2011）『革新幻想の戦後史』中央公論新社。

竹中治堅（2006）『首相支配』中公新書。

竹中治堅（2020）『コロナ危機の政治』中公新書。

德久恭子（2012）「連立政権下の教育政策」『年報政治学』2012-I：138-160。

中嶋哲彦（2012）「新自由主義的教育政策の展開と公教育の現状」『日本教育政策学会年報』19：81-89。

中嶋哲彦（2013）「新自由主義的国家戦略と教育政策の展開」『日本教育行政学会年報』39：53-67。

西尾勝（2007）『地方分権改革』東京大学出版会。

橋野晶寛（2020）「地方教育政策における政治過程」『教育社会学研究』106：13-33。

ヘニグ，ジェフリー（2013＝2021）『アメリカ教育例外主義の終焉』（青木栄一監訳）東信堂。

待鳥聡史（2012）『首相政治の制度分析』千倉書房。

待鳥聡史（2016）「政治学からみた「憲法改正」」駒村圭吾・待鳥聡史編『「憲法改正」の比較政治学』弘文堂。

待鳥聡史（2020）『政治改革再考』新潮社。

待鳥聡史（2021）「地方自治をめぐる理念と制度」『地方自治』888：2-14。

待鳥聡史（2025）「改革の時代におけるリベラル・モダニストの肖像」宇野重規・待鳥聡史編『〈やわらかい近代〉の日本』弘文堂。

村上祐介（2011）『教育行政の政治学』木鐸社。

村上祐介・本田哲也・小川正人（2018）「新教育委員会制度とその運用実態に関する首長・教育長の意識と評価」『東京大学大学院教育学研究科紀要』58：535-562。

森裕城（2012）「新自由主義的教育改革の政治過程とその分析視角」『年報政治学』2012-II：42-64。

山口二郎（2023）『民主主義へのオデッセイ』岩波書店。

Schoppa, Leonard J.（1991）"Zoku Power and LDP Power," *Journal of Japanese Studies* 17(1)：79-106.

第2章

政府間関係の再編
──地方分権改革と平成の大合併による変化──

市 川 喜 崇

1　2つの時代状況

　本章は，最近の政府間関係に変容をもたらした地方分権改革と平成の大合併について，それを実現させた時代状況と政治状況との関連を重視しつつ，論じるものである。地方分権改革は，2000年分権改革（いわゆる第1次分権改革），三位一体改革（中央─地方税財政改革：2003～05年），平成後期の分権改革（いわゆる第2次分権改革：2009～14年）に分けられる。

　このうち，2000年分権改革は，1990年代前半に地方分権論の興隆が起こり，その後押しを受けて西暦2000年に実現した改革である。占領期の改革を別とすれば，戦後最大級の地方分権改革であった。

　1990年代前半は，「生活大国」や「豊かさを実感できる社会の実現」などの標語が語られていた時代であった。折からの貿易摩擦の激化を契機に，それまでの日本社会のあり方の見直しが課題となっていた。欧米から激しい批判を受けるほどの経済的成功を収め，「追いつき型近代化」を達成し終えた後の，次なる社会のあり方が模索されていた時代であった。「成長社会」から「成熟社会」への転換の必要性が語られ，他方で，深刻な東京一極集中の是正が課題となっていた。こうしたなかで，財界団体をはじめとする後述の多くの団体が地方分権改革構想を発表していった。画一的な中央集権型行政から自立した地方自治への転換が必要とされた。要するに，これらの諸団体は，何らかの意味で

第Ⅰ部　教育・市場・政治

の社会変革の手段として地方分権改革を唱えていたのであるが，目指すべき「社会変革」のあり方も，またそのために必要とされる「自立した地方自治」のイメージも，これら団体の性格を反映して実に多様で，千差万別であった。

　いずれにしても，従来は地方分権に関心を示さなかった社会勢力が新たに分権改革の必要性を唱えることになったのであるが，このことが，2000年分権改革を実現させた最大の要因であった。しかし，この改革で最終的に主導権を握ったのは，これら新たな分権推進勢力ではなく，従来からの分権勢力であった地方六団体（全国知事会，全国市長会など）と自治省であった。新設された首相直属の審議会である地方分権推進委員会（後述）の委員の過半数を，地方六団体・自治省系の人物が占めたことが大きい。その結果，90年代前半の分権構想の競合状態は収束し，改革は，基本的に地方六団体の望む方向へと収斂していった。端的にいえば，従来からの分権勢力である地方六団体と自治省が，新たな分権勢力の作り出した状況を活用して，年来の悲願であった機関委任事務制度の廃止（後述）などを実現した改革であった。

　これに対して，2000年代の三位一体改革と平成の大合併は，90年代とは全く異なる時代状況の下で実現した。2001年に新自由主義的な小泉政権が誕生し，財政構造改革や農村重視から都市重視への転換などが進められた。三位一体改革も平成の大合併も，こうした時代状況の産物であった。

　以上に加えて，本章ではさらに，政府間関係の理解にとって不可欠な都道府県―市町村関係について，分権改革と平成の大合併がもたらした変化を中心に論ずる。なお，本章は，基本的に一般的な制度改革を対象とするものであるが，教育分野における変化についても，それぞれの項目内でとりあげられる。また，そのなかで，教育政策に関する本書の分析枠組である「教育の論理」と「市場の論理」についても言及される。

　最後に，分権改革によって実際に引き起こされた変化に対する当事者や研究者の認識を確認し，本章を終える。

48

2　2000年分権改革

概要と経緯

　最近の地方分権改革は，冒頭でも触れたとおり，2000年分権改革，三位一体改革，平成後期の分権改革に分けられる。

　2000年分権改革は，占領期の改革を別とすれば，戦後最大級の地方分権改革であり，機関委任事務制度の廃止が主な成果であった。機関委任事務制度は，個々の機関委任事務の管理・執行に関して，長や行政委員会を国の下部機関とみなして主務大臣の包括的指揮監督権の下に置く制度であった。公選の長を国の下部機関と見立てるこの制度は，戦後の分権化された地方自治のあり方にそぐわないものとして，長く批判されてきた。最終的に561項目の機関委任事務が存在していたが，事務自体が廃止されたもの，国の直接執行事務に引き上げられたものを除き，大多数が，新たな事務類型である「自治事務」（約55%）と「法定受託事務」（約45%）に振り分けられた。他の事務類型であった公共事務，行政事務および団体委任事務は，いずれも自治事務となった。

　ここで，西尾勝の分類に倣って，地方分権を「関与の縮小」型（自由度拡充型）と「権限移譲（事務事業移譲）」型（所掌事務拡張型）に大別すると，2000年分権改革は主として関与の縮小を実現させた改革であった（西尾 1999, 2013）。機関委任事務制度廃止により包括的指揮監督権がなくなったこと，また，かつての機関委任事務の半数以上を国の関与が相対的に弱い自治事務に振り分けたからである。

　他方で，権限移譲は限定的であった。また，実現した権限移譲についても，国から自治体への移譲はわずかで，大半が都道府県から市町村への移譲であり，なおかつその多くが規模別権限移譲であった。規模別権限移譲というのは，どの市町村にも一律に権限移譲をするのではなく，政令指定都市，中核市，特例市（現在は「施行時特例市」），一般市，町村という段階区分に応じた権限移譲を

第Ⅰ部　教育・市場・政治

することである。このほか，2000年分権改革で新たに事務処理特例制度が設けられ，都道府県の条例で都道府県の事務を市町村に移譲することが可能となった。なお，規模別権限移譲の方式はその後も受け継がれ，後述の平成後期の分権改革でも多用されている。

　2000年分権改革の経緯を概述すると，以下のとおりである。1990年代初頭になって地方分権改革を求める声が高まった。この分権論議の興隆は，93年6月の地方分権衆参両院国会決議の全会一致による可決へとつながった。同年10月の第3次行革審「最終答申」によって，地方分権改革は政府の正式なアジェンダとなった。その後，94年12月の地方分権大綱方針の閣議決定，95年5月の地方分権推進法の制定を経て，同年7月，首相直属の地方分権推進委員会（1995年7月〜2001年6月）が発足した。そして，この審議会の5次にわたる勧告に基づいて地方分権一括法案が作成され，99年7月に可決成立し，2000年4月に施行された。約10年に及ぶ長い政治過程を経て実現した改革であった。

新たな分権勢力の登場と改革言説の出現

　占領期以来の最大級の分権改革である2000年分権改革がこの時期に実現した理由として，大きく次の4点を指摘できる。

　第1に，90年代になって，新たな分権推進勢力が加わったことである。地方分権を求める議論は以前から存在していたものの，それは地方六団体や自治省などの主張に限られていた。ところが，1990年代になると，財界やマスメディア，さらには政治改革と行政改革を旗印に掲げた当時の保守系新党などが，新たに分権改革の必要性を唱えるようになっていった[2]。2000年分権改革は，旧来の分権勢力に新たな分権勢力が加わることによって実現したものである。従来からの分権勢力だけでは，改革は実現しなかった。旧来の分権勢力が地方分権そのものに価値を見出していたのに対して，新たな分権勢力は，何らかの社会変革の手段として地方分権改革を唱えていた。

　90年代前半は，経団連，経済同友会などの財界団体，行革国民会議，民間政

50

治臨調などの改革推進団体をはじめとして，多くの団体が多様な地方分権改革構想を発表していた。これらの団体が掲げる「社会変革」も，またその実現のために追求する「自立した地方自治」のあり方も，これらの団体の特徴を反映して千差万別であった。道州制を求める改革構想なども存在していた。

「社会変革」に関していえば，比較的多かったのは，「豊かさを実感できる社会」の実現と「東京一極集中の是正」であった。93年6月の地方分権国会決議も，地方分権の目的としてこの2つを掲げていた。また，95年の地方分権推進法は，第1条（目的）で，「ゆとりと豊かさを実感できる社会」の実現を地方分権推進の目的としていた。

「豊かさを実感できる社会」について，ここで，やや詳しく触れておきたい。「豊かさを実感できる社会」は，80年代前半の第2臨調の基調をなした緊縮型の簡素・効率化路線が「前川レポート」（86年4月）を機に終焉した後，代わって登場した改革基調である（市川 2019）。キャッチアップ達成史観（「追い付き型近代化は終わった」）と，貿易摩擦の激化の中での欧米からの批判を受けた日本社会の自己認識の見直しを契機として生まれたものである。「豊かさを実感できる社会」は，当初は経済審議会や産業構造審議会など，経済政策や産業政策を審議する政府の諮問機関で議論されていたが，後に，臨調の流れをくむ第3次行革審（1990年10月～93年10月）の主導理念となっていった。第3次行革審には3つの部会が置かれたが，第1部会が「豊かなくらし部会」であった。

この当時，「生活大国」「ゆとりと豊かさ」「個性と多様性の重視」「効率一辺倒の社会の是正」「生産者優先の社会から生活者優先の社会へ」などの標語が語られていたが，このような「豊かさを実感できる社会」を実現することが経済的な活力にもつながるのだというある種の楽観主義に彩られていた。そこには，キャッチアップ達成後の新たな日本社会のあり方の模索という意味合いが込められていた。また，日本が今後とも経済大国としての揺るぎない地位を占め続けることが自明の前提とされていた。

第3次行革審は，上記の社会変革を実現するために，「官から民へ（規制緩

第Ⅰ部　教育・市場・政治

和）」と「国から地方へ（地方分権）」が必要であると主張した。中央集権型の画一的な行政によってではなく，地域がそれぞれに多様な個性を競い合うことによって「豊かさを実感できる社会」が実現するという論法で，地方分権に新たな論拠を与えた。「豊かさ」とは個々の地域が個性や多様性を追求できることであり，地域の多様で魅力ある展開を可能にするために，中央集権的な画一的行政に代わる自立した地方自治体の形成が必要だという論法である。第2臨調路線と異なり，右派から左派までを包摂できる改革基調であり，幅広い改革連合の形成を可能にした(3)（市川 2019）。なお，このやや特異ともいえる改革言説は，遅くとも1990年代末までに終焉している。

連立政権とその下での族議員の一時的弱体化

　第2の理由は，当時の政治状況，具体的には，細川・羽田の非自民・非共産連立政権と村山・橋本の自社さ連立政権の存在であり，その下での自民党族議員の一時的弱体化である。

　既述のとおり，93年6月の段階ですでに地方分権衆参両院国会決議が全会一致で可決しているが，このことは，必ずしもこの問題に関する政治的合意を意味しなかった。「地方分権」は，一般的にいってプラスの価値観であり，お題目としての地方分権には反対しにくいが，個々の争点になると話は別であり，典型的な「総論賛成，各論反対」型のテーマである。分権改革に対する最大の政治的反対勢力は自民党の族議員であった。自民党の族議員は，分権改革に対して，官僚とともに反対，ないしは消極姿勢を示し続けていた。

　自治省以外の省庁は，通常は分権改革に反対する。地方分権とは，自治体の自己決定権の拡充のために，たとえば，中央省庁の所管する補助金を一般財源化して自治体の使途の自由度を高めたり，中央省庁の権限の一部を自治体に移譲したり，自治体の実施する事務を中央省庁の強い関与が及ぶ機関委任事務から自治事務に切り替えることなどであるが，これらは，中央省庁にとっては自己の権限や自治体への統制手段の減少を意味するので，該当する省庁は通常は

反対する。

　族議員もやはり分権改革に反対する。1つは，族議員自身の利害に深くかかわる場合である。たとえば，公共事業関係の補助金の一般財源化などのように，自らの政治的基盤の減退に直結しかねない改革に対して，関連族議員は猛反発する。また，たとえ自らの利害に直結しない場合でも，関係省庁の利害にかかわる問題であれば，族議員はやはり反対する。族議員は，官僚の反対することには自らも体を張って反対することで，官僚の信頼を勝ち得，その地位を築いてきたからである。たとえば，機関委任事務制度の廃止は，族議員の利害には直結しないものの，官僚が反対するかぎり族議員は反対する。もっとも，このような自己の利害に直結しない問題については，ひとたび官僚が改革を受け入れてしまえば，族議員として敢えて反対し続ける必要がなくなるため，容認に転ずることになる。いずれにしても，地方分権は，大多数の省庁と大多数の族議員が反対する課題であり，通常は実現しない。第2次安倍政権以降に大きく様変わりしたものの，当時はまだ，族議員が強大な影響力を保持していた時代であった。

　以上を踏まえると，選挙制度改革をめぐる争点が引き金となって生じた当時の特異な政治状況がなかったら，地方分権改革は実現しなかったといってよい。93年総選挙の結果，細川護熙（日本新党），次いで羽田孜（新生党）を首相とする非自民非共産の連立政権が誕生した。当時の保守系新党はいずれも地方分権改革を標榜していた。自民党は下野しており，族議員が影響力を行使する余地は限られていた。

　羽田内閣の崩壊を受けて，村山富市（社会党），次いで橋本龍太郎（自民党）を首相とする自社さ連立政権が成立した。村山も，村山政権の最初の官房長官であった五十嵐広三も，社会党の中で地方分権にとりわけ熱心な政治家であり，分権改革への意欲を事あるごとに表明していた。2000年分権改革の実現にとって，既述のとおり地方分権推進委員会（以下「分権委」）が大きな役割を果たしたが，新たに設置されることになったこの審議会の性格と権限を決め，委員の

53

第 I 部　教育・市場・政治

人選をする時期が村山政権であったことが大きな意味を持った。自民党の族議員は，省庁とともに，この審議会の権限の弱体化を図ろうとしたものの，その動きは結果的に抑えられることになった。自民党は，この審議会を骨抜きにすることよりも，自社さ政権を円滑に維持することを優先したからである（市川2019）。分権改革は，社会党とさきがけが強く望む政策であった。

機関委任事務制度廃止という改革課題

　2000年分権改革実現の第3の理由は，この改革の主要な成果であった機関委任事務制度の廃止が，抜本改革といえる改革群の中で，相対的に最も抵抗の少ない課題だったからである。機関委任事務制度の廃止は，決して，微温的な改革ではなく，一定の抜本的な改革であったが，国から自治体への大規模な権限移譲や補助金の大規模な一般財源化など，他の抜本的改革群と比べて，相対的に最も抵抗の少ない改革課題であった。既述のとおり，機関委任事務制度の廃止は，族議員の利害に直結しない。また，省庁としても，大規模な権限移譲などに比べれば受け入れやすいものであった。包括的指揮監督権はなくなるものの，関与自体がなくなるわけではなく，省庁にとって妥協可能な改革であった。

　また，当事者である自治体側にしても，大規模な権限移譲の場合，移譲される権限を処理するに見合う財源や人員の手当てが伴うことの見極めがつかないかぎり二の足を踏むことになるし，また，補助金の一般財源化を図ろうとする場合，後述の三位一体改革時の義務教育費国庫負担金をめぐって露見したように，必ずしも自治体側（地方六団体内）の意見が一致するとは限らない。抜本的改革群の中で，地方六団体として，対外的に最も抵抗が少なく対内的にも合意調達が容易なものが，機関委任事務制度の廃止であった。

　2000年分権改革実現の第4の理由は，90年代前半の良好な財政状況である。1975年度以降，現在に至るまで，日本が赤字国債に依存せず予算編成できたのはわずか4年間であるが，その4年間は，1990年度から93年度までであった。先行する80年代の臨調行革にしても，後の2000年代の小泉構造改革時の三位一

体改革にしても，緊縮財政下で行われた中央─地方関係の改革は，いずれも地方への負担転嫁型の改革となっている。90年代前半は，後の2000年改革へつながる地方分権論議の興隆がみられ，多くの団体が分権構想を発表していた時代であるが，この時期が，前後の時代と異なり財政緊縮圧力から解放されていたことが，分権改革にとって有利に働いたことは間違いない。

さて，地方分権論の興隆を作り出したのは従来からの分権勢力ではなく新たな分権勢力であったが，最終的な主導権をとったのは従来からの分権勢力である自治省と地方六団体であった。地方六団体・自治省系の委員が，改革案を審議する分権委の委員の過半数を占めたことが大きい（市川 2008）。その結果，90年代前半の多様な分権構想の競合状態は，基本的に，地方六団体の分権改革へと収斂していった。冒頭で，地方分権改革で目指されるべき「社会変革」と「自立した地方自治」のイメージが当初は千差万別であったと論じたが，改革は，地方六団体の年来の悲願であった機関委任事務制度の廃止などへと収斂していき，道州制などの可能性は除外されていった。

2000年分権改革についてまとめておきたい。

既述のとおり，2000年分権改革は，決して微温的改革ではなく，一定の抜本的改革であった。しかし，それは行政機能の大規模な再編を引き起こすような改革ではなかった。最大の理由は，既述のとおり，関与の縮小が中心であり，権限移譲（事務事業の移譲）が限定的だったからである。事務の実施主体の大きな変更を伴うような改革ではなかった。

また，関与の縮小についても，基本的に中央省庁との「合意」のうえに進められた。分権委は，機関委任事務制度廃止後の関与のあり方を決めるにあたって，グループ・ヒアリングと呼ばれる省庁との個別折衝方式を採用したからである。もっとも，「合意」のうえで進められたからといって，必ずしも改革が微温的になったことを意味しない。中央省庁はそもそも機関委任事務制度の廃止に反対であった。改革に対する強い社会的・政治的後押しがあるなかで行われた交渉と合意であり，平常時であれば起こりえない規模の改革であったこと

第Ⅰ部　教育・市場・政治

は間違いない。グループ・ヒアリングとは，個々の省庁と分権委との個別折衝であり，「関与の必要性」の側に立つ中央省庁の論理を聴きつつ，基本的にその合意を得ることを前提として，地方自治に理解のある者が行う制度設計の方式であった（市川 2020）。分権委に委員・専門委員・参与として参画した研究者が，夥しい数のグループ・ヒアリングを行って，機関委任事務制度廃止後の関与のあり方を決めていった。中央集権（中央省庁による関与の必要性）と地方分権（地域の自己決定権の尊重）との調整が，膨大な各論をめぐって行われたのである。この過程で，不合理で不必要な関与が廃止され，整理されたが，関与自体がなくなったわけではなかった。

教育分野の改革

　ここで，教育行政分野における具体的な実現項目について確認しておきたい。

　まず，2000年分権改革によって自治事務化された機関委任事務の主要なものを挙げれば，就学校の指定に関する事務，学級編制基準の設定・許可に関する事務などである。ともに，文部省は当初，自治事務化に強い難色を示していたが，分権委との折衝を経て，自治事務となった（荻原・村上 2012：16）。

　また，教育分野に特有の特例的な関与のうち，長く批判の対象となり続けていた教育長の任命承認制が廃止された。同じく特例的な関与であった措置要求権については，2000年改革で，逆に地方自治法に自治事務に関する「是正の要求」が新たに一般的な関与類型として制度化され，地方教育行政の組織及び運営に関する法律（地教行法）に特例的な規定を置く必要がなくなったこともあり，やはり廃止された（小川 2000：28）。他方で，地教行法には，地方自治法の「技術的な助言」（245条4項）とは異なる，「指導・助言・援助」の規定があり，分権委はこれを問題視したが，これについては，従来の「行うものとする」を「行うことができる」に表現を改めたうえで，存続されることになった。このほか，県費負担教職員の研修の中核市への権限移譲が実現した。また，市町村教委に属する事務に関する都道府県教委による統一的な基準設定権が廃止

された。さらに，国庫補助を受ける場合の公立図書館館長の司書資格規制をはじめとして，社会教育関係の必置規制の廃止・緩和が実現している。

なお，教育分野においては，既述の分権委の勧告とともに，中央教育審議会答申「今後の地方教育行政の在り方について」（1998年 9 月21日）も重要な役割を果たしている。ただし，この中教審答申では，地方分権論議を受けた見直しだけでなく，教育委員会と学校との関係や学校の自主性・自律性の確立など地方教育行政全般にわたる見直しの提言が行われている（小川 2000：12）。

中教審答申は多岐にわたるが，上述のものとの重複を除いた主要事項についてごく限定的に列挙すると，学級編制基準の弾力化，校長の任用資格の見直し（民間人校長が可能になる），学校評議員制度などである。このうち，学級編制基準の弾力化について簡単にふれると，学級規模に関して，文部省はそれまで自治体独自の上乗せ（少人数化）に対して極めて抑制的な態度であったが，これを改め，自治体独自の上乗せを容認する方針に転換したものである。

なお，当時の文部省は，やはり政府の審議会である行政改革委員会の進める規制緩和への対応にも迫られていたが，この文脈で，97年 1 月に「通学区域制度の弾力的運用について」（通知）を発しており，学校選択制へ道を開くことになった（荻原・村上 2012）。

本書の分析枠組である「市場の論理」（序章参照）に関していえば，当時の文部省が，分権改革の議論とともに，同時期に進行していた規制緩和論やNPM改革の潮流への対応を迫られていたことが重要である。民間人校長や学校選択制など，「市場の論理」に親和的な選択肢が，この文脈で登場している。

3　三位一体改革

概要と経緯

次いで，2000年代の三位一体改革に移りたい。かつて分権改革にとって追い風として作用した90年代の時代状況は，2000年代になって大きく様変わりして

第I部　教育・市場・政治

いた。分権改革にとって有利に働いた「豊かさを実感できる社会」という改革言説は終焉し，地方分権に対する社会的関心もすでに大きく低下していた。また，財政状況も著しく悪化した。非自民連立と自社さ連立の下で一時的に弱体化していた自民党族議員も，その影響力を回復させていた。

　三位一体改革はこのような状況の中で着手された。税源移譲，補助金改革，および地方交付税改革という３つの中央—地方税財政改革を一体的に行うという意図でこの名称がつけられた。改革は，主として2003〜05年（2004〜06年度予算）の３年間にわたって行われた。約３兆円の税源移譲，約４兆7000億円の補助金改革（削減額は約４兆円），および約５兆1000億円の地方交付税削減が実現した。後述の分類でいえば，地方分権路線よりも財政再建路線が勝る改革となった。本章では，３つの改革のうち，主として補助金改革に焦点を当てて論じる。

　三位一体改革は，２つの改革潮流が衝突する中で実現したものである。１つは地方分権の流れであり，2000年改革で不十分に終わった財政面の分権化を推進していこうとする地方六団体と総務省の動きである。もう１つは，財政再建の流れであり，小泉構造改革路線の中で，地方への財政移転（補助金・地方交付税等）を減額することで国の財政再建を図ろうとする財務省の動きである。この両者に加えて，自己の所管する補助金を維持したい事業諸官庁の利害が交錯し，改革は容易に動き出さなかったが，小泉首相の強いリーダーシップで改革は着手されることになった。

　小泉期の他の改革と同様に，経済財政諮問会議の「骨太の方針」が大きな役割を果たしたが，とりわけ，「骨太の方針2003」と「同2004」が重要であった。前者では，向こう３年間で「概ね４兆円程度を目途」に補助金の廃止・縮減等を行うことが決まった。これによって，三位一体改革が大きく動き出すことになった。しかし，その初年度である2003年（2004年度予算）については，１兆円強の補助金が削減されたものの，税源移譲額はその半額にも満たない約4500億円にとどまるなど，地方側に大きな不満の残る結果となった。これを受けて，

58

小泉首相は，麻生総務相の進言も踏まえて，「骨太の方針2004」において「概ね3兆円規模」の税源移譲を明記するとともに，その前提となる補助金改革の具体案づくりを自治体側に要請することとした。しかし，その後の経緯は決して順調ではなかった（市川 2005）。

首相の要請を受けて全国知事会が中心になって2004年8月に「地方案」（補助金削減総額約3兆2000億円）がまとめられたものの，「地方案」は，その後のプロセスにおいて尊重されることはなかった。4兆円の補助金削減と3兆円の税源移譲という区切りのよい大きな数字は示したものの，首相は，補助金改革について，各論を制御する意志と能力をもたず，どの補助金をどのように削るかは，基本的に，官房長官ら関係4閣僚と与党（自公）政調会長らによる調整に委ねられた。2000年分権改革の時は，グループ・ヒアリングという定式化された交渉の場が設けられ，分権委の研究者が，個々の事務のあり方に応じて，中央集権（中央省庁による関与の必要性）と地方分権（地域の自己決定権の尊重）という2つの価値の調整をしたが，それとは異なる調整方式であった。

補助金削減は，利害関係者のきわめて多い政治過程である。地方六団体，総務省，財務省に加えて，すべての補助金所管省庁，またそれと結びつくすべての族議員などが利害関係者である。補助金4兆円削減という規模ありきの改革であり，削減額の4兆円をどのように確保するかは，上記4閣僚と自公政調会長が，多くの利害関係者による政治的な調整を経て決着していった。明確な裁定者が存在せず，多様な利害関係者による影響力行使の相互作用を通じて合意が形成されていく政治過程であった（市川 2005）。各年度とも，次年度の予算編成を睨みながら，それに間に合わせるかたちで「決着」が図られた。結局，このような経緯を経てまとめられた「政府・与党合意」（2004年11月26日：2005年11月30日）は，上記の「地方案」とは似ても似つかぬものとなった[4]。補助金を存続させたまま補助率を削減するという，自治体の財政的自由度の拡充に寄与しない数字合わせの手法が多用された（佐藤編 2007：179）。

第Ⅰ部　教育・市場・政治

義務教育費国庫負担金

　三位一体改革の補助金改革における最大の焦点の１つが，約20兆円におよぶ国から地方への補助金総額のうち単独で約２兆5000億円を占める義務教育費国庫負担金の扱いであった。義務教育費国庫負担金は，戦後文教行政の根幹として文部省（文科省）が推進してきた義務教育の「標準化」にとって最重要の制度であり，本書のいう「教育の論理」（序章参照）の根幹をなすものであった。

　既述のとおり，小泉首相の要請を受けて，知事会が中心となって補助金削減の「地方案」（2004年８月）がまとめられたが，廃止対象の補助金の中に，義務教育費国庫負担金の中学校分（約8500億円）が含まれていた。対立は，知事会内にも存在していた。少なからぬ知事が中学校分の廃止に反対し，その存続を主張した。

　８月18・19日に新潟市で開かれた全国知事会議では10時間を超える議論の末，異例の採決となり，可決されたものの，47名の知事（代理出席を含む）のうち７名が反対に回った。義務教育費負担は国家責任だというのが，廃止に反対した知事の見解であった。

　多数決によって全国知事会議で承認されたものの，義務教育費国庫負担金の扱いは，その後も紆余曲折を重ねた。文教族の猛反発で2004年中に結論を得ることができず，2005年度予算については暫定的な扱いとなり，中教審の議論を経て翌年改めて決定することになった。中教審では，地方側の委員も加えて審議をしたが，全会一致を得ることはできず，現行（当時）の２分の１補助の制度を今後も維持するとの答申が，多数決で採択された。

　しかし，結局のところ，「地方案」とも中教審答申とも異なる決着となった。中学校分を廃止するのではなく，全体を存続させつつ補助率を現行の２分の１から３分の１に変更することで，「地方案」と同程度の約8500億円の削減を果たすことになった。文科省は，中学校分の廃止を免れる代わりに，補助率引き下げを飲まされることになったのである。児童扶養手当等の社会保障関係の補助金で多用された補助率削減の手法が，ここでも採用された。

三位一体改革における義務教育費国庫負担金をめぐるもう1つの大きな制度変更は，2004年度より，いわゆる総額裁量制が導入されたことである。従来よりも自治体の自由度の大きな方式であり，配当される教職員給与費の総額の範囲内であれば，諸手当や給与本体の金額，教職員の定数を自由に決定し運用することを認める制度である。義務教育費国庫負担金のあり方が議論の対象となるなかで，これを堅持したい文科省側の譲歩により実現した改正であった（小川 2010：111）。

4　平成後期の分権改革

次に平成後期の分権改革（いわゆる第2次分権改革）に移りたい。三位一体改革の後に，地方分権改革推進委員会（2007年4月〜2010年3月）が発足した。90年代の分権委と類似する審議会であったが，90年代と異なり，地方分権への社会的関心が大幅に低下していたことや，発足後の自民党3政権（第1次安倍，福田，麻生）の低迷などもあり，この審議会が成果を上げる可能性は乏しいと考えられていた。

ところが，2009年の総選挙で「地域主権」をマニフェストに掲げる民主党政権が発足し，俄然，分権改革への注目が高まることになった。民主党の「地域主権」改革は必ずしも首尾よく進まず，実現しなかった改革（国の出先機関の「原則廃止」）や，部分的に実現したものの自民党の政権復帰後に元に戻った改革（ひもつき補助金の一括交付金化）もあったが，国と地方の協議の場の法制化，義務付け・枠付けの廃止・緩和，都道府県から市町村への権限移譲など，一定程度実現された改革もあった。(5) このなかで，教育分野に関しては，県費負担教職員の給与負担の都道府県から政令指定都市への移譲が実現している。なお，都道府県から市町村への権限移譲については，2000年分権改革の時と同様に，その多くが規模別権限移譲であった。この結果，市町村の段階区分による権限の格差は以前に比べて拡大している。

第Ⅰ部　教育・市場・政治

　民主党政権から第2次安倍内閣にわたって続いた一連の改革（平成後期の分権改革）は2014年をもってひとまず終了し，その後は，それまでの審議会勧告・答申方式に代わる「提案募集方式」によって，地方分権改革は限定的に続けられている。

　なお，紙幅の関係で詳細に立ち入ることはできないが，教育分野に関しては，以上のほかに，第1次安倍内閣の下で実現した2006年12月の教育基本法全面改正と2007年6月のいわゆる教育三法改正が重要である。後者の一環で地教行法が改正され，国から教育委員会への関与権限が強化された（荻原・村上 2012：22；伊藤 2012：94）。いじめ自死事件や高校の必修科目未履修問題の発覚など，教育委員会をめぐる問題が多発するなかでの改正であったが，2000年分権改革で採られた関与一般法主義と個別法による関与の限定化に逆行する動きであった。

　また，本章の主題である政府間関係ではなく，地方自治体内の機関間関係にかかわる改正であるが，2014年の地教行法改正（翌年施行）で，教育委員会制度が大きく変わり，従来とくらべて首長の主導性が発揮しやすくなった。1956年の任命制教育委員会制度発足以来の大改正であった（村上編著 2014）。

5　平成の大合併

低調なスタート

　1999年7月から2010年3月にかけて，政府主導の市町村合併促進策である「平成の大合併」が推進された。99年3月末時点で3232あった市町村数は，2010年3月末には1727になり，6割以下に減少した。市町村数を約3分の1に減少させた1950年代の昭和の大合併以来の大規模合併であった。

　平成の大合併は，2000年分権改革から派生して実現した改革である。自民党国会議員の働きかけが，平成の大合併の口火となった。平成の大合併の最初のきっかけを作ったのは，分権委が1次勧告の草案を携えて1996年12月に自民党

行政改革推進本部に「ご説明」に行った際に，自民党国会議員が口々に，分権をやるのであれば市町村合併も進めるようにとの発言をしたことである（西尾2007：38-39）[6]。これを受けて，2次勧告（'97年7月）に，自主的合併を積極的に推進することが盛り込まれ，以後，自治省は合併促進策へと転じていった。

　平成の大合併は，99年7月の改正合併特例法の施行によって開始された。日常社会生活圏の拡大，少子高齢化の進展，地方分権への対応，および国・地方における財政の硬直化が合併の根拠とされた。地方交付税の合併算定替えの期間延長と合併特例債という2つの財政優遇措置が，合併へのインセンティブとして用意された。人口8000人未満の町村の解消という基準を示した昭和の大合併と異なり，最低人口基準は明示されなかった。国の主導する合併であったが，昭和の大合併同様，強制合併ではなく，あくまでも市町村の自主的判断による合併であった。

　上記のとおり2000年分権改革から派生して開始されたことから，平成の大合併を2000年分権改革の一部と見なす見解があるが，正しくない見方である。2000年総選挙後の自民党の態度変化など，その後の動きの重要性を見落としているからである[7]。

　国による合併促進策は，既述のとおり，99年7月から開始されたものの，当初，合併の機運はきわめて低調であった。開始直後から全速力で合併が進んでいった昭和の大合併との大きな違いである（市川 2015）。2000年7月に自治省行政体制整備室長兼市町村合併推進室長に着任した高島茂樹によれば，室長着任当初，すでに促進策開始から1年が経つにもかかわらず，市町村合併に向けた機運の盛り上がりはなく，「全国的にみても数地域で動いているだけであり，大合併を予感させるようなものはなかった」（高島 2002：はしがき，8）。

　この流れを変えたのが2000年6月の総選挙での自民党の都市部における不振，いわゆる「1区現象」（後述）であった。選挙後の7月4日，第2次森内閣が成立するが，同月24日，森首相から西田自治相へ異例の督励があり，市町村合併の推進について直接の指示がなされている。同月28日に森首相は，第149回

第Ⅰ部　教育・市場・政治

国会の所信表明演説で市町村合併への取組に言及するが，首相が所信表明演説で市町村合併に言及するのは，昭和の大合併後初めてのことであったという。また，同年12月に閣議決定された政府の行政改革大綱の中に，「与党行財政改革推進協議会における『市町村合併後の自治体数を1000を目標とする』という方針を踏まえて，自主的な市町村合併を積極的に推進し，行財政基盤を強化する」という文言が盛り込まれた。政府の文書に市町村数の目標値を掲げることは自主的合併という理念と矛盾しかねないとして，当時の自治省幹部と自民党の野中幹事長とのあいだで大激論になった末，このような記述になったという（高島 2002：52）。間接的な表現とはいえ，政府の文書に数値目標が示されたことの意味は大きかった。

政権のトップ・アジェンダになり加速

　96年12月の「ご説明」の時とは異なり，首相や幹事長という政権首脳が市町村合併の推進について直接指示を下すようになったのである。市町村合併が政権のトップ・アジェンダになったといってよい。当時，先述の高島のもとで合併推進政策に携わっていた自治官僚は，「それまでは自治省内においても市町村合併に対する姿勢は必ずしも一枚岩ではなかったが，行政改革大綱をはじめとする2000年末の一連の動きにより，『我々はルビコン川を渡ったのだ』（旧自治省幹部）との認識をもつようになり，合併推進に拍車がかかって」いったと述懐している（篠原 2004：125，丸括弧内は原著者）。

　前述の高島によると，2001年の夏から秋にかけて潮目が変わりだしたように感じたという。同年3月末の段階では，全国の市町村のうち，合併協議会や研究会に参加して具体の合併論議を開始していた割合は約20％であったが，同年10月末になると50％を超え，12月末には60％に到達したという。高島はさらに，2002年になって具体的な動きが一層顕在化してくるに及んで，「平成の大合併」が文字どおり大合併になることが誰の目にも明らかになってきたと述べている（高島 2002：31）。

このように，2000年7月の第2次森内閣の発足以降，政権の態度が大きく変わり，それが自治省（総務省）の積極姿勢を大きく加速させ，それを受けて，市町村合併への「機運」が各地で醸成されていったのであるが，これを説明するのが，「都市重視仮説」，あるいは「1区現象仮説」といわれるものである（大森 2003a；辻山 2003）。

2000年6月の総選挙で，自民党は，森首相の不人気や失言などが重なって都市部を中心に不振を極めた。各都道府県庁所在地におかれている1区を中心に都市部で大きく議席を減らし，マスメディアなどで「1区現象」と呼ばれた。これを受けて，自民党は，従来の農村重視の姿勢を改め，市町村合併を加速させたというものである。

政府が本格的な都市重視と新自由主義に移行するのは2001年の小泉内閣成立後のことであるが，2000年総選挙の「1区現象」を機に，先行的に，それまでの農村重視から都市重視へと改まっているのである。これは，やはり2000年総選挙後に行われたいわゆる「公共事業与党見直し」についてもいえることである。やはり第2次森内閣の下で，2000年7月に，亀井静香自民党政調会長が中心となって「公共事業抜本見直し検討会」が設置され，一定数の事業が中止されている（三田 2010：3章；砂原 2011：4章）。そして，公共事業の見直しがそうであったように，市町村合併の推進も，次の小泉政権へと引き継がれ，加速していく。ここにさらに，地方財政に対する引締め強化が加わり，地方交付税をめぐる先行き不安も手伝って，多くの市町村が合併を決断していった。2000年代になって時代の潮流が都市重視，財政引締め，新自由主義に大きく転換することがなければ，平成合併は，現在我々が知っているものとは異なり，かなり限定的な規模にとどまっていた可能性が強かっただろう。2000年分権改革を実現させた90年代の潮流とは大きく異なる時代環境の下で，平成の大合併は実現した。

96年12月の「ご説明」時の分権委と自民党国会議員のやり取りは，たしかに平成合併の起点ではあるが，それは起点に過ぎないと考えるべきである。繰り

第Ⅰ部　教育・市場・政治

表2-1　人口段階別市町村数

人口	1999年3月31日		2010年3月31日	
	団体数	割合(%)	団体数*	割合(%)
1万人未満	1,537	47.6	459	26.5
1〜3万人	986	30.5	467	27.0
3〜5万人	262	8.1	259	15.0
5〜10万人	227	7.0	278	16.1
10〜20万人	115	3.6	154	8.9
20〜30万人	41	1.3	41	2.4
30〜50万人	43	1.3	45	2.6
50万人以上	21	0.6	27	1.6
計	3,232	100	1,730	100

注：「1〜3万人」とは，「1万人以上3万人未満」
　　の意。他も同様。
　　*2010年1月12日までに合併の官報告示を終えた
　　もの。
出所：総務省（2010：7）の表をもとに筆者作成。

返すように，平成合併は自主的合併であった。判断主体である市町村側が呼応する，あるいは呼応せざるを得ない状況が2000年代になって作られたからこそ，「大合併」になったのである。

　平成の大合併によって起きた変化は次のとおりである。第1に，市町村数が大きく減少し，市町村規模が全体として拡大したことである。第2に，しかし，平成の大合併が自主的合併であったこと，また国が最低人口基準を示さなかったことなどにより，市町村規模は必ずしも平準化せず，多くの小規模市町村がなおも存続したことである（表2-1参照）。この点は，次の都道府県—市町村関係を考察する際に改めて論じることにしたい。

6　都道府県と市町村の関係

都道府県の4機能

　これまで，最近の政府間関係の変化の要因となってきた地方分権改革と平成の大合併について確認してきた。本節では，分権改革と平成の大合併により，都道府県の役割が，主として市町村との関係において，どのように変化したかを確認することにしたい。

　図2-1に示すように，都道府県は，市町村よりも広域の自治体として市町村域を超える広域的な行政課題と行政需要に対応しているのみならず（広域機能），国と市町村の中間に位置する団体として，両者の連絡調整機能を果たし

ており，さらに，域内の市町村の規模・能力の違いに応じた補完機能を果たしている（市川 2011b）。また，以上の3機能のほかに，図にはないものの，都道府県は，市町村に対する支援機能も果たしている。市町村に対する財政支援，技術や情報等の支援，専門的な人材の派遣などである。先の補完機能と同様に，支援機能についても，小規模市町

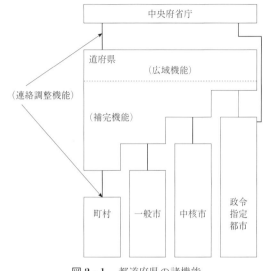

図2-1 都道府県の諸機能
出所：筆者作成。

村ほど都道府県に依存する度合が大きい。なお，市町村に対する連絡調整・補完・支援は，都道府県の本庁が直接行う場合もあれば，都道府県の出先機関をつうじて行われる場合もある。

いずれにしても，都道府県は，域内に規模・能力が異なる多様な市町村を有しているため，市町村間の水準維持のために，また，リソースに乏しい市町村でも円滑な行財政運営が可能になるように，法令等にもとづき，あるいは独自の判断で，小規模市町村に対する補完や支援などの機能を果たしている。

なお，上記4機能はあくまでも概念上の区分であり，現実の都道府県の個々の事務が単純に各機能に分類できるとは限らない。

分権改革と平成の大合併による変化

さて，以上で概述した都道府県—市町村関係は，分権改革と平成の大合併を経てどのように変化しただろうか。分権改革後，最も強調されたことの1つが，

第Ⅰ部　教育・市場・政治

都道府県は，かつての市町村の上位団体的な役割を払拭しなければならないということであった（西尾編 2000）。機関委任事務制度廃止後も，かつての指揮監督のあり方が実態として残ってしまうようでは改革の意味がなくなってしまうからである。

　他方で，都道府県が国と市町村の連絡調整機能を果たし続けることそれ自体に関しては，大きな変化は見られなかった。そもそも，中央政府と地方自治体の関心と責任が明確に「分離」していれば，都道府県の連絡調整機能は限定的となる。両者が関心と責任を共有する度合が小さければ，両者を媒介する都道府県の連絡調整機能の役割もまた小さくなるからである。しかし，分権改革によってもそのような意味での「分離」化はほとんど進まず，国と自治体が関心と責任を共有し，機能を分担し合う「融合」型政府間関係は維持された。したがって，都道府県の連絡調整機能も減退しなかったと考えるべきである。

　補完・支援機能については，1996年の中核市創設，2000年分権改革および平成後期の分権改革によって，都道府県の補完機能が量的に減少している。都道府県から市町村への権限移譲が一定程度進み，しかもその多くは，規模別権限移譲として実現した。しかし，最近の制度改正のなかには，いわゆる国保広域化のように市町村との関係で都道府県の役割が強化された事例もあり，都道府県の役割は単純に減退しているわけではない。

　以上のような，法令による制度改正で実現した変化に加えて，同じ補完・支援機能でも，域内市町村間の水準維持やリソースの不均衡などへの対応として，都道府県が自主的に判断し，裁量的に実施している部分があり，こちらについてはやや微妙な認識が必要である。既述のとおり，平成の大合併によって，市町村規模は全体として拡大したものの，この合併が自主的合併であったこと，また最低人口規模が明示されなかったことなどもあって，市町村規模は必ずしも平準化せず，多くの小規模市町村が存続している。また，紙幅の都合で本章では詳しく論ずることはできないが，小規模市町村の残存の度合は都道府県によって大きな違いがある。

68

このような状況の下で，都道府県がとるべき対応は必ずしも自明ではない。
1つの選択肢は，合併によって市町村の規模・能力が増大したとの前提に立って，市町村に対する補完・支援機能を低下させるというものである。他方で，小規模市町村がなおも残存していることを重視し，従来と大差なく補完・支援機能を維持するという選択肢もありうる。小規模市町村がそのリソース不足を補う方法としては，都道府県による補完・支援のほかに，市町村同士の水平連携という選択肢もある。都道府県が市町村間の連携を促すという対応方式である。加えて，行革の進展によって都道府県自身も財政や人員等の削減が進んでおり，市町村の補完・支援機能を果たそうとしてもそれだけの余力が低下しているという事情もある。

本多・川上編著（2022）は，県費負担教職員の人事と指導主事の確保を中心に，教育行政における都道府県—市町村関係を分析しているが，同書は，上述のような状況の下で，都道府県が果たしている域内市町村間の水準維持やリソースの不均衡などへの対応は，都道府県ごとにかなりの多様性が見られることを明らかにしている。

本書の第4〜6章も，教育行政における都道府県—市町村関係を対象として，都道府県による圏域の設定や再設定（リスケーリング）に1つの焦点を当てた分析が行われている。

7　分権改革による変化をどう見るか

最後に，分権改革後の変化に関する当事者や研究者の認識を確認し，本章を終えることにしたい。

大きな「社会変革」を目指して90年代初頭に新たに分権論議に参入した者にとっては，不満の残る結果だったようである。第3次行革審の「豊かなくらし」部会長を途中辞任し，地方分権の推進を旗印の1つに掲げて日本新党を立ち上げ，連立政権の首相として分権改革の初期の政治過程を主導した細川護熙

第 I 部　教育・市場・政治

は，あるシンポジウムにおいて，地方分権改革が機関委任事務制度廃止などの成果を残したことを指摘しつつも，次のように続けている。「私が感じていることを率直に申しますと，地方分権が何か形式的な改革にとどまってしまったのではないかということです。…関係者の改革にとどまり，中央省庁との権限争いのようなものに堕して，経済界や国民全体からすると，どうも遠いものだったからではないかという気がいたします」（細川 2014：10）。

　次に研究者の認識を確認したい。はじめに，地方自治研究者の認識であるが，変化の乏しさを指摘する見解が比較的多いように見受けられる（大森 2003b；礒崎 2023：2 章 5 節；嶋田 2024：6 章）。もっとも，礒崎も，礒崎（2023）の 2 章 5 節では「分権改革の成果が表れていない」と述べたうえでその原因分析をしているが，直前の 2 章 4 節では，2000年分権改革の「波及効果」を指摘している。そのなかで，「地方分権の潮流の中で新しい取組みや変化が生まれた」として，「地方分権の気運の下で自主条例の制定」が進んだこと，「首長や議会が能動的になり，住民代表の仕組みが活性化した」こと，「住民参加，住民協働など住民自治の活動が拡大し，活性化した」ことを挙げている。機関委任事務制度廃止などの制度改革による直接的な影響よりも，地方分権の「気運」や「潮流」のもたらした変化が大きかったということであろう。

　一般的な評価は以上のとおりであるが，教育分野における変化はどう認識されているのだろうか。教育政策や教育行政の研究者は，分権改革による変化の大きさを指摘している（日本教育行政学会編 2012；青木 2013）。

　教育分野は，もともと機関委任事務が少なかったこともあり，機関委任事務制度廃止が最大の眼目であった2000年改革による変化もまた小さいのではないかと，当初は予想されていた（青木 2013：11）。しかし，現実には，自治体独自の措置による学級規模の少人数化の普及や，学校選択制などをはじめとして，さまざまな変化が観察された。

　分権改革時の制度や運用の変化が 1 つの引き金になったことは間違いないものと思われる。たとえば，数は少なかったものの，就学校の指定や学級編制基

準の設定・許可など，比較的重要な機関委任事務が自治事務化されている。また，学級規模や学校選択制などをはじめとして，従来の基準が弾力化されている。義務教育費国庫負担金で2004年度より新たに採用された総額裁量制は，非常勤化などによる教員の給与水準の引下げと引換えに教員増を図ることを可能にし，学級規模の少人数化に必要な教員増のための財源確保を容易にした。

とはいえ，制度改革を現実の政策へと変換させるのは政治である。従来も，社会教育や高等学校教育などについて首長が一定の主導性を発揮することはあったが，ある時期から，義務教育分野においても，首長による主導性の発揮が見られるようになってきている。さまざまな分析が行われている。

青木（2013）は，各地の少人数学級をめぐる政治過程と分権改革後の教育政策コミュニティの変容を分析している。徳久（2012）は，「標準化」から「多様化」へという「アイディア」の変化に注目した分析を行っている。村上（2011）は，かつてのイデオロギー対立が激しかった時代は首長が教育政策に深く関与することはリスクを伴うことであったが，保革対立解消後，そうしたリスクが減じたことが，教育政策への首長の志向性を増大させたと指摘している。

注
⑴　平成の大合併が開始されるのは1999年7月のことであるが，後述のとおり，本格化するのは2000年代になってからである。
⑵　もっとも，マスコミ世論と異なり，一般世論については，分権改革への関心は必ずしも高くなかった。
⑶　本章は，第2臨調路線と第3次行革審路線の違いを重視しているが，両者の連続性を指摘する見解もある（大嶽 1994）。たしかに，ともに規制緩和を重要課題の1つとしているなど，両者には共通性もあるが，本章は，第2臨調の本質を搾り出し型の緊縮財政と簡素・効率化路線に見出しており，両者の相違を重視するものである。
⑷　「地方案」で実際に採用されたのは12％に過ぎなかった（佐藤編 2007：180）。
⑸　このうち，後2者については，政権交代後の第2次安倍政権にかけて実現してい

第Ⅰ部　教育・市場・政治

　　る。また，都道府県から市町村への権限移譲については，既述の地方分権改革推進
　　委員会の勧告に由来するものとともに，第30次地方制度調査会答申（2013年6月25
　　日）で示された都道府県から政令指定都市への権限移譲も併せて実現した。
⑹　西尾（2007：38-39）の記述によれば，自民党議員は，単純な市町村主義にもと
　　づく規模拡大論やいわゆる分権の「受け皿論」的発想に立って，市町村合併を主張
　　している。
⑺　この点については，今井（2008：11-12）も参照。
⑻　この3機能は現行の地方自治法2条5項に明記されているものである。詳細は市
　　川（2011b）参照。
⑼　集権―分権，分離―融合の「天川モデル」については，天川（1986），村上
　　（2011：2章），市川（2023）参照。
⑽　礒崎（2010）も，市町村の規模・能力の拡大が必ずしも都道府県の補完機能の減
　　少を単純にもたらすわけではないとしている。
⑾　総務省資料「『平成の合併』による市町村数の変化（都道府県別）」（総務省
　　WEBサイト「市町村合併資料集」）参照。
⑿　「変化の乏しさ」に関する筆者自身の認識は，市川（2012：はじめに；5章4節
　　⑷）および市川（2021：187-188）参照。
⒀　もっとも，学校選択制については，2000年代に一定の広がりを見せたものの，そ
　　の後は廃止する自治体も現れ，大阪市などのような後発導入組が例外としてあるも
　　の，大きく失速している。

参考文献

青木栄一（2013）『地方分権と教育行政』勁草書房。

天川晃（1986）「変革の構想」大森彌・佐藤誠三郎編『日本の地方政府』東京大学出
　　版会。

礒崎初仁（2010）「都道府県制度の改革と道州制」礒崎初仁編『変革の中の地方政府』
　　中央大学出版部。

礒崎初仁（2023）『地方分権と条例』第一法規。

伊藤正次（2012）「教育再生と教育委員会制度改革」日本教育行政学会編『地方政治
　　と教育行財政改革』福村出版。

市川喜崇（2005）「三位一体改革と族議員政治」『ガバナンス』45。

市川喜崇（2008）「分権改革はなぜ実現したか」日本政治学会編『政府間ガバナンス
　　の研究』木鐸社。

市川喜崇（2011a）「『昭和の大合併』と『平成の大合併』」『同志社法学』347。

市川喜崇（2011b）「都道府県の性格と機能」新川達郎編『公的ガバナンスの動態研究』ミネルヴァ書房。

市川喜崇（2012）『日本の中央―地方関係――現代型集権体制の起源と福祉国家』法律文化社。

市川喜崇（2015）「『昭和の大合併』再訪」『自治総研』437。

市川喜崇（2019）「2000年分権改革の政治過程（上）（下）」『自治総研』492・493。

市川喜崇（2020）「分権改革《再探究》」『都市問題』111(9)。

市川喜崇（2021）「政府間関係」北山俊哉・稲継裕昭編『テキストブック地方自治 第3版』東洋経済新報社。

市川喜崇（2023）「『天川モデル』再訪」『季刊 行政管理研究』181。

今井照（2008）『「平成大合併」の政治学』公人社。

大嶽秀夫（1994）『自由主義的改革の時代』中央公論新社。

大森彌（2003a）「市町村の再編と基礎的自治体論」『自治研究』968。

大森彌（2003b）「第1次分権改革の効果」『レヴァイアサン』33。

小川正人（2000）「教育行政改革の経緯と課題」西尾勝・小川正人編『分権改革と教育行政』ぎょうせい。

小川正人（2010）『教育改革のゆくえ』筑摩書房。

荻原克男・村上祐介（2012）「地方教育行財政の改革と変容」日本教育行政学会編『地方政治と教育行財政改革』福村出版。

佐藤文俊編（2007）『三位一体改革と将来像――総説・国庫負担金』ぎょうせい。

篠原俊博（2004）「市町村合併の推進」横道清孝編『地方制度改革』ぎょうせい。

嶋田暁文（2024）『ポストモダンの行政学』有斐閣。

砂原庸介（2011）『地方政府の民主主義』有斐閣。

総務省自治行政局合併推進課（2010）「『平成の合併』について」2010年3月（http://www.soumu.go.jp/gapei/pdf/100311_1.pdf，最終アクセス：2024年10月11日）。

高島茂樹（2002）『市町村合併のそこが知りたかった』ぎょうせい。

辻山幸宣（2003）「基礎的自治体システムのあり方」『基礎的自治体システムの構築と地方制度改革』地方自治総合研究所。

徳久恭子（2012）「アイディアの変化はいかにして教育行政改革にむすびついたのか」日本教育行政学会編『地方政治と教育行財政改革』福村出版。

西尾勝（1999）『未完の分権改革』岩波書店。

西尾勝編（2000）『都道府県を変える！』ぎょうせい。

西尾勝（2007）『地方分権改革』東京大学出版会。

西尾勝（2013）『自治・分権再考』ぎょうせい。

第Ⅰ部　教育・市場・政治

日本教育行政学会編（2012）『地方政治と教育行財政改革』福村出版。

細川護熙（2014）「地方分権改革の20年」日本自治学会事務局編『2013年度 活動報告集』日本自治学会。

本多正人・川上泰彦編（2022）『地方教育行政とその空間』学事出版。

三田妃路佳（2010）『公共事業改革の政治過程』慶應義塾大学出版会。

村上祐介（2011）『教育行政の政治学』木鐸社。

村上祐介編著（2014）『教育委員会改革５つのポイント』学事出版。

第3章

教育行政システムの確立と変革圧力
——統治機構改革がもたらすリスケーリングへの教育の対応——

徳久恭子

1　教育行政システムの構築

本章の狙い

　1990年代から2000年代初頭にかけて進められた公共部門の諸改革は，教育政策にどのような影響を与えたのだろうか。後発型近代国家として集権・融合型の政府間関係ならびに長期的・安定的な官民関係の上に経済成長を達成した日本では，人的資本の形成も全国一律的に行われることが望まれ，「標準化」が志向された。ところが，1990年代に本格化した構造改革は統治機構改革を伴うことで，教育にも「市場の論理」（自由化，多様化）にもとづく改革を迫った。これに教育はどう応えたのか。本章はこの問題を中央政府の意思決定に注目して通時的に検討する。そのうえで，一連の変化が教育行政における政府間関係，ひいては，教育の政治にいかなる影響を与えたかについて若干の含意を示し，第Ⅱ部につなげたい。そのために，まずは義務教育を中心にした教育行政のスケールを確認しよう。

教育の機会均等

　旧教育基本法は，「国民は，その保護する子女に，九年の普通教育を受けさせる義務を負う。」（第4条）ことを定め，学校教育法に則る新学制を運用させた。当時の解説書によると，普通教育とは「いかなる身分の者，またいかなる

75

第 I 部　教育・市場・政治

職業につく者にも共通」の教育であることから，「特定の技術，学芸を習得させて特定の業務の遂行に役立たせることを目標とする特殊教育，専門教育ないしは職業教育と区別される」ものとされた（教育法令研究会 1947：82）。普通教育の重視は GHQ（連合国軍最高司令官総令部）の要請によるもので，男女共学や義務教育の延長，学制の単線化と併せて教育の機会均等が図られた。

　占領期に行われた教育の民主化や自由化は国民に広く支持されたが，産業振興の観点に弱い学制改革には不満も残された。それに応えたのは，リッジウェイ声明（1951年5月1日）を受けて占領政策の見直しを検討した政令改正諮問委員会（吉田茂首相の私的諮問機関）で，中等教育における職業教育の充実と高等教育の種別化を提言した。高校進学率が45.6％にとどまった当時においては，中卒・就職のルートを確保することや，地域ごとの産業実態に即する基礎的技能の習得等が課題とされていたからである。

　だが，文部省は職業課程の充実や大学の種別化を嫌った。教育の機会均等を重視する文部省は，課程別の高等学校の設置は学校間の差別観念を助長させかねないと考えていた。平等志向は学区制堅持にも表れた。学区は人事交流による教員の質の向上と入学志願者の分散を促し，学校間の格差是正に貢献したからである（内藤 1952：153）。学区と教員人事を活用した「標準化」という発想は，実施方法を大きく違えながら義務教育にも貫かれていく。それを可能にしたのは，義務教育費国庫負担法と地方教育行政の組織及び運営に関する法律（地教行法）であった。紙幅の関係で詳細は別稿に譲り（徳久 2008；徳久・本多・川上 2023），ここでは要点のみ述べる。

　義務教育費国庫負担制度は，市町村の財政力格差によって学校教員の配置や質に著しい地域間格差が生じている状況を是正する目的で戦前に導入されたもので，市町村立小学校教員の給与を道府県が負担し，実支出の半額を国庫が負担する実員実額制の義務教育費国庫負担法が1940年に公布された。ところが，敗戦後シャウプ勧告にもとづく税制改革が本格化し，1950年度から地方財政平衡交付金制度が導入されると廃止を余儀なくされた。財政事情が厳しい中で二

部・三部制授業を併用し，建設費を住民の寄付に頼りながらも義務教育を運用できたのは，教員給与の裏づけがあったからだが，一般財源化は教員配置の抑制や学級規模の過大化，地域間格差の拡大などの問題をただちに引き起こした。新制度により地方教育財政の所管が地方自治庁に移ったことで文部省は関与できず，義務教育の実施は危ぶまれた。裏を返せば，財政力を欠く以上，地方教育財政には政府間の補完が不可欠であることが明らかになったのである。

　実はここに占領改革特有の問題があった。GHQ はアメリカの制度を前提に教育改革を構想したが，連邦制と単一主権国家の違いが十分に理解されていなかった。州の自律性が高いアメリカでは，分離型の政府間関係を前提とし，連邦政府は指導助言機関にとどまる。教育費は学校区が学校税を徴収し，不足分を州政府が教育のための予算として充当する。GHQ は連邦政府・州政府・学校区の関係を中央政府・都道府県・市町村に当てはめようとしたが，規模の違いは明らかで，日本の実情に見合う制度の見直しが講和独立後の文部行政の課題となった（内藤 1982：74-77）。義務教育費国庫負担法（1952年 8 月 8 日公布）の再制度化はその走りだった。

　ところが，それは次なる問題を呼び込んだ。1952年11月 1 日に実施された教育委員会の全市町村設置[(1)]は教員の給与負担者（都道府県教委）と人事権者（市町村教委）を分割することで，権限配置のあり方を問題にしたからである。町村を中学校の設置管理が可能な規模に再編することを目的とした「昭和の大合併」が1953年度から推進されたように，1950年代から60年代にかけての教育行政の課題は「国民のすべてに対しその妥当な規模と内容とを保障するため」のスケールの再編に置かれたのである。

教育実践の標準化

　教育水準の維持向上を全国的に達成するには，教育内容をカリキュラム上も実践上も標準化させることが望ましい。つまり，教育課程の共有と適切な指導が求められる。しかし，占領改革はそれを難しくした。学校間・自治体間の教

第 I 部　教育・市場・政治

育が異なることが当たり前のアメリカでは，教育を標準化させるという発想に乏しく，文部省・都道府県・市町村間の連携が欠かせないという日本側の主張を理解できなかった。むしろ，GHQ は学校区の自律性を重視し，それを阻害する上位政府の関与を徹底的に排除すべきと考えていた。1948年 7 月15日に公布された教育委員会法はそれを体現し，分離型の政府間関係を前提にした。

　ただし，カリキュラムを例外にした。国家主義や軍国主義的内容を排除し，民主教育を促すには教育課程の管理が必要で，「試案」という形で学習指導要領を示すことを文部省に許したからである。新教育の実施にあたっては講習会を開き，全国を行脚するほどの熱心さを GHQ は見せた。だが，そのことと上位政府による関与を伴う指導は同じでなく，教育委員会法はそれを否定した。施行当時，市町村教育委員会の設置がわずかだったことで可視化されなかったが，施設も職員も不十分な市町村は教育指導まで手が及ばず，法律の定めた専門職は絵に描いた餅だった。制度上の不備を是正し，国情に見合うものに変えさせたのは地教行法（1956年 6 月30日公布）だった。

　地教行法は，文部大臣は都道府県または市町村に対し，都道府県教育委員会は市町村に対し，教育に関する事務の適正な処理を図るため，必要な指導，助言または援助を行うことを明記し（第48条），財政力の弱さを上位政府の関与で補完するしくみを保障した（本多編著 2003）。「指導主事，社会教育主事その他の職員」の派遣（第 8 項）はその 1 つで，「学校における教育課程，学習指導その他学校教育に関する専門的事項の指導に関する事務に従事する」（第19条第 3 項）指導主事の派遣は教育実践を標準化させる鍵となった。

　以上のことから，文部省は，義務教育費国庫負担制度により教育財源を保障し，文部省―都道府県教育委員会―市町村教育委員会という系統性のとれた政府間関係の相互補完性を前提に，統一された教科課程のもとで学校教育を行い，水準の維持向上については上位政府が指導・助言・援助を適宜行うことから達成しようとしていたことがわかる。それは後発型近代国家として義務教育制を整えた日本の標準化志向の表れでもあった。

第3章　教育行政システムの確立と変革圧力

　ところが，教育委員会法を廃止した地教行法は左派政党や日本教職員組合（日教組），ジャーナリズムからの激しい批判を呼んだ。講和独立後に政府・与党が日教組対策に本腰を入れたことで，イデオロギー対立に引きつけた解釈が一般化したからである。冷戦期の教育政策は保革対立から自由でなく，両陣営の主張にはそれぞれの理があったと思われる。ただし，本章はその点には踏み込まず，機能に限って教育制度を確認する。地教行法と学習指導要領の改訂に話を戻そう。

　1958年の学習指導要領の改訂は，経験主義教育を採り入れた「新教育」への不信が引き金となった。戦時下と敗戦の混乱が影響したと思われるが，1940年代後半には，基礎学力の低下が問題視され，国立教育研究所や日教組などの調査がそれを裏づけたことから見直しを求める声が複数挙げられた。むろん，新教育の擁護も強くあったが，将来の生活に必要な基礎学力が不十分なままでは自発性も育たないのではないかという疑問は残り，教科教育の充実を望む意見が徐々に増えていった（山住 1987：178-179）。

　教育水準の保障を期待された文部省は，「学習指導要領を教育課程の最低基準として，法的にも拘束性を持たせるものにしたい」という考えを実現するために，学習指導要領を「法定」化させる改訂を1958年に行い[2]（内藤 1982：126），基礎学力の充実，科学技術教育の振興，教科ごとの連携と総合性のある教育の実現により学力問題に応えようとした。学習指導要領が基準性を持つことと新課程の徹底には周知が必要で，文部省はブロック別・県別の講習会を実施した。

　ただし，それは一過的なもので，実施の徹底には定期的な研修や指導・助言等が欠かせなかった。教員研修には，教育課程や学習指導に関する専門知識と経験が必要であるため指導主事が担当した。教員の技能は職務過程で研鑽されることも多く，職務内容の把握には経験を要するため，地教行法は大学以外の公立学校の教員を指導主事に充てることを認めている（第19条第4項）。現職教員については公立学校の教員籍を持ったまま指導主事職に就けるが，その間は教員の職務を行わず，指導主事の職務に専従する。この職員は「充て指導主

79

事」と呼ばれる。留意したいのは，身分と給与である。行政職である指導主事の給与は自治体の単独負担となるため配置数は財政との兼ね合いが強いられる。新教育課程を徹底させたい文部省は，充て指導主事給与の国庫負担を認めることで自治体に増員を促した。

　措置を受けた都道府県教育委員会は指導主事を増員して講習会の実施や学校訪問などを積極的に行った。ところが，当時は日教組の激しい組織的抵抗にあった。教育二法，道徳問題，勤評問題などで日教組と文部省の対立は頂点に達し，各県教組が組合員に指示して反対を強めていたからである。研修を担う指導主事は同じ公立学校の教員でありながら，教職員組合の批判の的となり，苦心したという（高橋 1995）。だがその後，指導主事の役割は大きくなっていった。新教育と異なり，体系化された教科中心の教育課程は指導を標準化させやすかったからである。

　指導行政を担った都道府県教育委員会の課題は，指導主事を定期的に派遣する条件を整えることであり，それには適切な範囲の設定が欠かせなかった。義務教育諸学校は全域に配置されており，所管学校数を限る必要があったし，学校や市町村教育委員会が接触しやすい単位を設ける必要があったからである。それは自然・文化地理に規定される行政空間であることが多く，都道府県教育委員会の支所に適合することが多かった。つまり，広域で地方教育行政を担う都道府県は域内を管理する単位を新たに創出し，それを動かす組織を設置して標準化を図ったといえる。文部省に焦点を据えた分析では見えない単位は，相互補完的な政府間関係とりわけ都道府県と市町村ならびに市町村間に注目すれば発露する。対面的な公共サービスを標準的に実施することが求められる教育行政には，それを保障する実施の仕組み（運用上の標準化）が欠かせなかったからである。教員人事に照らして検討を進めよう。

県費負担教職員制度

教員の標準的な教育実践は学級規模が全国一律的な基準をもったことでも可

能になった。学級定員の規定をもとに生徒数に応じた学級数を算出し，教職員数を決める仕組みは，1958年5月1日に公布された「公立義務教育諸学校の学級編制及び教職員定数の標準に関する法律」（義務標準法）として築かれた。法制化の本来的な目的は勤評問題への対処にあり，不安定な教員給与を安定させるために，教職員定数を法定化することで給与を地方財政計画に反映させ，地方交付税の保障措置を引き出すことで給与財源を獲得する道を拓き（補助裏の充当），教育財政を安定させた（内藤 1982：123）。

　義務教育費国庫負担制度と一体化した義務標準法と法定化された学習指導要領は，児童生徒が居所を問わず，同一規模の学級で同一の内容を一斉に学ぶ体制を整えた点で，教育内容の標準化を図ったといえる（苅谷 2009）。ただし，それには教育実践を担う教員の質，すなわち，年齢，性別，専門性を相当程度均す必要があった。これを可能にしたのが地教行法であり，義務教育費国庫負担制度と一体化した県費負担教職員制度であった。

　県費負担教職員制度とは，政令指定都市を除く市町村立の義務教育諸学校の教職員の人事に関し，その任命を給与権者にあたる都道府県教育委員会が，服務監督を市町村教育委員会が行うことをさす。旧教育委員会法は教員人事を市町村に所管させたことで，教職員充当の地理的格差の拡大や政府間の権限配置の不一致という問題を生じさせた。この是正を目指したのが融合型の政府間関係を定めた地教行法で，教員人事は市町村教育委員会の内申を受けて都道府県教育委員会が行うこととなり，広域の人事異動を可能にした。中山間地域や離島などの地理的条件不利地域を抱えたり，財政力の弱さに悩んだりした市町村はそれを支持した。

　他方，教員の側の不満は募った。採用試験の再受験などのコストを厭わなければ，都道府県を超える勤務地の変更は可能で，地理的条件不利地域を抱える自治体ほど教員転出のリスクが高くなる。不満の解消を求められた都道府県教育委員会は，地理的条件不利地域への赴任について厚い勤務手当と年限付きの赴任をキャリアパスに組み入れることで公平感と使命感を抱かせた。

第 I 部　教育・市場・政治

　教員人事を広域で行えば，自治体内部の地理的・経済的格差などに考慮した
配置が可能になる。むろん，人事異動が学校に与える影響は少なくない。教員
個人にも甚大な影響を与える。結婚，出産，育児，介護といったライフステー
ジごとの課題や職場環境への適応など教員個人が直面する問題への配慮を欠け
ば，勤務そのものが危うくなる。広域異動を前提にしつつ，学校や教員の個別
事情をも斟酌する人事を行うには，教員―学校―市町村―複数市町村（複数の
郡市レベル）―都道府県という単位における複数の調整が求められる。

　教員人事に関する事務は，「管理主事」（通称）と呼ばれる教育委員会事務局
職員で，教員出身者によって担われるのが一般的である。教員出身の事務局職
員を指導主事と管理主事の二本立てにするのは，学校教育に係る事務が質量と
もに多いためで，指導体制を整える必要があることを意味する。そこで，都道
府県教育委員会は「教育事務所」と呼ばれる支所を複数置き，それぞれに指導
主事と管理主事を配置して域内の業務を執り行わせ，本庁が統括する体制を整
えることが多い。教員人事に限れば，都道府県教育委員会は市町村教育委員会
の意向を聞き，教員配置を調整するアリーナとして教育事務所を活用する。教
育事務所に配置される管理主事は前職が教員であることが多く，地域ごとの人
事実態に明るい。ゆえに，市町村間の合意形成を促しやすい。

　人事については教職員組合との調整も必要になる。歴史を振り返れば，都道
府県の人事行政の単位は教職員組合との関係で決められる面もあった。組合戦
略からすれば，教員人事の単位は組合員の組織化と管理をなしやすい狭域が望
ましく，教職員組合が強い自治体は狭域人事を採用する傾向が強かった。ただ
し，教職員組合は居住地に起因する教育格差には否定的で，へき地教育の振興
を掲げていたことから，地理的条件不利地域を多く抱える自治体においては広
域異動を支持せざるを得なかった。都道府県の側にしても，へき地を多く抱え
る自治体は異動単位を全県にするなど広域に頼らざるを得なかったが，少ない
自治体はそうともいえなかった。調整コストを考えると，市町村もしくは教育
事務所の設置単位（ブロック）に留めることも理に適っていた（川上 2013）。

82

第3章　教育行政システムの確立と変革圧力

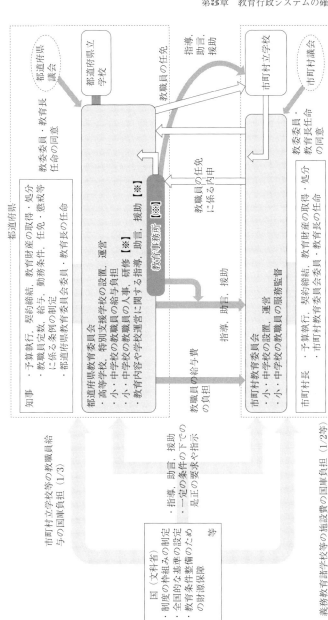

図3-1　義務教育をめぐる政府間関係

出所：関西広域連合の資料（https://www.kouiki-kansai.jp/material/files/group/3/137422365.pdf）に筆者が加筆修正した。

第Ⅰ部　教育・市場・政治

　このように，教員の人事異動は地理的特性や教職員組合との関係などに規定され，それが自治体ごとに適切な範囲を築かせた。利害関係者の多い教員人事は調整コストが高いため，妥当な調整方式が定まると慣性が働き，域内人事を安定させるからである。そのことは，教員人事空間とそれを支える仕組みに多様性をもたらしたが，それを可能にしたのも相補的な政府間関係であり，教育行政特有の中間単位（教育事務所の所管）だったのである（本多・川上編著 2022）。

　総じてみれば，教育行政のスケールとは，「標準化」を実現する諸制度の体系（地教行法，義務標準法，学習指導要領，県費負担教職員制度）が予定する文部省（文部科学省）―都道府県教育委員会（本庁）―教育事務所（支所）―市町村教育委員会―学校という諸機関の相互補完的な関係を前提に，都道府県の教育委員会ならびに教育事務所という中間単位を重視するものであることがわかる（図3‐1）。

2　「市場の論理」と教育

人的能力の開発

　「標準化」という「教育の論理」に従って構築された戦後の教育行政システムは，労働市場が求める人材育成とミスマッチを生じさせることもある。普通教育が期待するのは普遍的な能力の育成で，個別性に特徴づけられる職業教育と異なったからである。だがそのことは，経済団体の不満を時々に招き，改革を求めさせた。

　初手は政令改正諮問委員会の答申（「教育制度の改革に関する答申」1951年11月）で，「わが国の国力と国情とに適合し，よく教育効果をあげ，以て，各方面に必要且つ有用な人材を多数育成し得る合理的な教育制度を確立することを目的とする」改革を求めた。なかでも職業教育の充実を求めたが，それは著名な政財界人（石坂泰三，板倉卓造，小汀利得，木村篤太郎，中山伊知郎，原安三郎，前田多門，石橋湛山）による検討であったことと関係した。4名の委員が中央教育審

議会（中教審）に参加[3]したことから，課題の共有が図られていたと思われる。人的資本形成の観点から改革を提言した中教審の38答申（1963年答申「大学教育の改善について」）と46答申（1971年答申「今後における学校教育の総合的な拡充整備のための基本的施策について」）の源流は政令改正諮問委員会の答申にあったという元文部事務次官の天城勲の回想もそれを裏づけている（GRIPS 2002b：12）。

　職業教育に注目して学校体系の多様化を求めた点に注目すれば，そうといえるが，改革を具体化させたのは，池田勇人内閣の国民所得倍増計画を練り上げた経済企画庁の一連の議論と手法だった。計画策定の指揮を執った経済企画庁計画部長の大来佐武郎は，懇意の中山伊知郎や小汀利得らを頼り，「日本経済の長期展望――20年後の日本経済」（1960年5月16日）を所得倍増計画に先立って検討したが，その過程で経済発展と教育（人的能力の向上）の関係を重視した。大来は，個人の職業選択やキャリア構築を理論化したギンズバーグの著書 *Human Resources : The Wealth of a Nation*（後に大来が『人間能力の開発――現代の国富論』として翻訳出版）から，人的資源の開発には家庭の役割や教育制度といった社会学的要因を踏まえた検討が欠かせないことを学び，長期経済計画の策定においても人間の能力の活用を正面に据える必要があると考えていたからである（杉田 2018）。日本経済の中心が重工業に移る中で，どのような人材を輩出するのか，そのための中等・高等教育機関をどのように設置するかは中長期計画に欠かせない事項となり，国民所得倍増計画の作成過程においても経済審議会の教育訓練小委員会で検討が重ねられた。

　経済企画庁の事業には全庁的な関与があり，文部省からも当時官房総務課長を務めた木田宏らが参加し，答申執筆作業等に当たった（GRIPS 2003a：229-230）。省内では，調査局長の天城勲がそれに呼応した。天城は大来との交流を通じて人的能力の開発に関心を寄せ，欧米諸国で注目を集めた教育投資論を学び，教育投資と経済成長の関係を実証的に分析した教育白書『日本の成長と教育』（1962年）を作成するなどして（GRIPS 2002a：176-181），人的資源論というソトからの教育改革の論理を受容していった。

第Ⅰ部　教育・市場・政治

　ただし，木田の受け止め方は天城と同じでなかった。木田は労働需要への供給という点から理工系の拡充が計画に掲げられても，実施の過程では既得権をめぐる利益団体との調整を余儀なくされることを経験していたし，計画から実施までのタイムラグを理解した（GRIPS 2003a：215-221）。新しい学校を設置してから入学者が卒業し，期待に応える人材になるまでには少なくとも10年は必要で，目の前の需給に応えることは土台無理だったからである（同：230）。ゆえに，学校体系の見直しには，教育特有の時間軸への配慮や利害関係者との調整が欠かせないという認識を強めていった。とはいえ，時代の変化に応える必要は理解していた。経済システムの変化は社会のあり方を変えていく。学校教育も社会教育も例外でないことが1960年代の中教審や社会教育審議会の答申からも見て取れる。その集約が1971年の46答申であった。

　46答申は，「今後における国家社会の進展に即応して，長期的な展望のもとに，学校教育の総合的な拡充整備のための基本的施策」を検討することを目的に，2期4年を費やして作成された。諮問した文部大臣の剱木亨弘とそれを受けた中教審会長の森戸辰男は占領期の教育改革を中枢で担った人物で，占領改革の特殊性や積み残した課題を熟知し再検討を求めてきた。彼らの課題認識は1960年代から70年代前半に文部省の主要ポストに就いた官僚にも共有されていたが，手続きには温度差があった。

　46答申の起草は大臣官房が事務局を担い，審議官の西田亀久夫が指揮を執った。戦後の特殊な状況で異例の入庁を果した西田は官僚特有の組織力学を重視しない人物で，答申も原局との調整を重視せず，大臣官房が主導して教育投資論にもとづく改革案を中教審委員とともに練り上げた。そして，工業化に伴う労働需給や急速な技術革新による市場の変化ならびに進学実態を考慮すれば，学校教育の量的拡充と多様化は不可欠だとして，初等中等教育における学校体系の開発やコースの多様化，高等教育の多様化（種別化・類型化），教育の質の向上（教育課程や教育方法の改善，教員養成・研修・待遇改善，教育条件の水準維持等）などを求めた。現行制度の改変には教育関係者の理解が必要であることか

86

ら実験的な取り組みを行い，検証する先導的試行（pilot project）の導入といった緩和的措置を掲げた。

だが，その程度の配慮では，改革の実行可能性は担保されなかった。日教組は選別や差別を助長する能力主義を批判したし，幼保再編や学制の見直しを嫌う保育・教育団体からも否定的な見解が示された。一連の反対は予想された反応で，原局は起案の段階から配慮を求めてきた。なかでも，教科書裁判や勤評問題で日教組との対峙を日常的に求められていた初等中等教育局は幾度となく懸念を示した（GRIPS 2004：272-279）。ところが，森戸・天城・西田（中教審―事務次官―官房ライン）はこれを顧みず，原局は静観を決め込んだ。46答申発表直後に行われた内閣改造に伴う文部大臣の更迭，天城事務次官の退官，古参の中教審委員の退任を好機とみた原局は，46答申の事実上の棚上げを決めた（石山 1986：172-175）。

その後，46答申は省内で改革が検討されるたびに引っ張り出される手引きとなったが，原局は答申の包括性ゆえに実行体制を問題にした。むろん，中教審にその議論がなかったわけではない。中教審から示された答申を議論する「国民教育会議」を新たに設置し，内閣はその決定に従うことを答申に述べることも検討されたが，諮問にない実行方法にまで言及することは越権だと考える森戸の意向により見送りが決められた（GRIPS 2004：252，311）。

それを世に出したのは，中山伊知郎が代表理事を務めた日本経済調査協議会（日経調）が1972年6月1日に出版した提言「新しい産業社会における人間形成――長期的観点から見た教育のあり方」だった。同提言は，東京芝浦電気社長の土光敏夫を委員長に1968年7月に発足した専門委員会により示されたが，委員に文部省の天城勲・犬丸直，中教審との併任者を複数含んだことから46答申の議事との一体性が確認できる。「総理大臣の諮問機関として新たに国民文教会議を内閣に設置し，ここにおいて文教政策の基本方針を樹立し，総合的な教育計画の大綱を定めるとともに，各省庁の文教に関連する課題の調整等について審議する」こと，そのもとに強力な事務局を配置することを掲げたことはそ

第I部　教育・市場・政治

の証左といえるが（日本経済調査協議会編 1972：33），46答申以上に内閣主導の
推進体制を期待したことがわかる。

生涯教育と市場化

　ただし，46答申と日経調提言には違いもあった。46答申は教育の文脈に則し
た改革案であったのに対し，日経調提言は社会経済構造の変化に応えることを
主眼とした。高度化する技術革新ならびに「知識産業社会化」への対応という
課題と，高い教育需要と大衆化した教育という現実をすり合わせ，家庭，学校，
企業，社会の領域で個別に行われていた教育を総合する「生涯教育」の実現を
目指したからである。学校教育については，「教育サービスに関する消費者選
択の自由と教育の自由な実験と創造的革新を両立させ，教育機会の均等化をは
かりながら，しかも過剰消費をひき起こさせることなく，教育支出の適正と負
担の公平を実現する」ことを期待した（同：127）。つまり，公費と適切な規制
（基準設定，許認可・監督，指導・助言等）を伴う市場化（公設民営等）により学校
経営の多様化と効率化を求めたのである。学校体系については「分化」を求め
た（同：320）

　だが，それは達成困難な課題だった。工業社会の人材育成に向け，学校体系
の種別化や多様化を求めた経済審議会主導の改革でさえ，実現できなかったか
らである。職業教育の充実に対する期待は広く社会にあり，1960年代から70年
頃にかけて，公立高校を所管する地方自治体は経済審議会の答申に倣い，職業
科や職業課程の充実に向けた教育計画を策定し推進した。しかし，経済審議会
教育訓練小委員会が期待した普通科と職業科の同率化には及ばず，職業科の割
合は4割に留まった。1970年段階の大学等進学率が職業科で7.2％，普通科で
35.7％であったように，学歴階梯を上がるには普通科が有利であったことが受
験者の行動を規定したからである（徳久 2011）。

　教育需要は「学校教育を通じてえられる職業的・社会的なチャンスを平等に
すべきだというデモクラチックな要求」と合致することで公費負担を求めるが

88

第**3**章　教育行政システムの確立と変革圧力

（日本経済調査協議会編 1972：94），中等・高等教育の大衆化は教育サービスの供給と公費負担の拡大を同時に求める。裏を返せば，標準化された教育システムは強化されるわけだが，それは画一化圧力にもなる。そこで，「個々人の能力・適性の多様性と社会の教育需要の多様化に応じた多様な学校系統」を築き，そのいずれもが大学進学の機会を保障すること，「学校系統相互の移動交流が容易になるような弾力性をもたせること」で，教育機会均等の要請と調和させることを試みた。そのうえで，学校教育を生涯教育の一環として考え，社会人にも開放することを求めたのである（同：320-322）。

　日経調という一経済団体による私的な提言を公的な場へ引き上げたのは，土光が会長を務めた第2次臨時行政調査会（第2臨調）だった。第2臨調は5次にわたる答申のなかで教育にも多く言及し，1983年3月14日の最終答申では，「生涯教育機会の拡大等教育環境の大きな変化を踏まえ，…学校教育の多様化・弾力化を推進する」ことを求めた。1984年9月5日に総理府に設置された臨時教育審議会（臨教審）はその実現を期待されたが，鍵となったのは中曽根康弘首相のブレーンとして政権に関与した学習院大学の香山健一だった。しかし，狙いは人事の段階から外れていった。自民党右派勢力と一定の距離を保ち，文教族とのつながりも弱い中曽根は文教族を説得する材料に乏しく，会長人事で妥協を強いられたうえに，委員人事にも文部省，文教族，「"臨教審与党"である民主，新自由クラブ，関係省庁」などの思惑が入り乱れたからである（石山 1986：218-224）。

　そうした状況の中でも，香山は「教育行政分野の許・認可など各種規制の緩和（デレギュレーション），補助金等の在り方の見直しを行い，民間活力を積極的に導入する必要がある」ことを訴え（ぎょうせい 1985：156），「教育の自由化」の論陣を張った。これに真っ向から反対したのは，文部省を辞した木田宏だった。「増税なき財政再建」を掲げた第2臨調の上に立つ臨教審が文教予算の削減を求めることを強く懸念したからである（GRIPS 2003b：212-213）。木田にすれば，政府関与の低減を正当化する「自由化」という言説は，財政面から

89

第 I 部　教育・市場・政治

標準化を揺るがしかねず，設置形態の多様化を求める「市場化」[6] も学校経営を不安定にさせることから支持できなかった。規制緩和や自由化が教育内容や実践に及べば教職員組合がそれを逆手に取りかねないことも懸案事項だった（同：217）。そこで木田は，「個人の価値」，「自主的精神」，「自発的精神」からなる「自由」を教育において保障するために，規制緩和や民間活力を利用するという香山の主張について，手段としての自由化（供給する側の自由を保障する市場化）についてはさらなる検討が必要だとして見送りを決めた。ついで，目的としての自由化については，誤解を避けるという理由から「自由化」という言説を個性の尊重，学習する側の自由・自立を尊重する「個性重視の原則」に改めさせ，答申から排除した。

　自由化の推進という目的に照らせば，臨教審は香山の敗北に終わった。とはいえ，香山が経済的自由主義（後の NPM 路線）という新たな改革路線を臨教審という公的な審議の場に持ち込んだ意味は大きかった。「多様化」や「自由化」を求める「市場の論理」が教育改革の選択肢に位置づけられたからである。

「ゆとり」という言説

　もちろん，判断は政治を俟つが，そこには別の要素も介在した。つまり，有権者の反応である。「はじめに」で指摘したように，当時の有権者の関心は，詰め込み教育や偏差値偏重教育の是正にあった。高い学歴志向と過熱する受験のストレスが子どもたちを追い詰め，校内暴力やいじめなどの問題行為を引き起こすという認識が広まっていたからである。その強さは，福田赳夫首相の施政方針演説（1977年 1 月31日）に，「入試中心，就職中心の功利主義的な行き過ぎた傾向」を改め，「教育課程をゆとりあるものに変え，入試の改善を図るなど，教育改革のための着実な一歩を進めたい」と述べさせるほどだった。以後，「ゆとり」は改革言説として文部行政に影響を与えていった。[7]

　臨教審においても，中曽根が受験競争の改善や学歴社会の是正を求めたことから「ゆとり」重視の路線が強化され，教育内容の精選，選択教科の拡大，教

90

第3章　教育行政システムの確立と変革圧力

科の総合化などが打ち出された。結果として，「ゆとり」は「個性重視の原則」と結びついていく。1987年12月24日の教育課程審議会答申でも「個性を生かす教育の充実」，「自ら学ぶ意欲と社会の変化に主体的に対応できる能力の育成」が重視され，学校教育は「生涯学習の基礎を培うもの」とされた。生涯学習体系への移行は臨教審の第4次答申にも掲げられたが，そこには学校系統の問い直しを求めかねない「生涯教育」を学習者主体論に読み替えるという文部省側の意図があった。この路線は1996年7月19日の中教審答申「21世紀を展望した我が国の教育の在り方について（第1次答申）」における「［ゆとり］の中で，子供たちに［生きる力］をはぐくんでいく」という教育目標に結実された。

　それに共感したのは，小渕恵三首相で「単に教育制度を見直すだけでなく，社会のあり方まで含めた抜本的な教育改革」を実現するために，教育改革国民会議（首相の私的諮問機関）の設置を決めた(8)（前川・寺脇 2017：81-83）。ところが，発足間もない2000年4月2日に小渕首相が病に倒れたため，後任の森喜朗首相が会議を引き継ぎ，議題を教育基本法の改正に移行させた。同会議は12月22日に最終報告「教育を変える17の提案」を提出し，任を終えた。

　2001年1月25日には，文部科学省（文科省）が「21世紀教育新生プラン」を示したが，今後の教育改革の取り組みの全体像には，31日に召集される第151回国会に上程する案件が含まれるなど対応に異例の速さをみせた。教育基本法の見直しと教育振興基本計画の策定については，中教審に諮問し，取り組むことが明記された。一連の経緯は，官邸に置かれた教育改革の司令塔が方針を定め，具体案を中教審や文科省が検討し実施に移す体制が確立したことを意味する。臨教審に比すれば，官邸の強さと族議員の影響力の低下が明らかになる。首相の選好次第で，文科省・文教族が望まない改革も可能になったからである。教育のリスケーリングを検討する際には，この点が重要になる。

91

第Ⅰ部　教育・市場・政治

3　政治の力学と教育側の反応

教育改革のイデオロギー

　臨教審の改革は日本経済が好調だった時代の改革だとすれば，2000年代の改革は長期不況に陥った日本経済を再生するための改革，すなわち，構造改革に資するものだった。そこでは，「教育の論理」と「市場の論理」が交錯し，時に教育行政システムに再考を迫った。教育改革のイデオロギーを整理したうえで，教育行政における変化を確認しよう。

　教育改革には複数の志向性があり，時に併存する。教育改革がどの論理にもとづくものかを明らかにするために，本章は大嶽秀夫の整理に倣い，政治・経済・文化の3軸の組み合わせから教育改革のイデオロギーを整理する。具体的には，政治軸を「テクノクラートによる管理―参加による管理」，経済軸を「政府志向（社会民主主義）―市場志向（経済的自由主義）」，文化軸を「権威主義―リバタリアニズム」と名づけ，表3-1のように整理する。[10]

　1980年代までの改革は，①システムによる平等化を目指す「標準化」路線，②「個」の自由を前提に教育投資による多様化を目指す「人的能力開発」路線，③自由で平等な個人による実践を目指す「民主教育」路線の3つに分けられる。ここで問題になるのが，民主教育路線の理念と実態の乖離である。社会工学の発想を持つ社会主義は理念上，能力による多様化を支持すると考えられる。ところが，左派政党や日教組はそれを否定した。日教組の平等観が階級論に起因したこと，子ども中心主義の教育観を持ったこと，占領期に築かれた民主的な教育制度の維持を自己目的化したことが，権威による教育の機会均等と結果の平等を重視させたからである。その志向性は，「標準化」路線との近親性を高めさせた。日教組であれ文部省であれ主体を問わず，教育界全体が「教育の機会均等」を論ずる際に憲法第26条の定める「能力に応ずる」機会に言及せず，画一主義の大連合の下に自由化を否定するとした香山健一の評は（香山 1987：

92

表3-1 教育改革の路線

	支持者	政治軸	経済軸	文化軸	子ども中心主義	初等教育の多様化
教育改革をめぐる路線① (占領期～)						
標準化 (戦後教育維持)	文教族 文部省原局	テクノクラートによる管理	政府志向	権威主義	○	×
人的能力開発 (教育投資)	経済団体 文部省官房	テクノクラートによる管理	市場志向	リバタリアニズム	―	×
民主教育	日教組 左派政党	参加による管理	政府志向	リバタリアニズム [実態：権威による平等]	○	×
教育改革をめぐる路線② (2000年代の改革以降の新たな潮流)						
保守志向の 市場化	保守政党 経済官僚	テクノクラートによる管理	市場志向	権威主義 (伝統的価値による規律化)	○ ―	×
地域協働 (魅力ある学校)	政治家, 住民 NPO	参加による管理	市場志向	権威主義 (地域社会の連帯)	混在	(制度内で) ○
NPM	民間委員, 企業, 政治家	参加による管理	市場志向	リバタリアニズム	―	○

出所：筆者作成。

59-61)，その点をよく捉えている。

　子ども中心主義という教育特有の原理は，1990年代の教育改革においても保革の文教関係者の相互接近をもたらした。自社さの連立からなる村山富市政権の発足と日教組の現実路線化に負うところも大きかったが，子どもたちが「ゆとりある学校」で伸び伸びと過ごし学ぶという理想が共有できたこと，心の豊かさや余暇を重視する風潮が「ゆとり」という教育言説を社会的に支持させたことが推進力となった（徳久 2012）。

　総じてみれば，戦後の教育政策は「標準化」路線を基調にし，子ども中心主義というフォーカル・ポイントを持ったことで保革の対立を実質的に緩和させたといえる。その意味で，人的能力開発路線は改革のアイディアとして蓄積されても，制度化されにくかった。制度改革を促すものとして新たに登場したの

は，香山も頼った教育のソトの論理，すなわち NPM（New Public Management）
路線であった。

　NPM は政府部門による公共サービスの提供に関して，その提供方法を転換
させる新しい公共管理をさす。「管理」という表現が示すように，政府の関与
を残しつつ，役割を変化させることで，公共サービスの効率化や質の向上，応
答性とアカウンタビリティの確保，公平性の確保が目指される。手法を民間部
門に倣うため，市場重視，成果主義，権限の下位移譲，顧客主義などが強調さ
れやすい。学校教育においては，規制緩和による民間参入，公設民営などが考
えられるし，消費者の選択を保障する立場から準市場化も検討される。準市場
（quasi-market）とは，ルグランの造語で，競争する複数の供給者が存在する点
を市場と同じくするが，サービス購入の費用を政府が負担するがゆえに，政府
による参入者管理も可能である点に違いをもつ（ルグラン 2010 : 38-39）。フリ
ードマンの教育バウチャーに近い発想で，競争と選択を通じたサービスの改善
を期待する。

　他方で，学校教育には，単体での解決が難しい問題も複数存在する。たとえ
ば，社会的包摂は児童生徒・保護者，学校関係者，地域社会の連携の上に成り
立つ。そこで，近年は，NPM を補完する新たな手法として公共問題の解決を
複数の組織の連携により実現する「協働による公共管理」（collaborative public
management）に注目が集まっている（McGuire 2006）。ここでは，市民の関与
と政府・民間・非営利部門の連携が重視される点で，新たなガバナンスの構築
が求められるし，最適なスケールの設計が目指される（Ansell and Torfing eds.
2018）。

　日本における NPM の導入は橋本龍太郎首相の掲げた六大改革のなかで進め
られたが，NPM の母国であるイギリスでは，ネットワークによる調整にもと
づくガバナンスから公共問題の解決を図ろうとする試みが展開されていたこと
もあり（Newman 2001 ; 近藤 2008），2000年代に日本で本格化した一連の改革に
は，効率性を重視する NPM 型の改革路線と協働によるガバナンスの構築を期

待する地域協働型の改革路線が並走した。

統治機構改革に伴う変化の兆し

新たな改革路線は標準化を期待する「教育の論理」にどのような変更を迫ったのだろうか。統治機構改革に踏み込んだ橋本行革は首相の主導性を高める省庁再編を行った。それを活用したのは小泉純一郎首相で，経済財政諮問会議を司令塔として内閣が議題を設定し各省にそれを実施させる官邸主導の改革を実施した（竹中 2006）。そこで選択されたのは NPM 路線で，「多様な主体が市場に参入し，競争を通じて利用者の満足度を高めていく仕組みを構築し，社会全体の費用を低減させることが望まれる」として「教育分野における株式会社の参入」を含む「民間参入・移管拡大による官製市場の見直し」を求めた[13]。

文科省と中教審にすれば，NPM 路線は公教育の基本原則（公共性，継続性，安定性の確保）と公立学校における教育の原則（公平性，中立性の確保）を揺るがしかねず，支持できなかった。文科省は義務教育をのぞく教育機関で改革を先行させ，官邸の要請を制度の弾力的運用の範囲に止めようとした。だが，文科省の重視する「標準化」を保障する教育行政システムは，集権・融合型の後発近代国家的な統治機構に保障されたもので，公共サービスの実施部門を可能な限り切り出そうとする改革路線の下では危うかった。小泉首相が構造改革における現状維持派を「抵抗勢力」と呼び，世論の支持に訴えたことで，「岩盤規制」に守られた「官製市場」の 1 つに位置づけられた学校教育を問い直す機運が部分的に高まったことはそれを裏づけた。

ところが，その潮流は三位一体改革の予期せぬ帰結により下げ止まった。標準化を保障する教育システムの根幹である義務教育費国庫負担金の一般財源化を狙った改革は，文教族の重鎮で清和政策研究会（福田派）領袖の森喜朗前首相が政治的影響力を最大限に発揮することで頓挫したからである（徳久 2006）。属人性の高い薄氷の解決ではあったが，小泉の後継として文教族の安倍晋三が政権を発足させ，党内でも影響力を高めたことは「教育の論理」が NPM に優

第Ⅰ部　教育・市場・政治

るという誤認を文科省に植え込んだと思われる。

　だが，文部行政を取り巻く環境は大きく変化しつつあった。三位一体改革が終盤を迎えた2005年は，戦後初めて人口が前年を下回った年でもあり，2008年をピークに総人口の減少が本格化した。加速する少子化と人口の社会移動は学校の統廃合を多くの自治体に求めたが，通学距離など配慮すべき事項の多さから実施に限りがあった。少子高齢化は地方政府にさらなる財政出動を求めることから，義務教育費の一般財源化はリスクが高く，国庫負担制を支持させている。市町村にしてみれば，制度の弾力的運用による独自施策の実施は可能で，総額裁量制導入後の義務教育費国庫負担制度は財政的安定と政策裁量の向上を両立させる点で有効であることが改めて確認されたのである。

　つまり，地方自治体は主体的に制度活用を選択したわけだが，文科省はその意味を捉え損ねている嫌いがあるように思われる。北村の分析によると，文部官僚は格差是正志向の強さと地方政府の能力に対する懐疑度合の高さに特徴づけられるという（北村 2019）。それは教育行政における相互補完的な政府間関係は文科省の適切な指揮・監督により機能するという理解の表れであり，分権も標準化に資する形で実施されることを期待する。保護者や地域住民の参加による学校運営の舵をとる学校運営協議会の設置を学校設置者の努力義務にした2017年の改正地教行法は，地域協働路線の全国一律的誘導の表れで，そこに文部行政における「教育の論理」の根強さが垣間見られる。しかしながら，政治主導による新しい国づくりを期待した統治機構改革は地方政府の自律性を高めており，地方政府が「教育の論理」を支持し続けるか，NPM 路線や地域協働路線などの「市場の論理」を支持するようになるかは定かでない。

　ところが，文科官僚にとって安倍政権の発足はシステム内改革の支持を印象づけた。教育再生会議や教育再生実行会議といった司令塔が官邸におかれ，そのもとに中教審・文科省が改革を推進する体制であっても首相・文教族・文科省の一体性が保たれたからである（徳久 2016）。だが，そのことは文科官僚の感度を鈍らせた。文科官僚は族議員と関係団体（下位政府）との接触を重視し，

96

族議員を通じた影響力の行使を選択する傾向にあるが（河合 2019），官邸主導の政策決定のもとでは，その効果は首相の選好次第で真逆の方向に振れる可能性があることを軽視させたからである。

安倍内閣の政策を教育に限って評価すれば，伝統的価値に訴えた規律化志向が強く，道徳面を重視した教育を期待する点で，伝統的保守主義による改革と整理できる。とはいえ，第2次安倍政権が教育と経済の再生を内閣の主要課題としたように，教育には経済政策との兼ね合いが求められた。官邸にも経済産業省や文科省から多くの官僚が入り，実務を担った。頭角を現したのは政策官庁として企画部局を充実させてきた経済産業省であり，教育政策の産業化が進んだ（青木 2019, 2021）。学校施設の建設が利益団体の関心を引き続けてきたように，経済規模で見た場合，学校関係の事業は内需拡大に貢献する。市場開放の効果は短期に得られるが，教育効果は中期的にしか得られず，「教育の論理」はNPMを基調にする行政改革の論理になじまない（GRIPS 2003b：213）。理屈の上ではそうであるものの，文科省はデジタル化など予算拡大につながるものに追従した。要するに，文科省は官邸の打ち出す「保守志向の市場化」を体現した「骨太の方針」[14]に乗ることで，単独では難しかった予算の個所付けを得たわけだが，それは政策官庁としての能力の低さを示したものともいえる。

政治の判断と文科省の応答

だが，安倍政権の施策が「教育の論理」に親和的であり続けたわけではない。教育行政が一般行政から独立性を相当程度保ったのは専門性にもとづいたからであり，それが政策コミュニティによる運営を可能にしてきた。NPMはそれを非効率の原因とみなし，評価（監督の強化）と下位単位への権限移譲により自律性を下げる傾向にある。学校評価は端的な例だが，2007年6月の改正教育職員免許法により導入された教員免許更新制もその1つだった。

指導力不足教員の人事管理の問題は，臨教審以降，日教組対策ならびに伝統主義の立場を学校・家庭教育に通底させたい文教族が文教部会などで独自に検

第 I 部　教育・市場・政治

討を重ねていた。文部省は1990年代半ばからヒアリング等を通じて地方分権改[15]
革に対応する課題の洗い出しを進めていたが，その中で「一部の教員について
は適格性に問題がある」との認識を持つに至り（脇 2009：38），適格性を欠く
教員への対応を中教審（1998. 9）や教育職員養成審議会（1999. 12）に諮問し，
教育委員会には対応を求めた。文部省は2000年度に実態把握のための委嘱研究
調査を開始して取り組みを本格化させたが，都道府県教育委員会はこれに呼応
して人事管理の制度化を進めた。教育改革国民会議の最終報告への対応として，
地教行法の改正案を第151回国会に提出（2001年2月27日）し，「指導が不適切」
な教員を教壇に立たせない措置をただちに採ったのも，文科省が中教審や地方
教育委員会と連携して独自に検討を進め，制度の枠内での解決を図っていたか
らであった。

　ところが，文教族は教育改革国民会議の最終報告において「教員免許更新制
の可能性の検討」が提言されたのを好機と見て，中教審・文科省の意図しない
制度改革に乗り出した。2001年1月25日の町村信孝文科相の中教審への諮問
「今後の教員免許制度の在り方について」はその起点となった。中教審は2002
年に教員免許更新制の導入を見送る姿勢を示し，慎重な検討を求めた。背景に
内閣法制局の指摘があったと思われるが，それにもかかわらず，2004年10月20
日に中山成彬文科相が中教審に「今後の教員養成・免許制度の在り方」を再び
諮問した。三位一体改革で義務教育費のあり方が争点化し，対応が急がれた時
機の諮問であったことに斟酌すれば，文教族の主導性が明らかになる。その一
人が安倍晋三で，2006年9月26日に政権（第1次）を発足させると，教育再生
会議を活用して中教審を事実上バイパスする法制化を政治主導で決めた。[16]

　教員免許更新制の導入は，「公教育に対する保護者や国民の信頼」を取り戻
すことを目的の1つとしたが，三宅の研究によると免許更新制の報道や国会で
の発言回数は中教審ならびに教育再生会議の諮問・答申と連動しており（三宅
2007），政治的に作られた争点といえる。教育関係者からは，教員バッシング
が強まっている中で免許制度が導入されれば，教員不信を正当化させる意図せ

ざる機能を持つこと，免許制導入に伴う身分の不安定化や多忙化，人事管理の厳格化などが危惧された。事実，制度導入は多忙化に拍車をかけ，教職志願者の減少や免許失効に伴う非常勤講師プールの損失という悪循環を生じさせ，深刻な教員不足に陥らせた（嶺井 2023）。事態を重く見た萩生田光一文科相は廃止を見据えて中教審に制度の抜本的な見直しを諮問し，2022年7月1日の廃止に至った。

　政治の判断に始まり政治の判断で終わった免許更新制は，教職という専門性ならびに現場への理解を欠く管理が学校教育に疲弊や混乱を招くことを明らかにした。のみならず，教員不足に拍車をかけることで学校教育の存立を危うくしたことから「教育の論理」を尊重する機運を部分的に高めさせた。しかし，ここには文科省によるメタ・ガバナンスの弱さも確認できる。相対する志向性を持つ諸アクターを内在させるガバナンスを機能させるには，規範や原理による統合が欠かせないが（Kooiman and Jentoft 2009），文科省は EU の社会的投資論のような新たな言説の創出（認知的機能の構成）に関心が低く，「教育の論理」の共有を自明視することで，政治的・社会的支持の調達を軽んじている[17]。くわえて，地方教育のガバナンスをよりよく機能させる条件整備（ネットワークの管理）も後手に回っている。地方自治体は，都道府県が市町村の教育委員会による取り組みを支援するしくみをそれぞれに築いているが，それは運営上の工夫によるもので，適切な実施には文科省の制度化を俟つところもある（中島・川上 2014）。地方の自律性を尊重した制度設計が求められよう。

　もちろん，文科省が無策なわけではない。学力向上については，競争による改善という「市場の論理」を受け止めつつ，それを「教育の論理」の枠内にとどめることで格差の拡大を抑制し，むしろ，横並びに底上げさせている。つまり，テストによる刺激を学校や市町村教育委員会に与え，課題発見と指導方法の改善に従事させつつ，テスト結果の公表を都道府県単位に止めることで，社会経済的な条件にもとづく教育格差を不可視化させ，結果が不十分な学校や市町村については，都道府県の教育委員会（本庁）ならびに教育事務所による支

第Ⅰ部 教育・市場・政治

援で底上げを図り，「標準化」の達成に務めているといえる。ただし，この作動には地方の応答が欠かせない。地方分権改革が進む中で，地方政府はどのような反応を示し，それが教育行政システムにどのような影響を与えているのか。この点を確認することが第Ⅱ部の課題となる。

注

(1) 教育委員会の設置は46都道府県と5大市を先行させ（1948年11月1日），市町村に4年の猶予を与えた。

(2) 同改訂は「道徳の時間」の特設で知られているが，紙幅の関係でここでは扱わない。

(3) 前田が第1期の副会長，中山（一橋大学教授）が専門委員を務め，小汀（日本経済新聞顧問）（2・3期）と原（3期）が委員を務めた。

(4) 改革推進派で文教族（ハト派）の坂田道太に代わり，改革に慎重な高見三郎が着任した。

(5) 文部科学省「令和5年度学校基本統計（学校基本調査報告書）」。

(6) ここでは「義務教育の見直し，学校の民営化など学校制度の自由化を図り，選択の自由の拡大と競争原理の導入を図ること」を市場化と表現した（ぎょうせい編 1985：156）。

(7) 「ゆとり」という言説は1976年12月の教育課程審議会答申に示され，1976年7月の学習指導要領の全面改訂において「ゆとりある充実した学校生活」の実現が掲げられた（文部省『学制百二十年史』）。

(8) 施政方針演説（第147回国会），2000年1月28日。

(9) 大嶽は，先進諸国における戦後政治の対立軸を，（狭義の）政治【参加民主主義と私生活中心主義】，経済【経済的自由主義と社会民主主義】，文化【伝統的保守主義と社会的自由主義】という3つの領域ごとに区分し，各国はいずれかの軸を中心にしながら政党間競争が行われるとした（大嶽 1994：第1章）。

(10) 理念型としては8つ示されるが，紙幅の関係で詳細は別の機会に譲り，本章は必要範囲の説明に止める。文化軸ならびに香山の思想については徳久（2025）を参照のこと。

(11) 子ども中心主義の問題は苅谷（2002）に詳しい。

(12) 日教組は労働問題の立場から学校週5日制の実現を1972年の運動方針に掲げたが，それを中教審批判と結びつけるために「能力主義にもとづく差別・選別のための画一的なつめこみ教育」批判に一体化させた（日本教職員組合編 1978：500-502）。

「週休2日制の早期完全実施」は1986年の前川レポートに掲げられて以降の政府課題でもあり，この点でも利害が一致した。

⒀　総合規制改革会議の「中間取りまとめ」（2002年7月23日）。

⒁　たとえば，「生産性の向上を生む科学技術イノベーションなどの基盤強化」（骨太方針2013）や東京一極集中の是正と地方創生を目指す「ローカル・アベノミクス」（骨太方針2014）などが挙げられる。

⒂　自民党の教育改革推進会議が1997年10月7日に発表した今後の行動指針に，問題教員の採用時点でのチェック機能の強化や採用後の排除策の検討などが盛り込まれていた（『朝日新聞』1997年10月8日朝刊）。

⒃　文科省幹部も免許更新制は「政治主導で始まった」と発言している（『朝日新聞』2021年8月24日朝刊）。

⒄　対極にいたのは文教族で，教員免許更新制をNPMの期待する管理に引きつけることで，学力向上を期待する有権者の関心を集めつつ，革新への対抗というイデオロギー目標を達成させた。公共管理における党派利益の重要性については，Laffin（2018）を参照した。

参考文献

青木栄一（2021）『文部科学省——揺らぐ日本の教育と学術』中央公論新社。

青木栄一編著（2019）『文部科学省の解剖』東信堂。

石山茂利夫（1986）『文部官僚の逆襲』講談社。

大嶽秀夫（1994）『自由主義的改革の時代——1980年代前期の日本政治』中央公論社。

河合晃一（2019）「文部科学省と官邸権力」青木栄一編著『文部科学省の解剖』東信堂，97-134頁。

苅谷剛彦（2002）『教育改革の幻想』筑摩書房。

苅谷剛彦（2009）『教育と平等——大衆教育社会はいかに生成したか』中央公論新社。

川上泰彦（2013）『公立学校の教員人事システム』学術出版会。

北村亘（2019）「文部科学省の格差是正志向と地方自治観」青木栄一編著『文部科学省の解剖』東信堂，53-74頁。

教育法令研究会（1947）『教育基本法の解説』国立書院。

ぎょうせい編（1985）『臨教審と教育改革第1集　自由化から個性主義へ』ぎょうせい。

GRIPS＝政策研究大学院大学（2002a）『天城勲（元文部事務次官）オーラルヒストリー　上巻』。

GRIPS＝政策研究大学院大学（2002b）『天城勲（元文部事務次官）オーラルヒスト

第Ⅰ部　教育・市場・政治

リー　下巻』。

GRIPS＝政策研究大学院大学（2003a）『木田宏（元文部事務次官）オーラルヒストリー　上巻』。

GRIPS＝政策研究大学院大学（2003b）『木田宏（元文部事務次官）オーラルヒストリー　下巻』。

GRIPS＝政策研究大学院大学（2004）『西田亀久夫（元文部省官房審議官）オーラル・ヒストリー』。

香山健一（1987）『自由のための教育改革——画一主義から多様性への選択』PHP研究所。

近藤康史（2008）『個人の連帯——「第三の道」以後の社会民主主義』勁草書房。

杉田菜穂（2018）「大来佐武郎の人口論」『人口学研究』54：43-54。

竹中治堅（2006）『首相支配——日本政治の変貌』中央公論新社。

高橋寛人（1995）『戦後教育改革と指導主事制度』風間書房。

徳久恭子（2006）「教育政策におけるマクロ・トレンドの変化とその帰結」『政策科学』14(1)：13-26。

徳久恭子（2008）『日本型教育システムの誕生』木鐸社。

徳久恭子（2011）「学歴と労働市場」『レヴァイアサン』49：84-109。

徳久恭子（2012）「連立政権下の教育政策」『年報政治学』2012(1)：138-160。

徳久恭子（2016）「安倍政権の教育改革における連続性と変質」『生活経済政策』No. 228，23-27頁。

徳久恭子（2025）「二つの近代家族像——香山健一とリベラル・モダニストの家族像」待鳥聡史・宇野重規編『〈やわらかい近代〉の日本——リベラル・モダニストたちの肖像』弘文堂。

徳久恭子・本多正人・川上泰彦（2023）「教育行政における政府間の相互補完性」『立命館法学』408：550-607。

内藤誉三郎（1952）『日本教育の課題』一二三書房。

内藤誉三郎（1982）『戦後教育と私』毎日新聞社。

中島秀明・川上泰彦（2014）「「指導力不足教員」をめぐる人事管理システムの成立過程と運用状況」『佐賀大学教育実践研究』31：31-40。

日本教職員組合編（1978）『日教組三十年史』労働教育センター。

日本経済調査協議会編（1972）『新しい産業社会における人間形成——長期的観点からみた教育のあり方』東洋経済新報社。

本多正人編著（2003）『教育委員会制度再編の政治と行政』多賀出版。

本多正人・川上泰彦編著（2022）『地方教育行政とその空間——分権改革期における

教育事務所と教員人事行政の再編』学事出版。

前川喜平・寺脇研（2017）『これからの日本，これからの教育』筑摩書房。

嶺井正也（2023）「教員免許更新制廃止の理由——導入意図と制度設計の問題」『専修大学教職教育研究』3：1-10。

三宅浩子（2007）「教員免許更新制度の政策過程に関する予備的考察」『教育行財政論叢』10：27-44。

山住正己（1987）『日本教育小史　近・現代』岩波書店。

ルグラン，ジュリアン（2010）後房雄訳『準市場もう一つの見えざる手——選択と競争による公共サービス』法律文化社。

脇奈七（2009）「「指導力不足教員」認定制度の政策形成過程に関する一考察」『教育行財政研究』36：35-45。

Ansell, Chris and Jacob Torfing eds.（2018）*How Does Collaborative Governance Scale ?*. Policy Press.

Laffin, Martin（2018）"Explaining Reforms: Post-New Public Management Myths or Political Realities ? Social Housing Delivery in England and France," *International Review of Administrative Sciences* 85(1)：45-61.

Kooiman, Jan and Svein Jentoft（2009）"Meta-Governance: Values, Norms and Principles, and the Making of Hard Choices", *Public Administration* 87(4)：818-836.

McGuire, Michael（2006）"Collaborative Public Management: Assessing What We Know and How We Know It," *Public Administration Review* 66：33-43.

Newman, Janet（2001）*Modernising Governance : New Labour, Policy and Society*. SAGE.

第Ⅱ部
リスケーリングと教育

第4章

教育行政における空間構成とスケール
──教員人事の「最適」追求──

川 上 泰 彦

1　教育行政における多様な空間

教員人事行政における「人の動き」のバリエーション

　教育行政における国と地方の関係が融合的であることは既に指摘がある（青木 2016；村上・橋野 2020）が，地方レベルにおいても同様に，相互補完的な状況が観察できる。義務教育はその典型ともいえ，都道府県・市区町村・学校が相互補完的に業務を行っている。このうちとくに教員人事行政については，同一の法制度（地教行法，義務標準法等）を根拠としながらも相互補完の程度が一律ではなく，地域間で多様な運用が行われている（川上 2013）。

　公立小・中学校に勤務する正規採用教員は，都道府県・政令指定都市が人事権を有して採用や給与負担を行うが（県費負担教職員制度），勤務先たる公立小・中学校の設置管理は市区町村の業務とされる。そのため，具体的な教員の異動や配置にあたっては都道府県─市町村間での調整が発生するが，この調整の様子は地域間で異なる。結果として，個別の市区町村内における最適配置が志向される地域では，都道府県単位で採用された教員であるにもかかわらず，キャリアを通じて単独の市区町村内で勤務する（市区町村内での異動が基本となる）という配置パターンをとる一方で，不便地への人材配置を円滑に行うなどの理由から，全県レベルの広い空間で最適配置や均衡を志向する（広域的な異動を行って県内のさまざまな地域に教員を異動させる）という配置パターンをとる

第Ⅱ部　リスケーリングと教育

地域もある。

　こうした「人の動き」のバリエーションは，それに付随する「仕事のやり方」の共有にも影響し，多様なスケールの空間が想定される（本多・川上編著 2022）。たとえば市区町村単位で完結するような異動パターンが定着している地域においては，市区町村レベルで企画・立案した教育政策を教員に浸透させるのは比較的容易であると考えられる。逆に広域異動を行う地域において，ある市区町村が何らかの教育政策を企画・立案したとしても，教職員が該当する市区町村での勤務を長く続ける保証はなく，政策実施を経験した教員が市区町村外に転出する一方で，政策に習熟しない教員が市区町村外から転入するという動きが常に生じる。その結果，後者の地域では前者のように効率的・徹底的に政策の定着を図ることが難しいと考えられる。

　つまり教員人事行政において設定される地理的範囲は，人材の配置に際して最適化を追求する単位となるのみならず，教育政策の企画・実施において，どの程度の地理的範囲での最適化が追求されるかについても，対応関係が生じると想定される。そして，こうした対応関係の積み重ねにより，教育行政に関する空間が（半ば慣習として）構築されると考えられる。

「最適」の捉えかた

　ひとつの例として全国学力・学習状況調査にドライブされた「学力向上政策」を考えてみる。先に挙げた通り，学校教育の実施にあたっては国・都道府県・市町村・学校が相互補完的に機能するため，「学力向上政策」の主たる企画・実施役を誰とするのかについては，そもそも多様な捉え方が成立する。すなわち各学校レベルでの指導改善に任せて「学力向上政策」を進めるという方法がある一方で，市区町村が学校の設置管理者として各学校の指導・支援を企画・実施するという方法も考えられる。また全国学力・学習状況調査を契機に「学力問題」が都道府県レベルで政策課題化するケースも多く観察されており（志水・高田 2012），その場合は都道府県教育委員会（都道府県教委）が市区町村

教育委員会（市区町村教委）に対して強い働きかけを行い，市区町村教委から学校への関与を促す（ただし都道府県教委から各学校への関与は間接的な形にとどめる）方法もあれば，設置者・管理者である市区町村教委の「頭越し」に，都道府県教委が直接各学校に対して強い関与を行うような方法もある。

　こうした「学力向上政策」の企画・実施において，その成果をどの範囲の最適化と意識するかについては，「教育の論理」が導き出すような広域的な最適観と，「市場の論理」が導き出すような狭い範囲での最適観とでは異なる帰結が想定される。そしてこの最適観は，教員人事の最適配置を検討する際の地理的範囲とも対応すると考えられる。たとえば市区町村単位という狭い範囲での異動が定着している地域であれば，該当市区町村を単位とする「市場の論理」から導き出される学力向上政策の企画・実施は容易であり，その成果も該当市区町村において納得されやすいと考えられる。一方で県全域での広い異動が定着しているような地域であれば，教員の配置は「教育の論理」として広域（全県レベル）の最適化が意識される。異動による教員の流動性も高いため，市区町村レベルで「市場の論理」を強く意識したような政策の企画・実施は納得されにくく，政策の成果も特定地域の学力向上というよりは県全体での底上げが意識されやすい（すなわち「教育の論理」が受容されやすい）と考えられる。

　県費負担教職員制度のもとで教員人事行政が展開する一方で，市区町村を主体とする教育政策を推進するということは，「市場の論理」と「教育の論理」の相克が生じうることを意味するが，これを定量的に観察するような検討は行われてこなかった。わずかな先行事例としては，自治体レベルでの教育政策導入（構造改革特区）を題材に，首長の政策選好のみならず，首長と議会の融合・分離関係，政策の執行機能を担う集合的な教育行政アクター（教委・校長会），都道府県レベルでの教育行政・制度的環境（指導主事の配置や校長人事の流動性），といった諸条件が新規教育政策の導入に影響を与えていることを示したもの（川上・橋野 2006）が挙げられる程度である。

　そこで本章では，都道府県及び市区町村を対象に実施した調査のデータから，

第Ⅱ部　リスケーリングと教育

まず教員の異動・配置に関して「最適」の捉えがどのような状況にあるかを示し，そうした「最適」の捉えが実際の教育政策にどの程度反映されているのかを，学力政策を例に検討する。なお，教員人事や教育政策を広域的に進めることを想定する際に，その調整役となりうるのが教育事務所である。教員人事においては都道府県教委，市区町村教委，学校の調整を行う鍵となる（川上2013；本多・川上編著 2022）ほか，都道府県レベルの施策が市区町村教委で円滑に実施できるよう指導・助言を行ったり，そのための研修等を企画・実施したりする（本多・川上編著 2022）が，平成の市町村合併を経て設置数を減らし，管轄区域を広域化させるなどの変化も生じている。本章では教育事務所の機能にも着目しながら，教育行政に関する「最適」の捉えについて分析を行う。

　続けて本章では，教員人事のもう1つの側面として，市区町村による追加的な（非正規）教員雇用と，近年における教員不足への対応に関する動向を整理する。2000年代以降，少人数学級・少人数指導や特色ある教育を実施するべく，市区町村費負担により追加的に教員を雇用する政策が普及した。先に述べたとおり，県費負担教職員の異動・配置に関する空間は，都道府県─市区町村間の調整のありようと関連がみられる一方で，この（非正規）教員採用は，明確に市区町村レベルの「最適」が志向され，「市場の論理」が反映されてきた。こうした中で，近年では教員採用試験に関する低倍率化と，年度当初・年度途中における欠員（教員不足）が課題となっている。産育休・病休・離職等によって生じる欠員への対応（代替教員の配置）は，上記の（非正規）教員雇用のノウハウを活かすなどして市区町村レベル（学校設置者・学校管理者）主導で進めることもできれば，県費負担教職員の人事の一環として都道府県レベル（人事権者）主導で進めることも考えられるが，教員供給が急速に悪化する中で，この状況は明らかにされていない。これらの非正規教員の採用・配置や，常勤・正規職の欠員への対応については，正規・常勤職の定期人事に比べて規模は小さいものの，例外として看過するのも適切ではなく，教員人事に関する都道府県─市区町村の関係について新たな局面を見せていると考えられる。

第4章　教育行政における空間構成とスケール

本章の概要

　これらの検討を通じて本章では，教育行政における空間とそのスケールについて，都道府県—市区町村の調整関係に着目した整理を試みる。この空間が一旦は市区町村レベルでの市場の論理が作用する「狭い」範囲へとそのスケールを変化させたものの，その後は「狭い」空間の維持が難しくなる状況の中で，より広域への最適（「教育の論理」）へと回帰する傾向にある，という動向を示す。

　なお，このあと第6章までの分析では，本書の研究グループで実施した3つのアンケート調査（都道府県調査，市区町村調査，教育事務所調査）を用いる。それぞれの調査は，以下の要領で実施した。

　まず都道府県調査（教育委員会の事務局体制が学力向上政策に及ぼす影響に関する調査）は2020年12月1日から2021年3月6日にかけて，全国47の都道府県教育委員会を対象に紙面調査（郵送）で実施し，42団体から回答を得た（回収率89.4%）。次に市区町村調査（分権時代の市区町村教育委員会の役割に関する調査）は2021年11月4日から2021年12月20日にかけて，全国1738の市区町村教育委員会を対象に紙面調査（郵送）で実施し，817団体から回答を得た（回収率47.0%）。最後に教育事務所調査（分権時代の教育事務所の役割に関する調査）は，2023年1月30日から2023年3月31日にかけて，全国190箇所の教育事務所を対象に紙面調査（郵送）で実施し，59箇所から回答を得た（回収率31.05%）。それぞれの調査に関する全体像とデータの概況については，徳久・本多・川上（2023a，2023b，2024）を参照いただきたい。

　本章ではとくにこのうち都道府県調査と市区町村調査を活用する。

2　県費負担教職員（正規・常勤教員）人事における空間の変動

正規・常勤教員の異動

以下ではまず，正規雇用・常勤者の異動に関する空間とそのスケールの変動

第Ⅱ部　リスケーリングと教育

を整理する。

公立小・中学校に勤務する教員は，それぞれの学校設置者である市区町村の職員としての身分を有するが，その給与は都道府県が負担し（市町村立学校職員給与負担法第1条），任命権（人事権）も都道府県が有している（地方教育行政の組織及び運営に関する法律第37条）。このため，公立の小・中学校に勤務する教員は，都道府県・政令指定都市等の単位で広域的に採用され，各都道府県内で統一された給与体系が適用される。これにより，給与水準の差を理由とするような人材の偏りが市区町村間では発生せず，市区町村域をまたぐような広域的な異動を実施することも可能となっている。

教員人事において，広域的な採用と定期的・広域的な異動を行う理由としては，大きく3点ほどが意識されてきた。一点目は教員供給・教員配置に関する不均衡の補正である。学校別に教員の雇用が行われる場合，不便地などへの勤務希望が集まりにくくなると考えられるため，広域異動の運用により，そうした地域にも人材が行き渡り，教員の質・量に地域間の差が生じないようにするものである（苅谷 2009）。二点目は地域別・学校別の教育課題に対する支援・介入である。学校別に教員の雇用が行われる場合，その学校が何らかの課題（たとえば特定領域の学力向上や，生徒指導の改善等）を意識しても，そうした力に長けた教員を短期間で揃えることは難しい。広域異動の運用は，地域・学校の課題意識に対応した人材の「梃子入れ」を，他校・他地域からの人事異動という形で可能にする。三点目は，教員の力量形成・人材育成である。「異動は最大の研修」という考え方のもと，多様な環境での勤務を通じて教員の適性発見や能力開発が進むよう，異動が計画されている。これらの要素は各県の教員人事方針等にも記載され，複合的に意識されてきた。

一方で，こうした「教育の論理」に導かれた広域的な均衡の考え方は，「市場の論理」から市区町村単位で教育政策を企画・実施しようとする際に，一種の障壁として意識されてきた。学校の設置・管理上，公立学校の教員は市区町村の職員としての身分を持つにもかかわらず，採用・配置が都道府県レベルで

第4章　教育行政における空間構成とスケール

表 4 - 1　県費負担教職員の異動範囲の変動（過去の調査（川上 2013，川上・小川・植竹・櫻井 2017）と都道府県調査の比較）

異動の地理的範囲	一般教員					
	2004		2013		2020	
県内全域	16	37%	11	27%	20	48%
複数にわたる教育事務所の管轄区域	3	7%	3	7%	7	17%
単一の教育事務所の管轄区域	14	33%	11	27%	6	14%
教育事務所内の数市町村	7	16%	7	17%	1	2%
教育事務所とは別に人事異動のブロックを設定し、その一つ	—	—	1	2%	2	5%
教育事務所とは別に人事異動のブロックを設定し、その複数	—	—	0	0%	0	0%
個々の市町村域を基本的な異動範囲とする	1	2%	5	12%	5	12%
その他	2	5%	3	7%	1	2%
総数	43		41		42	

出所：徳久・本多・川上（2023b）の表 2 - 1 。

行われるため，市区町村の職員としての意識や，政策へのコミットを醸成しにくいという批判である。こうした議論の文脈から，市区町村レベルでの教育改革・学校改革を進める手段として，より狭い範囲（市区町村単位）の教員人事の実現が主張されてきた。

教育人事異動の運用——範囲と調整

　このように広域的な異動・配置をめぐる議論には幅があり，実際にどの程度広域的に教員の異動が実施され，その際に各市区町村教委の意向がどのように調整されているかは地域によって異なり（川上 2013），いわゆる「平成の大合併」による市町村の広域化などの影響を受けたことも示されてきた（本多・川上編著 2022）。これまで筆者が実施した 2 回の調査により，2004年から2013年にかけては「県内全域」を異動範囲とする回答が減り，市町村合併による基礎自治体の広域化などを受けて，「個々の市区町村」や「隣接する複数市区町村」を異動範囲とする回答が増えていた。今次の都道府県調査において，これらの調査と比較可能な形でデータを収集した結果，2013年から2020年にかけて異動範囲は（再度）広域化し，「県内全域」や「複数にわたる教育事務所の管轄区

第Ⅱ部　リスケーリングと教育

表 4-2　県費負担教職員の人事における都道府県—市区町村間の調整（過去の調査（川上 2013, 川上・小川・植竹・櫻井 2017）と都道府県調査の比較）

市町村—県の意向調整	一般教員					
	2004		2013		2020	
市町村教委の意向をそのまま本庁で集約し，異動案を作成	1	2%	7	17%	2	5%
市町村教委の意向を教育事務所が調整し，異動案を作成	22	51%	16	39%	22	52%
市町村教委の意向を本庁が調整し，異動案を作成	8	19%	5	12%	8	19%
市町村教委の意向を教育事務所と本庁がそれぞれ（二段階）調整し，異動案を作成	9	21%	10	24%	9	21%
その他	3	7%	3	7%	1	2%
総数	43		41		42	

出所：徳久・本多・川上（2023b）の表 2-2。

域」を異動範囲とする回答が増えた。県費負担教職員制度の運用は，いったん「狭い異動」へとリスケーリングしたのち，ふたたび広域的なものに変化（回帰）する傾向にあった（表4-1）。

　ただしその一方で，今次の都道府県調査では，個々の市町村域を基本的な異動範囲とする回答も一定程度みられた。基礎自治体の広域化や教育事務所の再編に伴って「広い異動」の地理的範囲は従来以上に広域化していることを考えると，「狭い異動」と「広い異動」が両極端に分布するようになっていることが指摘できる。

　また，教員人事における都道府県—市区町村間の調整では，都道府県教委（本庁）と教育事務所（出先機関）が，個別市区町村教委の意向の調整役として機能している。異動の基本的な範囲と同様に，過去の調査と比較可能な形でデータを収集したところ，教育事務所の調整機能が再度拡充傾向にあることが示された。合併の進展による市区町村の広域化・体制拡充等により，2004年調査から2013年調査にかけては市区町村教委の意向を重視して（調整を行わずに）異動案を作成する傾向がみられたが，2020年調査では2004年調査と同様の傾向に戻っており，教育事務所は市区町村間の意向を調整し，広域的な異動案の作成に関与している様子が示された（表4-2）。

第4章　教育行政における空間構成とスケール

　市区町村調査のデータからも，多くの市区町村にとって人事の意向は都道府県（本庁もしくは教育事務所）が調整を行い，その結果が異動案になるという傾向が示された。市区町村教委の意向がそのまま異動案に反影される（そのまま都道府県教委や教育事務所で集約される）というパターンは規模の大きな市区町村で目立つものの，全体としては2割程度にとどまっていた[1]。規模の大きな市区町村において自治体内や隣接する複数自治体で完結する「狭い異動」を行う場合，自治体間での調整の必要性が薄いのに加え，教育委員会事務局の事務体制が整っているために，自前で諸調整ができ，都道府県の介在を必要としないことが，この背景として挙げられる。一方で，教育事務所単位や県内全域を単位とする「広い異動」が行われている市区町村では，教育事務所や都道府県教委による意向の調整が行われていた[2]。このように教員人事行政の空間は，部分的には個々の市町村域を基本的な異動範囲とするような「狭い」運用傾向が定着する一方で，多くは異動範囲が（再び）広域化し，それに応じて広域調整の動きも（再）活発化する傾向にあった。

制度変更による「最適」追求

　教員人事に関する「狭い異動」への動きとしては，中核市への教員人事権限の委譲をめぐる議論が挙げられる。都道府県教委による教員人事の「全体最適」の枠から離脱し，中核市が独自に人事権を行使することで「部分最適」を達成しようとする動きであり（中核市市長会「義務教育制度に関する要望」2006年11月），これは「市場の論理」のもとで県費負担教職員人事の運用を改めようとした動きといえる。しかし都道府県から教員人事の権限を委譲する動きについては，大阪府豊能地区で実施されたあとは広がっていない。都道府県調査の回答では，中核市への人事権委譲はまったく検討されていない（表4-3）。市区町村調査の回答をみると，人事権を行使したいとする市区町村は2割程度にとどまり，その範囲も限定的であった（図4-1）。委譲を求める権限としては異動や配置が多く，採用や昇進管理，研修の権限については一部にとどまり，

115

第Ⅱ部　リスケーリングと教育

表 4-3　中核市への人事権委譲の検討状況（都道府県調査）

問30　中核市への県費負担教職員の人事権を条例で委譲することを検討されていますか。もっとも当てはまる数字１つに○をつけてください。		
選択肢／度数／構成比（％）		
1　検討中	0	0.0
2　近い将来検討を予定	0	0.0
3　検討の予定はない	30	71.4
4　検討の必要を感じない	3	7.1
5　該当市なし	7	16.7
無回答	2	4.8
計	42	100.0

出所：徳久・本多・川上（2023a）の問30。

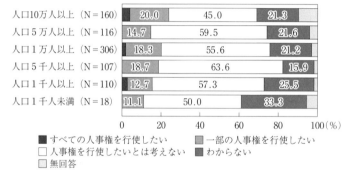

図 4-1　県費負担教職員の人事権委譲に関する意向（市区町村調査）
出所：徳久・本多・川上（2023b）の図 2-12。

給与負担を挙げるものはごく少数であった(3)（徳久・本多・川上 2023b：図 2-13）。

　このように教員人事における部分最適追求の動きが弱まり、「広い異動」が再度増えた背景には、地域間で異なるペースのもと児童・生徒数の変動（減少）が進んだ点が挙げられる。個々の市区町村単位で教員を採用・配置する「狭い異動」のもとであっても、教員の需要増には追加的な採用等で対応ができるものの、少子化による学級減や学校統合で過員が発生するような状況への対応は難しく、その方法は解雇等に限定されてしまう。広域異動による地域間

第4章　教育行政における空間構成とスケール

表4-4　地域限定枠を設けた教員採用の意向（都道府県調査）

地域限定枠を設けた教員採用について	回答数①	比率①	回答数②	比率②
1．行っている	11	26.20%		
2．行っていない	31	73.80%		
2-1．今後，勤務地域限定枠を設けることを検討している			0	0%
2-2．現在，勤務地域限定枠を設ける準備をしている			0	0%
2-3．今後とも設けるつもりはない			21	67.70%
2-4．わからない			9	29.00%
2-5．無回答			1	3.20%
	42	100%	31	100%

出所：徳久・本多・川上（2023a）の問31と問33より筆者作成。

調整は，こうした事態への対応として効果的であり，地域間で少子化のスピードが異なる現状において，必要性が再び高まっていると考えられる。また管轄区域を広域化させつつも，都道府県教委の出先機関として教育事務所が残存してきたことも，そうした広域調整機能の担保につながったといえるだろう。

　なお，教員人事の広域調整とは，全県的な異動の実施によってのみ達成されるわけではない。いわゆる教員採用における「地域限定枠」の運用は，県レベルでの採用事務の中で，特定の地域に限定的に勤務する教員を別枠で確保するという施策であるが，その実情は勤務希望者を得にくい地域（不便地等）の教員確保が目的であり，広域調整の補完と位置づけられる（本多・川上編著 2022）。個別市町村が教員人事の独立を希望するのとは異なり，全県的な異動を貫徹させるべく，不便地等の教員配置を進めるために採用されているもので，今後の拡大は見込まれないものの，一定程度の定着が予想される（表4-4）。正規雇用教員の勤務希望地にも偏りがあり，その補正として教員人事に関する空間の拡大が求められていることを傍証するものといえよう。

第Ⅱ部　リスケーリングと教育

3　教員人事のスケールと政策の「最適」観

学力格差への態度比較

　次に，教員人事行政の空間構成が教育政策の企画・実施にどの程度影響して
いるのかを，学力向上政策を例に検討する。

　教員人事行政に関する空間のスケール（異動範囲）は，学校での学習指導や
学校運営に関する慣習・文化の共有範囲のほか，学校教育にかかる「最適」を
どのように捉えるかにも影響すると考えられる。教員の異動・配置において
「適材適所」が言われるのは常であるが，どの程度の地理的範囲から学校課題
等に応じた「適材」を求めうるかは異動範囲（慣習）の影響を受ける。したが
って市区町村単位で教員の異動・配置が行われる中では，該当市区町村の成果
を最大化する関心が強まると想定される一方で，広域の異動・配置が行われる
環境になるほど，特定の学校や特定の地域の成果のみが最大化されることは良
しとされず，「教育の論理」としてより広域での「底上げ」が志向されると想
定される。

　市区町村調査における学力向上政策に関する回答からは，人口規模の大きい
自治体ほど，全国学力・学習状況調査の結果が自治体の学校教育政策に影響を
与えている，という認識を持ち，全国学力・学習状況調査の実施により自治体
の学力向上政策が変化したと認識する傾向にあった[4]。同様に人口規模の大きい
自治体ほど，全国学力・学習状況調査を契機に学力問題に関する首長の関心，
議会の関心が高まったと回答する傾向にあるほか，テスト結果の分析を自前で
行い，そのための体制づくりを行ったという回答傾向もみられた。このように，
規模の大きな自治体ほど，首長や議会による関心が高く，教育委員会の体制も
充実している傾向にあることから，自ら体制を整え，分析と対応を行おうとい
う傾向が観察できる。

　一方で，そうした政策の成果として「どの範囲での最適化を志向するか」に

第4章　教育行政における空間構成とスケール

表4-5　人事における広域の程度と学力格差への態度（市区町村調査）

教員人事における都道府県教委の調整		都道府県内の市区町村間の学力格差をどう捉えているか					
		あってもよい	ある程度あってもよい	どちらともいえない	あまりない方がよい	ない方がよい	合計
意向をそのまま都道府県教委で集約	回答数	0	2	28	18	15	63
	比率	0.0%	3.2%	44.4%	28.6%	23.8%	100.0%
意向をそのまま教育事務所で集約	回答数	1	14	37	33	24	109
	比率	0.9%	12.8%	33.9%	30.3%	22.0%	100.0%
意向を教育事務所が調整して案作成	回答数	4	42	104	128	85	363
	比率	1.1%	11.6%	28.7%	35.3%	23.4%	100.0%
意向を都道府県教委で調整して案作成	回答数	5	14	49	73	60	201
	比率	2.5%	7.0%	24.4%	36.3%	29.9%	100.0%
合計	回答数	10	72	218	252	184	736
	比率	1.4%	9.8%	29.6%	34.2%	25.0%	100.0%

出所：市区町村調査データ（問22・問30）より筆者作成。

ついては，自治体規模とは異なる傾向がみられた。市区町村調査においては，都道府県内の市区町村間の学力格差をどう捉えるかという設問について，いずれの人口規模区分においても「あってもよい」「ある程度あってもよい」と，格差を許容する回答は非常に少なく，「ない方がよい」「あまりない方がよい」とする回答が大きく上回っていた。[5]

　この傾向を異動に関する広域調整の様子と関連付けて整理すると，広域調整の環境下にある自治体（市区町村の意向を教育事務所や都道府県教委が調整して人事案を作成する自治体）ほど，格差を「ないほうがよい」と回答する傾向がみられた（表4-5）。上記の通り，全体的にも格差を許容しない回答傾向がみられるが，広域調整を伴わない人事異動を行う自治体（市区町村の意向がそのまま都道府県や教育事務所で集約される自治体）では，個別自治体レベルでの「最適」追求の余地がある結果，自治体間の格差を「あまりない方がよい」「ない方がよい」とは言い切れない傾向を示している。一方で広域調整の環境下においては，そうした学力格差を容認しない傾向として，「教育の論理」にもとづく「最適」像が指摘できるのである。

第Ⅱ部　リスケーリングと教育

表4-6　教育事務所による指導・助言の受け止め

異動の地理的範囲		教育事務所は，域内学校ごとの特徴を把握し，適切な指導・助言を行っているか							全体合計
		行っている	ある程度行っている	どちらともいえない	あまり行っていない	行っていない	教育事務所がない	教育事務所がない	
県内全域	回答数 比率	121 46.20%	103 39.30%	26 9.90%	7 2.70%	5 1.90%	262 100.00%	29 —	291
貴自治体を含む教育事務所管轄区域	回答数 比率	109 46.00%	104 43.90%	19 8.00%	4 1.70%	1 0.40%	237 100.00%	0 —	237
人事異動ブロックの管轄区域	回答数 比率	24 36.40%	35 53.00%	7 10.60%	0 0.00%	0 0.00%	66 100.00%	27 —	93
貴自治体と隣接する複数自治体	回答数 比率	10 38.50%	11 42.30%	3 11.50%	2 7.70%	0 0.00%	26 100.00%	4 —	30
貴自治体内	回答数 比率	25 27.50%	39 42.90%	13 14.30%	6 6.60%	8 8.80%	91 100.00%	13 —	104
合計	回答数 比率	289 42.40%	292 42.80%	68 10.00%	19 2.80%	14 2.10%	682 100.00%	73 —	755

出所：市区町村調査データ（問21・問41）より筆者作成。

広域的な指導・助言の受け止め

　また，全国学力・学習状況調査について市区町村が自前で体制を整備して分析・対策を行うのとは別に，学力問題を都道府県レベルの政策課題と受け止めて，都道府県レベルでの「底上げ」を意識した指導・助言が展開されるケースがある。こうした活動を都道府県レベルが直接行う（市区町村教委が設置管理する学校に対して，都道府県教委が指導・助言を行う）場合と，間接的に行う（学校への直接的な指導・助言は市区町村教委が行うことを前提に，都道府県教委はそのための情報提供や方向性の指示を市区町村教委に行う）場合があるが，そうした活動は都道府県教委の出先機関である教育事務所が担当することが多い。

　このような教育事務所による指導・助言をどのように受け止めているかを整理すると，広域調整の環境下にある市区町村ほど，教育事務所による指導・助言を適切なものと評価する傾向がみられた（表4-6）。人口規模との関連性については，小規模自治体・大規模自治体が必ずしも教育事務所による指導・助言に対して高い評価を行っているわけではないという（一貫しない）傾向がある一方で，広域的な異動に埋め込まれている自治体ほど，広域的な指導・助言

を適切と評価し，「教育の論理」を受容する傾向が確認できた。

　以上の整理からは，市区町村の規模が教育政策（学力向上政策）の独自志向・自前志向に影響する様子が見られる一方で，どのようなスケールの教員人事行政の空間に埋め込まれているかが政策の「最適」をめぐる捉え方やその手法の評価にも反映されている様子が示された。市区町村が設置管理する小・中学校を対象とする学力向上政策であっても，必ずしも市区町村単位の「最適」だけが目指されているわけではなく，広域的な調整を伴う教育行政においてはとくに，地域間の格差を極力排除しながら，より広域の「最適」を志向して教育水準の底上げを進めるという「教育の論理」が機能していた。しかしこの傾向は，市区町村レベルが主体性を発揮して「最適」を志向すべき，という「市場の論理」から考えると，都道府県レベルの広域調整に依存し，主体性を欠いた市区町村の姿としても評価できる。

　この市区町村レベルでの「最適」を実現する関心からとられた教員人事政策の1つが，市区町村レベルでのスタッフ雇用であり，2000年代以降に一定程度の定着をみてきた。しかし近年になって教員の雇用環境の変化が顕在化しており，そうした市区町村レベルでの人的資源配分の最適化についても難しい状況を迎えている。続けてこの点を整理する。

4　非正規雇用・周辺的スタッフをめぐるスケーリングとその影響

追加的な教員雇用政策

　2000年代以降，多くの都道府県・市区町村で進められた「少人数指導」「少人数学級」政策は，非正規教員の追加的な採用・配置という形で実装された。これは国レベルでの教員配置ルールの変更を待たずに，かつ比較的安価に都道府県・市区町村レベルでの「最適」を追求できる方法であった。都道府県・政令指定都市レベルで給与負担をしている正規雇用教員（県費負担教職員）の人事権や給与負担を引き受け，学級規模を引き下げるなどした方が自由度は高くな

第Ⅱ部　リスケーリングと教育

るが，当然ながらそのコストは高くなることが見込まれるため，そうした方法はあまり採用されてこなかった。先に検討した通り，今後も人事権委譲を期待する自治体がごく少数にとどまることも，こうした状況を反映している。

　非正規雇用の補助的スタッフを配置する施策は，正規雇用教員の配置とは異なり，各市区町村がそれぞれの「最適」を達成するために実施される。したがって同じ教員人事であっても，正規雇用者の配置に比べて「教育の論理」の影響力は後退する。ただし近年の教員供給構造の変化を通じて判明したのは，こうした市区町村レベルでの最適化追求は，スタッフの獲得が容易な環境でのみ成立しえたという点である。

　市区町村レベル・都道府県レベルで非正規教員を採用・配置するという動向を支えたのは，1990年代中盤以降の教員の雇用情勢であった。

　正規雇用教員については，これまで述べたように都道府県・政令市を単位とする広域採用制度を取りつつ，小・中学校に関しては学級規模の規定から算出される各学校の学級数を介した厳格な定員管理が行われ，定数を超えた雇用は制約されてきた（佐久間・島﨑 2021）。このことは教員採用数が時期ごとに大きく変動することを導いてきた（山﨑 2018）。すなわち，教員の雇用条件は安定している（キャリア終盤まで「勤め上げる」ことができる）ためにキャリア途中での離職が少なく，児童生徒数の増加等の事情で大量採用を行ったあとは新規雇用のニーズはしばらく抑制され，採用の絞り込みが続くことになる。こうした事情を反映することで教員採用動向には長期的に波が生じてきた。

「既卒者プール」の拡大とその活用

　1990年代中盤以降はそうした状況が反映され，直前までの大量採用が落ち着いたあと，正規採用は厳しく絞り込まれた。しかし一方で，この時期は民間の雇用環境も悪かったため，多くの教職志望者は業界外に職を得ようとすることなく，非正規雇用である常勤・非常勤の講師職にとどまりながら正規採用を目指した。結果，教員採用試験は高倍率の状況が続き，教員採用試験合格者に占

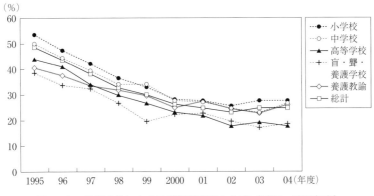

図4-2　採用者数に占める新規学卒者の比率（1995～2004年度）
出所：川上（2022）の図2。

める新卒者の比率も低下を続けることとなり（図4-2），教員志望の新卒者は正規採用までの間に一定期間講師を経験するという初期キャリア像が一般化した。こうして「既卒者プール」とでも称すべき人材プールが生成されるようになり，1990年代後半を通じてその規模は拡大した。

　先に述べたとおり，2000年代になって市区町村・都道府県による追加的な教員の雇用・配置によって少人数学級・少人数指導を実現するような施策が取られたが，ここでの教員雇用は基本的に非正規であり（青木 2013），これらの施策自体が雇用対策の側面を有していた（橋野 2017）。この時期に，決して好条件とは言えない雇用が首尾良く進み，少人数指導や少人数学級の実現を掲げる市区町村が追加的な教員を確保できたのは，それまでに教員採用倍率の高さと社会全般の雇用状況の悪さによって大規模な「既卒者プール」が形成されており，彼らが他職に転じることなく追加的な雇用ニーズに応えていたからと言える。

「既卒者プール」の縮小と枯渇

　しかし2010年代以降になって，この状況が徐々に変化した。すなわち1970年代中盤以降に大量採用された教員が退職期を迎えたことで採用枠が拡大し，さ

第Ⅱ部　リスケーリングと教育

らにその後は特別支援教育が拡大したことで，この傾向が維持された。その結果，先に述べた「既卒者プール」は縮小・枯渇していくことになった。こうした状況が顕在化したのが，近年の教員採用試験における「低倍率」の状況や，年度当初や年度途中における「教員不足」の状況である。先に挙げた市区町村・都道府県による（非正規）教員の追加的雇用についても，その供給源として機能してきた「既卒者プール」が縮小・枯渇する状況においては，従前ほどの人材確保が進まないであろうことも想像に難くない。

　そしてこの変化は，教員人事について市区町村レベルでの「最適」を追求しようとする場合，これまで以上に地域間で教育条件に差が生じやすくなることを示唆している。基幹的な教員人事（県費負担教職員の採用と配置）では，採用後の常勤者に対して給与上のインセンティブを付与したり，正規採用後の異動ルールを設けたりすることで不便地への教員配置を行うなどして，広域的な「最適」配置の実現が意識されてきた。こうした環境下で，市区町村は自らの「最適」を（部分的に）追求する手段として非正規教員の追加的雇用を実施してきたが，これは分厚い「既卒者プール」から教員予備群とでも言うべき人材を安価に選択・選抜できることで成立していた。しかし「既卒者プール」の縮小・枯渇を受けて，市区町村は人材を（決して手厚いとは言えない雇用条件で）「探し出す」ことが求められるようになった。従来のように，さほど好条件が提示できなくても人材が得られるということはなく，とくに不便地・過疎地においては，近隣在住者から有資格者（教員免許保有者）を探すこと自体が困難であるのに加え，便利地・集住地よりも魅力的な雇用条件を示さない限りは人材確保が進まないという状況が生じている。

　このように全国的に進んだ人材不足により，追加的・周辺的なスタッフの確保を介して市区町村が狭い範囲での「最適」を追求する条件は厳しくなっており，従前以上に地域間に教育条件の差を生み出す余地が生まれている。広域的な調整を必要とする考え方（「教育の論理」）からすれば，その重要度はいよいよ高くなっていることが指摘できる。そして同様の状況は，年度当初・年度途

124

第4章　教育行政における空間構成とスケール

中に生じる「教員不足」への対応においても生じている。そもそも県費負担教職員制度のもとでの広域的な採用・配置は，必要とされる教員数が都道府県レベルで確保されていることを前提としている。そのため教員不足への対応は特段想定されておらず，市区町村レベルで対応するケースと都道府県レベルで広域的に対応するケースの双方が観察できるが，やはり後者への依存傾向が指摘できる。次節の検討を通じて，現行の教員人事行政において，狭い範囲での「最適」追求が困難さを増していることを整理する。

5　「教員不足」への対応と今後

「教員不足」への対応

　2000年代以降，市区町村単位でフルタイム教員・パートタイム教員・補助的スタッフを雇用する動きが広がったことを先に述べたが，その傾向は現在も続いている。自治体規模に関係なく，また学習指導に関するものや特別支援に関するものなど幅広い目的で，市区町村レベルの「最適」が追求されている（表4-7）。いっぽう都道府県調査では，そうしたフルタイム・パートタイムの教員や補助的スタッフを採用している域内の市町村教委について，半数程度がその採用人数を把握していないと回答した[6]。市区町村がさまざまな形で人事の「最適」を追求する様子について，必ずしも都道府県レベルではそれを把握すべき対象とは捉えていなかった。

　市区町村による追加的なスタッフ雇用については，このような定着がみられる一方で，現在は基幹的な教員（県費負担教職員）について「教員不足」の発生がたびたび報じられている。都道府県調査では，この「教員不足」の状況に対して，誰がどのような対応を行っているかを調査した。

　先に整理したとおり，多くの市区町村が何らかの形で独自のスタッフの募集・雇用を行っている（リクルーティングの経験を有する）ものの，年度途中での欠員（妊娠出産休暇および育児休業の取得や病気休職の発令のほか，年度途中の退職

125

第Ⅱ部　リスケーリングと教育

表4-7　補助的スタッフを雇用する市区町村の状況

	回答数	自治体独自の少人数学級編成	市区町村費で教員補助員の雇用	市区町村費で教員（フルタイム）の雇用	市区町村費で教員（パートタイム）の雇用
政令指定都市	9 （比率）	7 77.8	4 44.4	3 33.3	4 44.4
23区	11 （比率）	1 9.1	5 45.5	4 36.4	4 36.4
中核市	40 （比率）	9 22.5	34 85.0	14 35.0	21 52.5
施行時特例市	8 （比率）	1 12.5	6 75.0	1 12.5	7 87.5
市	331 （比率）	35 10.6	242 73.1	58 17.5	114 34.4
町	308 （比率）	34 11.0	223 72.4	67 21.8	84 27.3
村	70 （比率）	7 10.0	41 58.6	26 37.1	24 34.3
総数	778 （比率）	94 12.1	556 71.5	173 22.2	258 33.2

出所：徳久・本多・川上（2023b）の表2-3。

者が発生した場合）への対応については，都道府県教委（本庁）と教育事務所が主たる役割を果たし，代替教員名簿の登録者を募集し，その管理を行っていた（表4-8）。名簿掲載者から適任が得られなかった場合の募集も同様で，この段階になると教育事務所が適任者の募集にあたるケースが多くみられた。具体的には妊娠出産休暇，育児休業，介護休暇，病気休職，年度途中の退職者といったいずれの事由に対しても，都道府県調査の回答件数42件のうち，都道府県教委（本庁）が対応するという回答は5～7件，教育事務所が対応するという回答は24件であった。

　市区町村調査をみても，単独でこれらの状況に対応しているという回答は限定的であった。回答自治体の規模別で整理したところ，年度当初に実施する人材補充（臨時的任用）に関する名簿管理や具体的な人選と就任依頼，さらには

第4章　教育行政における空間構成とスケール

表4-8　年度途中の欠員に対応する都道府県・市区町村の動き（都道府県調査）

問16　妊娠出産休暇及び育児休業の取得や病気休職の発令のほか，年度途中の退職者が発生
した場合に対応する，代替教員の募集はどの機関が担当されるでしょうか。⑴代替教員名
簿の登載者を募集する場合についてご回答ください。

		選択肢／度数／構成比（%）	
㈦名簿登録者の募集	貴教委（本庁）	20	47.6
	教育事務所	17	40.5
	市区町村教委	4	9.5
	各学校	1	2.4
	計	42	100.0
㈧名簿管理	貴教委（本庁）	18	42.9
	教育事務所	21	50.0
	市区町村教委	3	7.1
	各学校	0	0.0
	計	42	100.0

出所：徳久・本多・川上（2023a）の問16。

年度途中の欠員補充における名簿登録者の募集のいずれにおいても，規模の大きな自治体ほど「自前」での対応を行う傾向がみられた。逆に小規模自治体ほど「自前」での教員確保は行われず，都道府県教委（本庁）や教育事務所による広域的な対応に依存する傾向がみられた。[7]市区町村規模と，その地理的環境（便利地か不便地か）の対応関係を考慮すると，小規模で事務能力の集積が難しく，周辺地に設置される自治体ほど，教員確保について困難に直面するものの，これを自前で解決するには難しい状況に追い込まれていることが読み取れる。

　各都道府県が県費負担教職員を雇用・配置するにあたって，年度途中の欠員発生は想定されておらず，定数・定員に対する余裕（余剰）人員も一般的には準備されない。そのため年度途中に発生した欠員への対応として学校間・地域間の異動を実施することは現実的でなく，欠員が発生した学校に勤務する者を追加的に（非正規雇用者として）募集・採用することで補充が行われる。この場合は該当の学校に勤務できる者を探す必要があるため，都道府県による広域調整には依存せず，各市区町村が追加的なスタッフを雇用するのと同様の方法で

127

第Ⅱ部　リスケーリングと教育

対応を進めることにも合理性がある。

　しかし，不便地における教員確保が困難であることは正規雇用教員についても同様であり，そもそも広域人事として県内全域での勤務を前提に採用・配置を行うのも，そうした地理的な偏りへの対応が意図されていた。したがって不便地において非正規雇用の教員を募集することが困難であることも想像に難くなく，都道府県調査・市区町村調査から明らかになったのは，市区町村教委単位での「最適」追求が難しくなっている（より正確には，「最適」追求が可能な市区町村とそうでない市区町村が生じている）という実態であった。

　採用構造の長期的な変化の中で生じている「教員不足」は，市区町村レベルでの「狭い」教員人事を難しくしてしまっており，これまで以上に広域調整の必要性が高まっているという評価ができるのである。

地方教育行政のリスケーリング

　以上のような整理からは，地方教育行政の空間について，次のようなリスケーリングの傾向が指摘できる。まず，市町村合併等を経て基礎自治体の規模が拡大し，教育行政に関しても部分最適を追求する余地ができたことで，いったんは教員人事や教育政策に関して市区町村は「市場の論理」を実装すべく「自前」を志向する動きがみられた。しかしその後は，少子化の進展により広域調整の必要性が拡大したほか，教員供給構造の変化による「既卒者プール」の縮小・枯渇を受けて市区町村レベルでの「最適」志向を維持するには難しい状況が生じ，ふたたび「教育の論理」として小規模自治体を中心に，広域での最適・均衡を志向するリスケーリングの傾向が観察されつつある。

　本章で検討した教員人事の空間構成とスケールは，教育政策に関するリソースの配分と関わっており，学力向上政策を例とする検討からは，政策の最適をどの範囲・どの論理で捉えるかについて，教員人事の空間構成との相関がみられた。本章の都道府県調査・市区町村調査は，法制度上の分析だけでは難しい，実態把握を可能にするものであった。

128

第4章　教育行政における空間構成とスケール

表4-9　人口規模別に見た小中学校適正配置の検討動向（市区町村調査）

人口規模		小・中学校の適正規模・適正配置の見直しを検討する予定の有無					
		ある	現在，行っている	ない	わからない	無回答	合計
人口10万人以上	回答数 比率	37 23.1%	67 41.9%	28 17.5%	26 16.3%	2 1.3%	160 100.0%
人口5万人以上	回答数 比率	30 25.9%	45 38.8%	21 18.1%	19 16.4%	1 0.9%	116 100.0%
人口1万人以上	回答数 比率	85 27.8%	90 29.4%	77 25.2%	50 16.3%	4 1.3%	306 100.0%
人口5千人以上	回答数 比率	17 15.9%	21 19.6%	50 46.7%	15 14.0%	4 3.7%	107 100.0%
人口1千人以上	回答数 比率	12 10.9%	24 21.8%	58 52.7%	16 14.5%	0 0.0%	110 100.0%
人口1千人未満	回答数 比率	3 16.7%	1 5.6%	12 66.7%	1 5.6%	1 5.6%	18 100.0%

出所：市区町村調査データ（問58）より筆者作成。

　今後も少子化と人口減少が続く中で，地方教育行政のリスケーリングはどのような形で展開するだろうか。市区町村調査の結果では，既に小規模市区町村において，学校統合が「打ち止め」されつつある傾向がみられる（表4-9）。一定の学校規模を維持することが難しくなった地域では，「適正規模」を優先して広域・長時間の通学圏を設定するか，「適正配置」を優先して小規模学校の運営を行うかが一種のトレードオフになる。とくに小規模自治体で「適正規模」を優先しようとする場合，自治体間連携で学校を設置するなどの方略が考えられるが，学校の設置管理に関する教育行政のリスケーリングがどの程度可能かは不透明である。かつては教育委員会の共同設置など，小規模自治体の連携による広域的な教育行政の事例があったが（高木 1995），こうした方法は市町村合併によって衰退している。いずれにせよ，地方教育行政のうち学校の設置・運営単位などのリスケーリングは，制度上の準備や調整を考えると，検討・実施に長いプロセスが必要と考えられる。

129

第Ⅱ部　リスケーリングと教育

　一方で，本章の検討によれば，学力政策のような個別の政策実施に関する「最適」観は，法制度上の変更を伴わずとも，教育行政におけるリソース配分の運用・慣習の変更（リスケーリング）を介した変容の余地を残している。たとえば教員の異動範囲は，それに対応する形で教育実践に関する慣習や文化を形成していたが，本章ではその空間構成が変容する様子も示された。したがって，環境による制約の下ではあるが，今後も政治の判断を介して「教育の論理」と「市場の論理」のバランスが変わる余地は残されている。ただし，市区町村レベルにおけるリソースの制約と相まって「教育の論理」が根強く支持されてきたことを考えれば，その変化には相当の葛藤が伴うことも想定されよう。

　そしてあと一点，少子化が維持されるなかで教員の需給環境が変化した場合，教育行政のスケールにはどのような影響が及ぶのかも興味深い。ここしばらくは，特別支援教育に関するニーズの高止まりから教員需要が維持されてきたが，並行して少子化も進んでいるため，今後は教員の需要が下がり始めることも予測される。教員の離職率が現状同様に低水準で維持されるなどの条件はあるが，教員需要の低下によって教員不足が解消されると，広域調整の必要性を高めてきたものとは異なる状況がもたらされることも考えられる。これらも今後の観察課題といえよう。

注
(1)　徳久・本多・川上（2023b）図2-7参照。
(2)　徳久・本多・川上（2023b）図2-8参照。
(3)　徳久・本多・川上（2023b）図2-13参照。
(4)　徳久・本多・川上（2024）図3-4参照。
(5)　徳久・本多・川上（2024）図3-5参照。
(6)　徳久・本多・川上（2023a）問50・51・52参照。
(7)　徳久・本多・川上（2023b）表2-14，表2-15，表2-16，表2-17，表2-18参照。

参考文献

青木栄一（2013）『地方分権と教育行政――少人数学級編制の政策過程』勁草書房。

青木栄一（2016）「教育分野の融合型政府間財政関係」『学校のポリティクス』（岩波講座　教育　変革への展望6）岩波書店。

苅谷剛彦（2009）『教育と平等――大衆教育社会はいかに生成したか』中公新書。

川上泰彦・橋野晶寛（2006）「教育政策の導入過程におけるアクター間関係と制度――構造改革特区を題材に」日本教育社会学会『教育社会学研究』78巻。

川上泰彦（2013）『公立学校の教員人事システム』学術出版会。

川上泰彦・小川正人・植竹丘・櫻井直樹（2017）「市町村合併による県費負担教職員人事行政の変容」『国立教育政策研究所紀要』第146集。

川上泰彦（2022）「教員供給構造の変化――「令和の日本型学校教育」を支えることはできるのか」日本教育制度学会『教育制度学研究』第29号。

佐久間亜紀・島﨑直人（2021）「公立小中学校における教職員未配置の実態とその要因に関する実証的研究―― X県の事例分析から」日本教育学会『教育学研究』第88巻4号。

志水宏吉・高田一宏（2012）『学力政策の比較社会学　国内編――全国学力テストは都道府県に何をもたらしたか』明石書店。

高木英明（1995）『地方教育行政の民主性・効率性に関する総合的研究』多賀出版。

徳久恭子・本多正人・川上泰彦（2023a）「教育行政における政府間の相互補完性――都道府県教育委員会基礎調査にみる標準化のしくみ」『立命館法学』408号。

徳久恭子・本多正人・川上泰彦（2023b）「地方教育行政システムの再評価(1)――分権改革以降の地方教育行政管理の実像」『立命館法学』410号。

徳久恭子・本多正人・川上泰彦（2024）「地方教育行政システムの再評価（2・完）――分権改革以降の地方教育行政管理の実像」『立命館法学』413号。

橋野晶寛（2017）『現代の教育費をめぐる政治と政策』大学教育出版。

本多正人・川上泰彦編著（2022）『地方教育行政とその空間――分権改革期における教育事務所と教員人事行政の再編』学事出版。

村上祐介・橋野晶寛（2020）『教育政策・行政の考え方』有斐閣ストゥディア。

山崎博敏（2018）「戦後における教員需要の変化と国立教員養成学部の対応」広島大学大学院教育学研究科教育学教室『教育科学』第31号。

第5章

教員人事の再編は進んだのか？
——地方分権後の自治体の対応——

砂 原 庸 介

1 地方分権と教育の再編成

　教育の提供，とりわけ義務教育の提供は，どのような規模の集団を単位として行われることが望ましいのだろうか。国民に対して標準的な教育を提供することを志向してきた戦後の日本では，そのための機能を分節化し，複数の主体がそれらを分担してきた。つまり，教育内容については文部（科学）省が学習指導要領の策定や教科書の検定を行い，教員の給与負担と任命については主に都道府県の教育委員会が担い，教科書の採択や学校施設の整備については市町村の教育委員会が中心となり，国民に対する教育が提供されてきた（第3章）。

　複数の主体が適切に役割分担を行うことが可能であれば，効率的に，望ましい形で教育を提供することができるかもしれない。しかし，問題点としてしばしば指摘されてきたことは，標準的な教育が提供される一方で，責任の所在が不明確になるという点であった。たとえば，学校を管理する市町村長が，住民の要望を受けて教育分野で独自の事業を実施しようとしても，教員に対する人事権を十分に行使できずに断念する，ということが考えられる。あるいは，教員が起こした不祥事について，市町村長が調査しようとしても，教員は都道府県に雇用されていて調査が及ばない，といったようなこともある。標準的な教育の提供を志向する「教育の論理」からはみ出るものへの対応は必ずしも十分ではなかったのである。

第Ⅱ部　リスケーリングと教育

　2000年代以降の地方分権改革は，このような役割分担と，その背後にある
「教育の論理」を見直す１つの契機となりえた。住民の意思を教育政策に反映
させようとする政治家，とくに知事や市町村長が，自分たちの責任で教育政策
を変更できるように役割分担の再考を求めようとするからである。社会の変化
に応じて求められる人材を供給するための教育を提供することを重視するので
ある。さらに，市町村合併によって基礎自治体の領域が広がるとともに，農村
部を中心に人口減少によって生徒数が減少していくような社会経済環境の変化
は，教育の提供をめぐる役割分担の変化を求める圧力となる。基礎自治体であ
る市町村の能力が向上して独自の事業を行う可能性が広がり，とりわけ過疎地
域においては学校統廃合が基礎自治体によって政治的に解決するべきイシュー
として出現してくるからである。端的に言えば，学校を運営する基礎自治体が，
「市場の論理」に応えるために，より多くの役割を果たすかたちで役割分担が
再編成されることが求められる傾向があった。

　本章では，地方分権改革後のこのような再編成への要求と，それに対する応
答がどのようになされているかについて，都道府県・市町村の教育委員会に対
するアンケート調査を用いて分析する。従来の研究で主に焦点が当てられてき
たのは，地方分権改革を経た地方政治の側の反応であった。選挙で選ばれた市
町村長や地方議会が，教育というイシューにおいて従来の役割分担の境界線を
越えるかたちで影響力を行使しようとしたことが指摘されている（青木 2013；
阿内 2021）。先行研究では，「市場の論理」に応じてより大きな自律性を求める
地方自治体の姿が描き出されてきたが，そのような分析の多くは事例研究を行
うものだった。そのために，新たな状況に率先して対応し始めた，いわば特殊
な地方自治体の分析であったかもしれない。それに対して本章では，全国の都
道府県と市町村に対するアンケート調査の結果を用いることで，個々の自治体
ではなく，全国的な傾向を描き出す。地方分権改革後の「市場の論理」の強化
に対して，日本の地方自治体はどのように反応しているのだろうか。

134

2 集権と分権にゆれる教育

福祉国家化と教育

日本の地方自治体における教育の提供について，複数の主体が複雑な役割分担を行うようになったことは，第2次世界大戦以降の福祉国家化と強く関連している（市川 2012）。全国的に一律の教育を国民に対して提供するために，国が教育内容や財源に強く関与してきたのである。明治国家でも，義務教育は全国的に実施されてきたものの，当初は極めて分権的な性格が強いものだった。つまり，地方自治体はそれぞれの負担で義務教育を提供することが求められていたのである。とくに，農村部においては税源が乏しく，義務教育を実施するために，都市部と比べて極めて高い税率を設定せざるを得なかった（持田 1993）。そのような農村部の財政窮乏への対応として，市町村が負担する教員給与の一部を国庫負担する制度が創設されたが，それだけでは市町村間の教育費の格差を解消することができなかった。そこで，1940年に義務教育費国庫負担金制度が導入され，教育支出として最も大きな割合を占める教員給与を府県の負担とし，その半額を国庫負担とすることになった。

教員給与の負担は都道府県に割り当てられたものの，必ずしも教員の人事権が初めから都道府県にあったわけではない。占領下でのアメリカの教育使節団報告書では，市町村教育委員会に教員の人事権を与えるべきであるとされており，文部省をはじめとした日本側の反対にもかかわらず，その提案をもとに教育委員会法が策定された（植竹 2022：228）。この法律と，1949年に成立した教育公務員特例法を通じて，市町村立学校の教職員の任命権は，市町村教育委員会が持つこととされていた。つまり，現状とは異なり，都道府県教育委員会が教員の給与を負担しつつ，基本的には市町村が教員の人事権を持つことが想定されていたのである。

しかし，市町村が持つ教員の人事権は，1956年の地教行法の制定で，都道府

県教育委員会へと移ることになる。その理由としては，給与負担者と任命権者を一致させること，そして市町村教育委員会が人事権を持つと条件が不利な農村地域などで教員の確保が困難になることが挙げられていた（植竹 2022：229）。このような変更は，地方分権的な教育委員会法から中央集権的な地教行法への移行として評価されることが多かったが（神田・土屋 1984；土屋 2017），近年の実証研究では，1950年代の教員志願者の増加に対して採用可能な数が限られており，移行以前からすでに給与負担者である都道府県教育委員会が中心となって採用を行っていたことが指摘されている（前田 2023）。ただし，都道府県教育委員会が中心として人事権を行使することは，教員が都道府県を単位として異動することを意味しない。都道府県の教育委員会が中心となって人事異動を行う自治体から，市町村の教育委員会が中心となって教員人事を運営する自治体までのバリエーションが存在し，その中間として，出先機関である教育事務所の範囲など，都道府県内により小さなブロックを作り，その中で人事異動を行う慣行を持つ都道府県も存在する（川上 2013）。

　複数の主体によって役割分担を行う体制が安定してからは，文部（科学）省によって教育現場に至る強い統制が行われていることが指摘されることが多い。典型的には，教育の提供を担う教育委員会が，制度的には政治からの独立性を保持するとされているものの，文部（科学）省がその事務局と緊密な関係を築くことで，独立性が骨抜きにされて集権的，画一的な教育行政制度になっていることが批判される（新藤 2013）。文部（科学）省と教育委員会事務局の関係だけでなく，地教行法のような教員人事に関わる制度と自治体に平等性を確保する義務教育費国庫負担金制度，さらには教育の中立性を旨とする教育委員会制度などの役割分担を定める一連の制度が相まって，[1]安定的な教育システムが生み出されてきたとする指摘も重要である（徳久 2008）。

地方分権改革による変化

　2000年代以降の地方分権改革は，このような安定的な状況を変化させること

第5章　教員人事の再編は進んだのか？

になった。改革以前から，知事や市町村長，そして教育委員会は，公立学校整備のような自治体の教育に関する意思決定をある程度自律的に行うことが指摘されてきたが（リード 1986；青木 2004），分権改革によって地方自治体の総合行政化が進展する中で，政治的な地位を強化した知事や市町村長，そして地方議会にとって，多くの住民が関心を持つ教育政策はその意義を増すことになると考えられる（金井 2007；村上 2011）。さらに，2000年代以降の教育委員会に関する制度改革は，従来から指摘される文部科学省の影響力だけでなく，首長部門の影響力を強める可能性がある（大畠 2015）。

　首長が乗り出す地方自治体レベルでの政策選択として，とりわけ注目されてきたもののひとつは，教育の質の向上を目指して行われる少人数学級の編制や教員の拡充である。分権改革によって政策選択の自由度が拡大し，かかる費用に比べて期待されるインパクトが大きいと考えられる少人数学級編制は，首長が政治的支持を調達する手段としても利用されるようになった（青木 2013）。もちろん，この問題に政治的な関心を持つのは知事や市町村長だけでなく，場合によっては地方議会も参入して影響力を行使することが指摘されている（阿内 2021）。

　さらに，2010年代以降に顕著に指摘されるようになった人口減少は，地方自治体の教育についての意思決定についても影響をもたらしている。農村部の多くの自治体は「消滅可能性自治体」と名指され（増田 2014），数十年後に十分な公共サービスを提供し続けることができるかについて疑問が呈された。当然ながら，人口減少の重要な原因のひとつは少子化であり，「消滅可能性自治体」では教育の実施の対象である子どもが大きく減少することが予測される。しばしば注目される問題は学校統廃合であり，適正規模の維持という観点からそれが政策的に助長されることが批判される（山下 2018；村上 2020）。他方で，一定数の子どもを確保できるように複数の自治体が共同で教育を実施する試みについては十分に検討されていない。共同実施の取り組みが多いのは，給食センターや視聴覚ライブラリー・教職員研修といった周辺的な分野であり（牧瀬

第Ⅱ部　リスケーリングと教育

2017），小規模自治体において共同で小中学校が設置されることはあるが，中核的な教育事務を共同化するには他分野での事務の共同実施の経験や地域での課題認識の共有などが必要であることが指摘されている（牧瀬 2016）。他の分野においても連携が困難であるのと同様に（砂原 2022），政府が推奨しても自治体間連携が進むわけではないのである。

3　役割分担変更の可能性

「市場の論理」と自治体

　本書の第Ⅰ部でも議論してきたように，地方分権改革が進展する中で，自治体レベルの教育政策は，比較的容易に政治的支持を動員することができる手段として位置づけられるようになっている。先行研究が指摘してきたような少人数学級編成（青木 2013；阿内 2021）だけでなく，保守的なイデオロギーとも結びついた教科書選択（金井 2016）や，都道府県レベルでの高校授業料無償化や市町村レベルでの給食費無償化など，争点は広がっている。日本の地方制度では，地方分権改革以前から，いわゆる上乗せ・横出しというかたちで，自治体にそれを賄う資源さえあれば，国の定めた基準を超えて住民に対してサービスを提供することが可能であったが，分権改革を経てその範囲は広がっていると考えられる。

　そのような地方制度を前提とすれば，資源を持つ地方自治体は，それを求める「市場の論理」に応えるかたちで，教育に関わる多くの役割を自ら担うことを志向すると考えられる。典型的な例は，政令指定都市に対する教員人事の分権化であろう。都道府県が教員給与を負担する一方で，政令指定都市では，地教行法のもとで教員の任免や給与決定などを行ってきたことに加えて，独自の採用試験を行う自治体があるなど，他の基礎自治体と比べて教員人事に関与する程度が大きかった（田中 2007）。変則的な役割分担を解消するために，政令指定都市側からは給与負担についても都道府県からの権限移譲を行うことが要

望されてきた。2013年には給与負担の移譲が合意され，2014年には地方分権一括法（第4次）で，県費負担教職員の給与負担・定数決定・学級編制基準の決定に関する権限とともに，財源の一部が政令指定都市に移譲された[3]。そして，政令指定都市への権限移譲が実現した後，とくに都市的な地域の地方自治体から，中核市への同様の移譲を行うことについて要望が出されている。

　他方で，資源を持たない自治体にとっては，教育に関わる役割を拡大することは難しい。それぞれの自治体でサービスの費用を十分に負担することができない可能性があるからである。周辺の資源を持つ自治体との格差が明らかになると，住民からも不満が表明されることが予想される。とりわけ，離島や中山間地のように条件が不利な地域では懸念が大きくなると考えられる。そのような問題を回避するためには，教育に関する役割が，都道府県単位などより広い範囲で担われ，「教育の論理」を維持し続けることが望ましいだろう。実際，上述の中核市への移譲については，都道府県や町村の代表から，教育水準の確保という観点から反対意見が提出されている。

　それでは単純に資源の多い地方自治体であれば，教育における役割を拡大させることを望むことになるのだろうか。もしその通りであるとすれば，自治体間の連携・協力関係を構築することは難しい。資源を多く持つ自治体が自前でより魅力的なサービスを提供し，サービスを受ける住民やそこで働く教員を集めることができて，資源を持たない自治体ではそれができないとすると，これまで懸念されてきたように格差が広がることが予想されるだろう。それに対して，資源を持っていてもすでに他の自治体と一定の関係を築いている場合には，より多くの権限の配分を望まないかもしれない。また，すでに都道府県よりも狭い範囲で教員人事が行われていれば，それが仮に市町村の範囲よりも広かったとしても，十分であるとして現状を受け入れることができるかもしれない。

どのような自治体が役割の拡大を望むのか

　以上のような議論から，基礎自治体が教育における役割を現状よりも拡大さ

第Ⅱ部　リスケーリングと教育

せようとするかどうかについて，いくつかの仮説を設定することができる。まずは，自治体が持つ資源が多いほど，より役割の拡大を望むということが基本的な仮説となる。人口が多いとか財政的に豊かであるというような，一般的な資源の大きさが問題になる。それに加えて，自治体がその類型ごとに制度的に与えられている資源の大きさを考えることも重要だろう。すでに確認したように，政令指定都市は教員についての強い権限を持つ。政令指定都市だけでなく，中核市も関連する権限を持ち，教員人事の権限の受け皿になることが期待されている。

　次に，地方分権改革以降の地方自治体の教育についての意思決定を見ると，首長の関与が重要であると考えられる。青木栄一が示すように，首長が政治的支持を調達する手段として教育政策を活用しようとする傾向を持つからである（青木 2013）。市町村が従来よりも教育についての役割を拡張しようとするならば，都道府県や周辺自治体などとの調整が必要になるが，それを乗り越えて実現を目指すには首長の意思が欠かせない。そのため，教育政策に対して首長の意向が重要であることは，教育における自治体の役割を拡張するための重要な条件になりうると考えられる。

　さらに，基礎自治体が現状より多くの権限を望まないような要因として，すでに都道府県域よりも狭い範囲での人事異動が実現していることが考えられる。とくに，都道府県の出先機関である教育事務所が一定の能力を持っていれば，それに対応して人事異動をめぐる制度が形成されていることが示唆されている（川上 2013）。そのような制度が形成されているとすれば，現状維持を変化させることに対して，基礎自治体が消極的になる可能性がある。また，一部の基礎自治体は，周辺の自治体と広域連合や一部事務組合などを設立し，共同で教育事業を実施している。このような自治体は役割を拡大することを望まないと考えられるだろう。

　もちろん，条件が不利な地域にある基礎自治体も，自分たちの役割を拡大させるよりも広域的な教育の実施を望むと考えられる。具体的には，市よりも小

さい町村であるとか，離島を抱える地方自治体がそれにあたる。中核市などで
あっても離島を抱える自治体はあるが，そのような場合には離島を持たない同
じ規模の自治体と比べて，役割の拡大を求める可能性は低くなることが予想さ
れる。

4　データと分析手法

　本章の分析で用いるデータは，本研究プロジェクトで得た市区町村教育委員
会に対する調査にもとづくものである。調査に対して，817の自治体から回答
が得られているが，すでに県費負担教職員の人事権を有している政令指定都市
については本章の分析から除外した。調査で取得したデータに，2020年の国勢
調査や地方財政統計年報，学校基本調査から得られたデータを統合して仮説を
検証する。

　主要な目的変数は，2つある。1つは，基礎自治体がすでに自分たちの予算
で教員の採用を行っているかどうかであり（独自採用），もう1つは基礎自治体
が今後教員への人事権を行使したいと考えるかどうかである（権限移譲）。前者
について，調査では，「貴自治体が独自に取り組んでいる事業はどのようなも
のですか。下の選択肢から当てはまるものすべてに○をつけてください。」と
いう設問を用意しており，自治体がそれに対して，「市区町村費で教員（フル
タイム）の雇用」という回答を行ったかどうかの二値変数を用いる。次に，今
後の人事権については，「貴自治体単独で，県費負担教職員の人事権を行使し
たいと考えますか」という項目があり，「全ての人事権を行使したい」（1.7%），
「一部の人事権を行使したい」（18.1%），「人事権を行使したいとは考えない」
（57.8%），「わからない」（22.4%）という回答が得られている。このうち，「全
ての人事権を行使したい」あるいは「一部の人事権を行使したい」と回答した
自治体を1，そうでない自治体を0とした二値変数を用いる。

　自治体の資源に関する独立変数として，人口（対数値）と財政力の強さを示

第Ⅱ部　リスケーリングと教育

す財政力指数を設定する。これらは，国勢調査・地方財政統計年報のそれぞれ2020年のデータにもとづくものである。一般的に資源を多く持つ自治体，あるいは教育に関して多くの資源を有する自治体は，教員人事権を行使したいと考えると予測される。さらに，中核市・それ以外の市・町村という自治体の類型の効果についても検討する。すでに触れたように政令指定都市と同様の権限移譲についての要望が出されていることからも，中核市については権限移譲を求める傾向が強いことが予想される。他方，町村については中核市への移譲に反対しているように，広域での教員人事を好むと考えられる。そのために人事権の行使については消極的であると予想される。

　首長の意向については，「貴自治体で取り組んでいる教育政策について影響を与えているものは何ですか。（複数回答）」という質問に対して，「首長の意向」を含む回答をした自治体を1，そうでない自治体を0とした二値変数を設定する。また，周辺の自治体との共同事業を行っている自治体については，「教育に関する事務の共同処理を行っていますか」という質問に対して「行っている」と答えた自治体を1，そうでない自治体を0とする二値変数を設定した。離島を抱える自治体かどうかについては，離島振興法・奄美群島振興開発特別措置法・小笠原諸島振興開発特別措置法・沖縄振興特別措置法で指定された島嶼を含むかどうかによって判断し，離島を抱える自治体を1，そうでない自治体を0とする二値変数を設定した。

　扱いが難しいのが人事異動の範囲に関する変数である。今回の調査では，人事異動の範囲について，「貴自治体内における教員の基本的な人事異動の範囲はどのようなものですか」という質問を設定し，それに対して「県内全域」（38.7%），「貴自治体を含む教育事務所管轄区域」（30.3%），「人事異動ブロックの管轄区域」（13.1%），「貴自治体と隣接する複数自治体」（3.9%），「貴自治体内」（13.9%）との回答を得ている。このような人事異動のパターンは，基礎自治体の側から見たものであるが，都道府県という単位で見てもある程度共通するものがあると考えられる。つまり，県内全域の異動がある都道府県の場合は，

第5章 教員人事の再編は進んだのか？

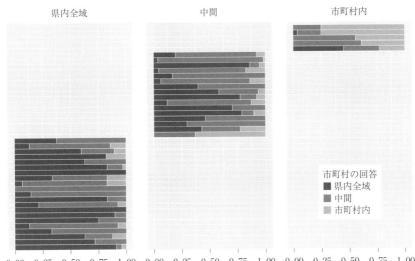

図5-1 人事異動の範囲に関する都道府県の回答と市町村の回答

多くの自治体が同様に県内全域で異動を行っているだろうし，基礎自治体の中での異動を行わせているような都道府県では，多くの基礎自治体がそのような方法を取っているだろう。

　この点について今回の調査では，都道府県に対しても，もっとも当てはまる人事異動の範囲について尋ねている。それによれば，回答のあった42の都道府県のうち半数の21で都道府県全域を人事異動の範囲と考えており，個々の市町村域を基本的な異動範囲とするのは5つの都道府県であった。残りの16の都道府県は，教育事務所の管轄区域など，中間的な回答となっている。政令指定都市を除く市町村の異動範囲についての回答を，県内全域・中間・市町村に分けたうえで，都道府県の回答と重ねたのが次の図5-1である。この図で示している通り，たとえば都道府県の教育委員会が「県内全域」で異動が行われると答えていても，基礎自治体のすべてが同じく「県内全域」と答えているわけではないが，それぞれの回答には一定の相関を見て取ることができる。

143

第Ⅱ部　リスケーリングと教育

　ここまでに説明した独立変数を用いて，基礎自治体がすでに自分たちの予算
で教員の雇用を行っているかどうか，そして基礎自治体が今後教員への人事権
を行使したいと考えるかどうかを検討する。目的変数が二値変数であるために，
用いるのはロジスティック回帰分析である。さらに，上述のような人事異動の
範囲についての回答の性質を踏まえて，都道府県による人事異動の範囲の回答
を独立変数としたマルチレベル分析を追加する。調査に対して無回答の都道府
県が存在するために，当該都道府県に所属する市町村のデータを分析に使用で
きなくなるが，変数の特性によってもたらされる可能性がある効果を検討する
ことで，頑健性を確認する。

5　分析結果

異動範囲に市町村の回答を用いた分析

　分析結果は，表5-1に示されている。目的変数を独自採用と権限移譲への
希望として，通常のロジスティック回帰分析と，都道府県による人事異動の範
囲についての回答を都道府県レベルの変数としたマルチレベル分析をそれぞれ
行った。

　目的変数を独自採用の経験としたモデルでは，いくつかの変数の効果がみら
れている。まず，財政力指数が有意な効果を示しており，予想されるように，
財政が豊かな基礎自治体においてフルタイムの教員の雇用が可能になっている。
次に，中核市ダミーについても有意な正の効果がみられている。この結果は，
人口や財政の状況が変わらないとして，一般の市よりも中核市で独自採用が進
められていることを示している。さらに，首長の意向についても有意な正の効
果が示されている。教育の水準を向上させることが首長にとっても重要な関心
となっている中で，首長の意向が重視される自治体で独自採用が行われている
傾向があることを意味する。これらの結果は，より多くの資源を持ち，それを
活用しようとする首長がいる自治体において積極的に独自の教員採用が行われ

第5章 教員人事の再編は進んだのか？

ていることを示している。

　他方で負の効果を示しているのは異動範囲に関する変数である。これらの係数は，県内全域の異動を基準とした効果を示すものであり，県内全域と比べて教育事務所の管轄など中間的な範囲で異動が行われるところで独自採用が行われていないことを示している。有意な効果ではないが，市町村内が人事異動の範囲となっているところでも，独自採用は行われていない傾向にある。反対に言えば，県内全域で異動が行われている場合には独自採用が行われやすいことを意味している。より具体的に考えると，基礎自治体としての裁量が小さくなったり，自治体間での調整ができずに教員を確保するのが難しくなったりするような場合に，いわばバッファーのようなかたちで独自採用が行われていると推測できる。なお，都道府県側が理解する人事異動の範囲を独立変数としたときにおいても，同じような負の効果を観察することはできるが，その効果は小さく有意なものではなかった。

　次に権限移譲を望むことを目的変数としたモデルでは，有意な効果を持つ独立変数がほとんど見られなかった。推定された係数を見ると，人口や財政力，首長の意向については正，共同事業や離島ダミーについては負，といったように，その方向性は仮説と共通しているものの，効果は非常に小さいものとなっている。興味深いことに，権限移譲の受け皿として期待されている中核市を一般市と比べても，有意な効果は観察されない。実際に実施している独自採用と比べて，権限移譲を望むかどうかはあくまでも意思の問題であり，十分に能力を持たず，そのために実際には権限移譲を受けることが難しい自治体であっても，それを希望していることが背景にあると推測できる。すでに実施されている独自採用との比較を踏まえると，逆説的ではあるが，実際に遂行できる能力を超えて教育を重視する自治体があることが示唆される結果と言えるだろう。

　その中で1つ弱いながらも有意な効果を示しているのが，都道府県から見た人事異動の範囲である。都道府県が，県内全域で異動があると理解している場合よりも，中間的な範囲での異動や（こちらは有意ではないが）市町村内での異

145

第Ⅱ部　リスケーリングと教育

表5-1　サンプル全体による分析

	独自採用		権限移譲	
	ロジット	マルチレベル	ロジット	マルチレベル
人口（対数）	-0.178	-0.141	0.053	0.138
	(0.133)	(0.164)	(0.141)	(0.152)
財政力指数	1.454***	2.044***	0.278	0.033
	(0.413)	(0.521)	(0.445)	(0.491)
中核市	0.872*	1.037*	0.548	0.348
	(0.423)	(0.491)	(0.436)	(0.472)
町村	0.405	0.585	0.231	0.234
	(0.312)	(0.379)	(0.319)	(0.342)
首長の意向	0.635**	0.469*	0.121	0.062
	(0.197)	(0.231)	(0.195)	(0.208)
異動範囲・中間	-0.459*		-0.007	
	(0.200)		(0.207)	
異動範囲・市町村内	-0.365		0.189	
	(0.303)		(0.295)	
異動範囲・中間（都道府県）		-0.346		0.547*
		(0.450)		(0.250)
異動範囲・市町村内（都道府県）		-0.071		0.531
		(0.671)		(0.381)
共同事業あり	0.088	-0.226	-0.175	-0.246
	(0.235)	(0.282)	(0.254)	(0.274)
離島含む	-0.586	-0.667	-0.085	-0.045
	(0.427)	(0.567)	(0.370)	(0.403)
定数項	-0.713	-1.890	-2.336	-3.310*
	(1.360)	(1.719)	(1.441)	(1.561)
切片の分散		1.066		0.332
Num. Obs.	770	701	755	679
Log. Lik.	-372.570		-365.897	
RMSE	0.39	0.34	0.39	0.38

注： +p＜0.1, *p＜0.05, **p＜0.01, ***p＜0.001

動があると理解している場合の方が，基礎自治体は権限移譲を求める傾向にある。これはいわば，都道府県による人事異動への関与がやや弱い場合に，市町村が権限移譲を求める傾向であるといえるだろう。なお，市町村による異動範囲の認識については，とくに効果が見られなかった。

異動範囲に都道府県の回答を用いた分析

さらに，人事異動の範囲の影響についてより詳細に確認するために，都道府県の回答によってサンプルを分割し，それぞれについて独自雇用と権限移譲を目的変数として分析した結果を示したものが表5-2である[4]。まず独自採用について見ると，都道府県によって人事異動の範囲が県内全域とされるグループは，サンプル全体での分析と多くの特徴を共有している。すなわち，財政力指数が高い自治体や中核市といった資源の多い基礎自治体が独自採用を行っており，さらに，県内全域で異動が行われていると考えている自治体の場合には，独自雇用が行われやすい。対照的なのは，人事異動の範囲が中間とされるグループで，このグループに属する基礎自治体は財政力のような資源の大きさの影響をあまり受けず，人事異動の範囲の認識も有意ではない。唯一有意な効果を示したのは，首長の意向を重視することであった。人事異動の範囲が市町村内とされるグループについては，中核市のダミー変数が有意になっているなど資源の大きさが一定の効果を持っているが，サンプルサイズが小さく誤差が大きくなる傾向があり，ほかに有意な効果を示した変数は見られなかった。

権限移譲を目的変数としたモデルでは，有意な効果を持つ変数はほとんど観察されなかった。例外的に，人事異動の範囲が中間的であるとする都道府県では，市町村が認識する異動範囲が市町村単位であるときに弱い正の効果を持つことと，周辺の自治体と共同事業を行っているときに権限移譲を求めなくなる傾向があることが示されている。この結果は，人事異動の範囲を県内全域とする主流派の都道府県とそうでない都道府県の間には，市町村の意思決定にも差異が生じることを示唆するものではあるが，そのような効果が系統的に観察さ

第Ⅱ部　リスケーリングと教育

表5-2　都道府県の回答によってサンプルを分割した分析

	独自採用			権限移譲		
	県内	中間	市町村	県内	中間	市町村
人口（対数）	-0.303	0.127	-0.265	0.106	0.194	0.041
	(0.219)	(0.223)	(0.569)	(0.255)	(0.213)	(0.540)
財政力指数	2.662***	0.804	2.836+	0.270	-0.066	-1.468
	(0.662)	(0.747)	(1.670)	(0.709)	(0.724)	(1.760)
中核市	1.465*	-0.647	2.428*	1.212	-0.869	0.803
	(0.746)	(0.903)	(1.216)	(0.803)	(0.785)	(1.181)
町村	0.914+	0.904+	-0.932	0.416	0.200	0.119
	(0.524)	(0.523)	(1.308)	(0.577)	(0.481)	(1.077)
首長の意向	0.520	0.656*	0.117	-0.379	0.494	0.109
	(0.319)	(0.334)	(0.783)	(0.335)	(0.301)	(0.663)
異動範囲・中間	-0.582+	0.120	0.504	0.092	-0.127	0.191
	(0.330)	(0.360)	(1.223)	(0.360)	(0.327)	(0.843)
異動範囲・市町村内	-2.125+	0.350	0.335	0.041	0.911+	-0.627
	(1.100)	(0.635)	(1.268)	(0.698)	(0.532)	(1.028)
共同事業あり	0.225	-0.113	-0.509	0.310	-1.132*	0.669
	(0.365)	(0.434)	(0.908)	(0.388)	(0.509)	(0.742)
定数項	-0.355	-4.271+	-0.756	-3.131	-3.380	-0.724
	(2.254)	(2.243)	(6.038)	(2.644)	(2.131)	(5.382)
Num. Obs.	311	301	71	306	295	69
Log. Lik.	-140.011	-130.676	-31.136	-124.777	-148.049	-36.712
RMSE	0.38	0.37	0.37	0.35	0.40	0.42

注：+p＜0.1，*p＜0.05，**p＜0.01，***p＜0.001

れているとまでは言えない。既に述べたように，独自採用を目的変数とする場合には，市町村が実施に移す意思と能力を必要とするのに対して，権限移譲を目的変数とする場合には，期待や希望が含まれるために明確な効果を観察しづらくなると考えられる。

6 包括的ではなく選択的な対応

　地方分権改革を経て，地方自治体，とりわけ基礎自治体が，教育の分野において，以前よりも重要な役割を果たす環境が生まれつつある。首長や地方議員にとって，教育は有権者の関心を惹くテーマであり，「市場の論理」に反応するかたちで独自の政策を検討する余地は大きい。とくに，長きにわたって国・都道府県・市町村の役割分担が硬直的であった教員人事については，少人数学級による教育の質の向上の観点から，従来の水準を上乗せするような教員配置を可能にするために，基礎自治体が独自の教員を雇用したり，裁量的な人事権を求めたりする傾向が指摘されてきた。

　本章の分析は，市町村が自前で教員を雇用するにあたって，まずは財政力が強いとか，そもそも中核市であるといったように，それを可能にする資源が重要であることを示している。さらに，首長の意向が政策決定において重要であるとされる自治体においてこの傾向が強かった。これらは，地方分権改革後の地方レベルの教育政策分析してきた先行研究で示されてきた指摘とも一致する。このように資源を有する基礎自治体が従来の役割分担を超えて教員の雇用を行うことは，一定の自律性を持った基礎自治体の側から教育が提供される地理的なスケールを問い直すという意義を持つ一方で，「教育の論理」を揺るがし，これまで標準化されてきた基礎自治体間の格差を生み出す可能性があるだろう。基本的に全国一律というスケールで提供されてきた教育が，個々の自治体というより小さなスケールで問題になっていくということである。

　しかし，現状においてそのようなリスケーリングが急速に進むようなことは考えにくい。そう考える理由の1つは，目的変数を権限移譲にしたときは独自採用のように明らかな違いがみられなかったことである。両者が一致したとすれば，教育の提供を基礎自治体で行っていくグループと，そうでないグループの差異が明確になり，一部の基礎自治体が「市場の論理」に応えて教育への関

第Ⅱ部　リスケーリングと教育

与をより強める形でのリスケーリングを検討する必要があるだろう。しかし，権限移譲を望む自治体はそもそもそれほど多くはなく，しかも独自採用を進めている自治体の中で更なる権限移譲を望む自治体は20％程度と少数派である。このようなデータは，基礎自治体が包括的に教員人事に関する権限を担おうとするというよりも，それぞれの状況に対してあくまでも選択的に対応していることを示唆している。

　現状の人事異動の範囲と目的変数の関係は，そのような傾向を裏付ける。現状で県内全域での異動が行われていると認識する自治体で独自採用が行われやすく，とくに都道府県の側が県内全域で異動が行われていると考えている地域において，その傾向が観察される。反対に市町村内で異動を行うことができている自治体が，さらに独自採用を行ったり権限移譲を求めたりすることは目立たない。これは，異動についての基礎自治体の裁量が低いところで，それを補うための雇用が発生していると理解できる。地方における全般的な資源不足という問題もあるが，包括的なリスケーリングを志向するというよりは，必要に迫られた対症療法的なかたちで首長や地方議会が教育政策に介入するという性格が強いと考えられる。

　本章の分析にもとづけば，一部の基礎自治体に多くの権限を移譲して自律的に教育に関する意思決定を行わせて，それ以外の自治体に対しては都道府県などから支援を行う，といったような全面的なリスケーリングを志向することは現実的ではないように思われる。独自政策の決定が，自律性の発揮というよりは必要に迫られた対応による部分も多いとすれば，リスケーリングによって権限を移譲されても，「市場の論理」に応じてそれを使いこなすことは難しいと感じる基礎自治体が多いのではないだろうか。それよりもむしろ，「教育の論理」を維持しながら，現行制度を持続可能にするような資源の拡充・補塡といったようなことが，目下の課題となると考えられる。

注

(1) 法律のような硬直性の高い制度だけでなく，教員不足を教科書への依存によって対応する広い意味での制度を重視する研究もある（大島 2023）。

(2) 教育に関する事務の一部を共同で実施する場合には，それぞれの自治体の教育委員会は存続する。例外的に教育に関する事務のすべてを共同実施する全部教育事務組合として，岡山県川上村・八束村で構成し，小学校2，中学校1，図書室1，郷土館1を共同で設置管理する蒜山教育事務組合がある。

(3) 最近の実証分析では，このような権限移譲が政令指定都市の学級編制における少人数学級化に寄与したことを示すものもある（田中 2024）。

(4) 分析からは離島ダミーを除外している。離島を含む基礎自治体の多くは，県内全域を人事異動の範囲とするという回答を行った都道府県に属しており，それ以外のサブグループでは離島を含む基礎自治体がなかったり，少数であったりしたために適切な推定ができなかった。

参考文献

阿内春生（2021）『教育政策決定における地方議会の役割——市町村の教員任用を中心として』早稲田大学出版部。

青木栄一（2004）『教育行政の政府間関係』多賀出版。

青木栄一（2013）『地方分権と教育行政——少人数学級編制の政策過程』勁草書房。

市川喜崇（2012）『日本の中央—地方関係——現代型集権体制の起源と福祉国家』法律文化社。

植竹丘（2022）『教員人事異動「空間」の変動と定着——戦後日本の教員人事異動』本多正人・川上泰彦編『地方教育行政とその空間——分権改革期における教育事務所と教員人事行政の再編』学事出版，225-242頁。

大島隆太郎（2023）『日本型学校システムの政治経済学——教員不足と教科書依存の制度補完性』有斐閣。

大畠菜穂子（2015）『戦後日本の教育委員会——指揮監督権はどこにあったのか』勁草書房。

神田修・土屋基規（1984）『教師の採用——開かれた教師選びへの提言』有斐閣。

金井利之（2007）『自治制度』東京大学出版会。

金井利之（2016）「禍福は糾える縄のごとし——八重山教科書問題をめぐる政府間関係」『年報行政研究』51：43-66。

川上泰彦（2013）『公立学校の教員人事システム』学術出版会。

新藤宗幸（2013）『教育委員会——何が問題か』岩波新書。

砂原庸介（2022）『領域を超えない民主主義——地方政治における競争と民意』東京大学出版会。

田中祥子（2007）「政令指定都市における教員人事政策」『教育行政学論集』26：125-152。

田中宏樹（2024）『公教育における運営と統制の実証分析——「可視化」「分権化」「準市場化」の意義と課題』勁草書房。

德久恭子（2008）『日本型教育システムの誕生』木鐸社。

土屋基規（2017）『戦後日本教員養成の歴史的研究』風間書房。

本多正人・川上泰彦編著（2022）『地方教育行政とその空間——分権改革期における教育事務所と教員人事行政の再編』学事出版。

牧瀬翔麻（2016）「一部事務組合方式による教育事務の共同実施の拡大可能性の検討——栃木県芳賀地区広域行政事務組合の事例から」『日本教育政策学会年報』23：110-123。

牧瀬翔麻（2017）「教育行政の広域化に関する法制ならびに事例の性質の変容——教育事務の共同処理に着目して」『筑波大学教育行財政学研究室紀要（平成28年度）』38-51頁。

増田寛也（2014）『地方消滅——東京一極集中が招く人口急減』中央公論新社。

前田麦穂（2023）『戦後日本の教員採用——試験はなぜ始まり普及したのか』晃洋書房。

村上祐介（2011）『教育行政の政治学——教育委員会制度の改革と実体に関する実証的研究』木鐸社。

村上祐介（2020）「地方創生と自治体教育行政」『日本教育行政学会年報』46：21-37。

持田信樹（1993）『都市財政の研究』東京大学出版会。

山下祐介（2018）『「都市の正義」が地方を壊す——地方創生の隘路を抜けて』PHP新書。

リード，スティーブン，R.（1986）『日本の政府間関係——都道府県の政策決定』木鐸社。

第6章

教育行政における中間（middle）
――中間単位問題を通して見る日本の教育事務所――

本 多 正 人

1　リスケーリングの中の中間単位

教育行政のスケール設定とスケールクラフト

　本章の目的は，都道府県（以下，本章ではとくに必要のない限り単に県と表記する）教育委員会が設置している教育事務所（北海道，京都，鳥取では「教育局」と呼ばれているが，それを含めて本章では「教育事務所」と表記する）が教育行政に固有な空間を構成してきたことを指摘し，日本の教育行政システムにおける中間（middle）単位の意義を主張することにある。具体的には，市町村または個々の学校といった現場レベルの組織への権限委譲または自主性・自立（律）性確立を企図した分権化（decentralization）の文脈の中で，日本に固有な中間単位として教育事務所を位置づけ直してみることである。

　義務教育サービスに関わる日本の地方教育行政単位の設定はこれまで，主に資源投入の側面が重視されてきた。それをどのようなスケールで設定するかは，戦後教育制度改革以降，変わらず重要な課題であった。昭和の市町村合併は中学校教育の維持管理をなしうる行財政規模を目指して進められてきたし，学校経費の設置者負担主義原則にもかかわらず，市町村立小中学校教員の給与は都道府県が負担している。法制度的には国，県，市町村とその所管する学校の間では，基本的には重複することなく権限と責任の配分がなされている。だが，序章でも指摘しているように，これまで日本の教育行政研究でスケールの概念

153

第Ⅱ部　リスケーリングと教育

が顧みられることはあまりなかったのであり，後述のように，地方分権改革は教育行政のスケールを認識させる契機となったと評価できよう。

　政治体制が日本と異なる国においては，こうした中央と地方，または地方と地方の間での行政サービスを巡る権限と責任の配分は，スケールの政治として理解され，地理的区域区分に即した空間構成の過程が研究対象とされることもある（ブレナー［Brenner］2011）。とりわけ義務教育は国民統合の機能を担うという国家的性格をはじめ，地域自治の伝統，現場レベルの個別学校の判断，さらには親や児童生徒の参加など，その利害関係者が多岐にわたることから，スケールの政治を考察する際の典型的な例になりうるし，リスケーリングという概念が援用される分野の1つになっている（Papanastasiou 2019：70-71）。

　教育のリスケーリング問題の一例としてアメリカ初等中等教育の事例を参照すれば次のようになる。アメリカの典型的かつ伝統的な地方教育ガバナンスは，憲法上，教育に関して強い権限を持ちえない連邦政府と，全面的な教育行政権能を有する州政府，そして州法により一般の自治体から相当程度の独立性を持つ準法人としての地位を認められた地方学校区（local school district）の3層から成り，住民の選挙により選出された教育委員で構成する教育委員会（local school board, board of education）が地方学校区の理事会と執行機関とを兼ねるようなスタイルをとる。

　このように地方教育行政が一般行政から独立した空間を構成してきた地方教育ガバナンスの在り方に対して，1990年代になると大都市の首長達から異議申し立てが相次いだことはよく知られている（ヘニグ［Henig］2021；Henig and Rich 2004；Wong et al. 2007）。こうした傾向は単に首長の個人的要因だけでは十分な説明をなしえず，グローバル化した大都市（いわゆる「グローバルシティ」）のリーダー達が置かれた外部環境の大きな変動を考慮する必要がある。すなわち，ローカルシティからグローバルシティへのリスケーリングにより，都市間競争を展開する中で投資を呼び込むためにも，がんらいその権限外にあった教育を直接コントロールしたいと思わせるに至ったものであり，教育分野

といってもリスケーリング論から無縁でいられるわけではない（Mawhinney 2008）。

　政策目的を達成しようとする国家の作用はステートクラフト（statecraft：政治的手腕）と呼ばれるが，中でも政策のスケール設定を見直すことで当該政策に関わる利害関係者の思考と行動を変容させる手法はスケールクラフト（scalecraft）と言われている（Beel et al. 2018；Fraser 2010；Henderson 2019；Naumann and Crouch 2020；Papanastasiou 2019；Pemberton 2016）。2000年代以降の日本で地方分権改革に触発されながら生じた教育行政環境の変化は，こうしたスケールの設定あるいはリスケーリング問題を，日本の教育分野においても検討することを可能にしたといえる。

　この地方分権改革は平成の市町村合併をもたらしたが，同時に基礎自治体としての市町村の教育行政能力を改めて問い直す契機ともなった。また，「地方の自主性・自立性の拡大」という分権改革のテーゼは教育の政策共同体の中では「学校の自主性・自律性の確立」として教育の論理の中で解釈されていった。ただし，学校評価の制度やコミュニティ・スクールの定着を見ればわかるように，学校の設置管理者たる地方自治体のみならず個別の学校もまたその保護者や児童生徒に対して直接的にアカウンタビリティを果たすシステムが形成されていくことにもなった。

中間としての教育事務所

　本章が日本の教育行政研究においてもスケール問題を共有しうるとする論拠の1つは，前述したような地方分権改革と学校レベルにまで達するさまざまな権限委譲・分権化が行われたという点にあるが，これに加えて，教育政策のスケール変更を容易にする大規模学力テスト（large-scale assessment）の定着によってもたらされた環境変化を挙げることができる。

　大規模学力テストはどのレベルの団体・組織が学力向上の一義的責任を担うかという問題を顕在化させる。米国の場合は，No Child Left Behind 法によ

り連邦教育補助金の給付要件として州政府が標準化テストの実施を求められてきたことは良く知られている。英国でも大規模学力テストの結果は公立学校のパフォーマンスを評価する際の重要な指標となって久しく，学校改善（school improvement）の名のもとに，学校間での競争的な環境が醸成されていくことにもなった。一国内ではなく国際的な大規模学力テストとしては OECD が2000年から３年ごとに PISA（Programme for International Student Assessment）を実施している。その結果は近年，学校教育の成果としての学力水準を巡る国家間競争を生じさせるとともに，連邦制をとる国家においては州などの地域間格差が認識される要因にもなっている。

　日本の大規模学力テストとしては文部科学省が毎年行う全国学力・学習状況調査を挙げることができるし，また PISA にも参加してきた。こうして大規模学力テストは，教育への資源投入を経た後にそのアウトカムを示す指標として参照され，教育の政策共同体がアカウンタビリティ志向を強めていく傾向を促したであろう。

　もっとも，日本の場合，全国学力・学習状況調査結果の公表に関して文部科学省は，「市町村教育委員会，学校がそれぞれの判断で自らの結果を公表した後においても，都道府県教育委員会は個々の市町村名・学校名を明らかにした公表を行わないこと。同様に，学校がそれぞれの判断で自校の結果を公表した後においても，市町村教育委員会は個々の学校名を明らかにした公表を行わないこと」（文部科学省初等中等教育局長「全国学力・学習状況調査の調査結果の取扱いについて（通知）」平成19年８月23日）とする通知を出したことで，露骨な学校間競争を回避しようとしていた。しかし，逆に言えば，教育のアウトプットまたはアウトカム重視の教育改革を展開する局面において，国家のスケールクラフトが重要になることを示す事象であったともいえる。

　ところで，こうした学校などの政策実施または第一線レベルへの分権化が，中央または上位政府によるパフォーマンス測定指標の設定を伴う場合，分権化によってむしろ中央政府の権限が強まるといういわゆる分権的中央集権の状況

第❻章　教育行政における中間（middle）

が生じうる（Jopling and Hadfield 2015；Karlsen 2000）。

　日本ではもともと中央政府が小・中学校の教育課程編成の基準を法的拘束力
があるとされる学習指導要領として示してきたこともあって認識しづらいかも
しれないが，1980年代後半以降の諸外国の分権的教育改革はそれまでなかった
中央政府による教育内容の基準設定といった集権的な改革と矛盾せず並行して
進められてきた。とりわけ，学力向上を主眼においた教育アカウンタビリティ
政策においては，権限委譲された第一線レベル組織のパフォーマンスの評価が
中央政府主導でなされ，こうした集権化傾向に拍車がかかることになる（広瀬
2020）。

　このような場合，従来の中間単位組織に向かうプレッシャーは2通りに分か
れるであろう。1つは中間単位を廃止したり実質的に中抜きにしたりする力で
あり，もう1つは学校改善を促すためだけに特化した新たな中間単位を構築し
ようとする力である。とくに後者の場合は，分権改革と教育アカウンタビリテ
ィ政策によって学校間の環境条件や自治体間の行財政能力の差異が顕在化した
ことを受けて，それら諸条件の標準化を志向する手法として現れることになる。

　後述するように，日本と同様に諸外国の場合も，中央政府と学校の間にある
中間単位は地方自治体や地方教育行政機関などのように，もともと地方教育政
治の場でもあったことから，これらを再編整理することは結果的に教育から政
治過程を排除していくことにつながり，看過できない問題ではある。それに対
して，本章でいう中間としての日本の教育事務所は県教育委員会事務局の内部
事務組織であって，県教育委員会によるガバナンス機能の範囲内にあるとはい
え，各教育事務所をその管轄区域の地域住民が直接的に統治しうる機構は存在
しないから，諸外国と比べると特異な条件下にあるといえる。

157

第Ⅱ部　リスケーリングと教育

2　分権改革と中間単位

中間単位の多様性と失われた中間（missing middle）

　1980年代以降，教育の分権化は世界的趨勢となっていった。中央政府による制度設計と下位単位への権限委譲・分権化，そして自律性を付与されるようになった下位単位でのアカウンタビリティを厳しく問うシステムの創設などが共通する特徴である。

　もともと国家レベルでの教育課程基準がなかった国においてもナショナルカリキュラムの必要性や国家教育目標の設定が議論されるようになったし，それと並行しながら，たとえばアメリカではチャータースクールやバウチャー制度を含む公立学校選択制度，イギリス（とりわけイングランド）では国庫維持学校（grant-maintained school）やアカデミー（詳しくは第7章を参照）などに代表されるような，公立学校に自主性や自律性を持たせるとともにその成果を問う学校改革が行われている。

　このように，中央集権的な教育目標設定と教育改革に向けた具体的な実行体制としての分権化とが共存する現象は，先進諸国だけのものではないこともまたすでに知られている（Asim et al. 2023）。本章にとって重要なのは，大規模学力テストを媒介にして中間単位組織がクローズアップされることになった点にある。つまり，国民の学力水準が国家間，地域間で客観的な数値により比較可能になるから，中央政府はそのスケールクラフトを発揮しながらすでに分権的に再構築された教育システムを再改革していく契機となりうる。たとえば，European Commission: Directorate-General for Education, Youth, Sport and Culture（2018）は，オランダ，ギリシャ，スペイン，英国などの中間単位の事例を紹介している。前述のアカデミーやチャータースクールはかつて中央政府（ここではアメリカの州政府）と学校との「中間」の位置を占めてきた地方教育行政機関（地方学校区）から公立学校を離脱させるものであるし，その

先駆けともいえるのは1980年代のスウェーデンにおける free school（friskolor）政策であった（West and Nikolai 2017）。また，この「中間」を廃止したのが1980年代末のニュージーランドであり，それに代わって各学校に置かれる学校理事会が地方教育ガバナンスを担うことになった（高橋 2007）。

カナダには米国と同様の地方教育行政機関を持つ州が多く，オンタリオ州の場合はその名称も米国と同じ school district を用いる。カナダの州と各学校との中間にある組織としての学校区も中間単位と認識されうるもので（Cousin and Greany 2022；Hargreaves and Shirley 2018），このオンタリオ州の事例研究では，大規模学力調査で測られる各公立学校の成績向上の要因の1つに学校区としての一体性などが挙げられている（Leithwood 2010；Leithwood and Mccullough 2017；Mascall and Leithwood 2010）。

アメリカの場合，NCLB 法に依拠した教育改革以降，教育政策においてその役割を拡大したアクターは，連邦政府と州政府であり，そして学校レベルであった。これに対して地方学校区のプレゼンスは低下していった。地方学校区は独自の歳入源とガバナンス機構（すなわち教育委員会）を持ち，高い自律性を保持してきた中間単位であるが，その執行権限は地方政府を「州政府の創造物」（creatures of the state governments）とする，いわゆるディロンの原則（Dillon's Rule）に根源があるとされてきた。したがって，成果主義的教育改革に遅れをとった地方学校区が州政府の直轄管理に置かれる例もあった。いわゆる教育破産（educational bankruptcy）である。

学校レベルに権限と自律性を持たせることで教育改善の成果が見込まれるであろうという米国教育改革の方向性は教育行政研究にも影響を与えてきた。たとえば1990年代に1つの潮流を形成した school-based management は，経営組織研究などを応用しながら，小規模であっても高度の自律性を発揮できる組織となるよう，学校へのさまざまなインセンティブ付与の仕組みが検討されることが多かった。このように米国教育改革の中で連邦政府と州政府と各学校がその存在感を増していった中，地方学校区はともすれば忘れられた存在になり

第Ⅱ部　リスケーリングと教育

つつあった。しかし，今でもまだ地方学校区は教育ガバナンスのメインストリームであることに変わりはなく，教育長や教育行政職員のリーダーシップが米国児童生徒の学力向上に寄与しうるとの観点から再評価を行う研究も少なくない（Datnow and Honig 2008；Honig 2004；Penuel et al. 2017；Sampson 2019；Woulfin et al. 2016）。

　以上のように，中間単位はそれぞれの国の教育行政システム構造の違いを反映して多様な形態で存在している。イングランドであれば第7章でも取り上げている地方教育当局（local education authority），地方自治体（local government）または地方当局（local authority）がその典型であったが，前述したような既存の中間単位に向かう改革プレッシャーを受けて，最近は学校チェーン（chains of schools）や学校間での各種連携組織（school-to-school support），地域学校コミッショナー（regional schools commissioner：現在は，regional director）など，代替的な組織も含めて中間単位とする構想も現れるようになった。

中間単位論争（middle tier debate）

　イギリスにおいてはとくに教育行政の中間単位の改革が盛んに行われることになる。2010年5月に発足したキャメロン連立政権は，すでに労働党政権で導入されていたアカデミーの制度を拡大し，すべての公立学校が地方当局から離脱できるようにした（横井ほか 2018）。2010年11月の教育白書には教育改善の一義的な責任は各学校にあることが明記され，いわば学校改善政策のスケールが学校レベルに設定された（Department for Education 2010）。

　自主性と自律性が付与されるとともにアカウンタビリティも負うことになった学校は，自己改善型学校システム（self-improving school system）の下で常に改革努力が求められている。学校間では環境条件の差異がパフォーマンスを左右するから，これを補うためのサブシステムがいくつか用意された。すなわち，学校同士が連携協力する仕組み（Armstrong et al. 2021），より上位の学校経営母体の傘下に入るチェーン化またはマルチ・アカデミー・トラスト（multi

第6章　教育行政における中間（middle）

academy trust）の仕組みである。

　2014年以降は，成績不振のアカデミーに対する介入や，地方当局所管の公費
維持学校（maintained school）がアカデミーに転換する際の承認を行うなど，
幅広い権限を有する機関として地域学校コミッショナーが置かれてきた（West
and Wolfe 2019；久保木 2021）。現在ではさらに再編されて地域ディレクター
（regional director）と なっている（Department for Education 2022；Lucas et al.
2023）。

　イギリスのこうした政策動向の中からは，学校と中央政府との間の中間単位
として存在してきた組織の有用性を巡って，いわゆる中間単位論争（middle
tier debate）が生じることになった（Greany 2015）。もっとも，ここでいう“中
間”の表記は論者によって異なり，たとえば“middle layer”（IIEP-UNESCO
2017），“meso-level”（OECD 2015），“mediating layer”（Mourshed et al. 2010），
“intermediate tier”（Barber 2003），などの使用例があるが，本章ではこれらを
総じて中間単位と呼ぶことにしておく。

　マルチ・アカデミー・トラストやアンブレラ・トラスト，学校同士の相互連
携やネットワークなどのように，既存の中間単位組織が廃止されるだけではな
く，それまで当該組織が占めていた空間が，民間部門も含めた別の組織にとっ
て代わられる場合がある。このことは，地方当局のような教育政治の場でもあ
った中間単位から政治の部分が取り除かれ，ひたすら学力向上や学校改善とい
った目標を達成するためのマネージャリズムに徹した中間単位が出現すること
を意味した。この点で中間単位の改革は失われた中間をいかに補うかという問
題でもあり（Muir and Clifton 2014），また同時に地方教育ガバナンスの脱政治化
（depoliticisation）戦略でもあった（Courtney and McGinity 2022；Gunter 2015；Innes
2023；Nicholson and Wilkins 2024；O'Shaughnessy 2012）。こうした旧来の中間単
位の廃止や無力化につながるような現象をルビエンスキー（Lubienski 2014）は
「非中間化」（disintermediation）と呼んで批判的に検討している（Lubienski
2014：424）。

161

第Ⅱ部　リスケーリングと教育

　他にもフラン（Fullan）やハーグリーブズ（Hargreaves）は，カナダ・オンタリオ州が既存の中間単位であった地方学校区の活性化に重点を置いて進めた特別支援教育の改革事例にもとづいて，マルチ・アカデミー・トラストのようなマネージャリズムに徹した中間単位の創設によって進められる学校改善を「中間でのリーダーシップ」（Leadership In the Middle），地方教育政治をも包括した既存の地方学校区が率先して行う改革を「中間からのリーダーシップ」（Leadership From the Middle）と呼んで区別した（Fullan 2015；Hargreaves 2024）。彼らのメタファーに従えば，本書でいう市場の論理に依拠する改革は「中間でのリーダーシップ」になりがちであること，また本書でいう教育の論理は，学校の利害関係者らを当事者として巻き込むことのできる既存の中間単位の覚醒が必要であるということになる。

　この点，アメリカにおいては，地方教育政治を反映しうる中間単位としての地方学校区とその教育委員会という伝統的な地方教育ガバナンスが多くの地域で今も健在である。確かに，チャータースクールは地方学校区の直接的な管理や教員組合からの影響も受けないから，非中間化され，脱政治化された教育改革現象とも言えるが，（House of Commons Education Committee 2016；Thraves et al. 2012），ほぼすべての公立学校をチャータースクールにしたような例は今までのところルイジアナ州ニューオーリンズしかない。そのルイジアナ州でもチャータースクールを再びニューオーリンズ教育委員会の管轄下に戻す改革が進められている（Gilreath 2024；Jochim and Pillow 2019）。

　いずれにしても中間単位そのものの存在形態が各国の教育行政システムの文脈に依存したものとなっていて，その発展経緯を一概に捉えることは難しい。たとえばアメリカの一部地域では複数の地方学校区が財やサービスの調達などの面で連携する教育サービスエージェンシーなどが形成されているから，これも中間単位として認識されてよいだろう（本多ほか 2022）。

　表6−1はイギリスを構成する4か国において，自律性が付与された学校，従来の学校，そしてそれを所管する中間単位の特徴を示したものであるが，北

第6章　教育行政における中間（middle）

表6-1　イギリスの構成国における学校ガバナンス構造の比較

	イングランド	ウェールズ	スコットランド	北アイルランド
自律的な学校	アカデミー，フリー・スクール，ユニバーシティ・テクノロジー・カレッジ，スタジオ・スクール（支出，環境，人事，カリキュラム及び入学に関する自由度が高い）		助成金支援学校［Grant-aided schools］（独自のガバナンス体制を持つ，多くの場合特別支援学校）	有志団対立学校［Voluntary schools］（教育当局から資金提供を受け，理事会が運営する，ほとんどがかつての有料グラマースクール）　国庫補助統合学校［Grant maintained integrated schools］（有志団対立学校と似ているが統合化された学校）
その他の学校	地方補助学校［Foundation schools］，有志団体立補助学校［Voluntary aided schools］，有志団体立管理学校［Voluntary controlled schools］，コミュニティ・スクール（支出と入学に関してある程度の自由度がある）	地方補助学校［Foundation schools］，有志団体立補助学校［Voluntary aided schools］，有志団体立管理学校［Voluntary controlled schools］，コミュニティ・スクール（支出と入学に関してある程度の自由度）　パイオニア・スクール（カリキュラム開発と職員研修に関する自由度がある）	公費学校［Publicly funded schools］（地方当局が資金提供，ガバナンス，入学に関して大きな役割を果たす）	コントロール学校［Controlled schools］（理事会を通じて教育当局が運営と資金の提供をする，教育当局が雇用に関する権限を有する，生徒の多くがプロテスタントである学校）　カトリック維持学校［Catholic maintained schools］（理事会が運営し，教育当局が資金提供し，雇用に関する権限はカトリック維持学校評議会が有する　他の維持学校（多くはアイルランド語で教育を行う学校 Irish-Mediums 又は統合学校）　コントロール統合学校［Controlled integrated schools］（コントロール学校と同様の運営がなされるが統合された学校）
中間的団体の地域又は国レベルの	地域学校コミッショナー※（学力不振校を監視し，支援を行う，アカデミーへの転換とフリー・スクール創設の際の役割は大きい）	地域コンソーシアム（地方当局との連携，学校改善，研修を所管）	スコットランド教育庁［Education Scotland］（外郭機関としての執行エージェンシー［arms length executive agency］，学校改善，学校監査を所管）	教育当局［Education Authority］（かつての教育・図書館委員会に替わって設置された，学校教育サービスの提供と，財政及び雇用での権限を持つ機関）

引用者註：※現在は地域ディレクターという機関に改編されている。
出所：Sibieta and Jerrim（2021：19）.

163

第Ⅱ部　リスケーリングと教育

アイルランドには実質的な中間単位が見られないなど，同じイギリス内でも多様化した戦略が採られていることがわかるであろう。

リスケーリング——中間単位組織の再構成

第7章でみるように「市場の論理」が強く働いたイギリスの教育改革における中間単位論争の焦点は，イングランドの地域学校コミッショナーやマルチ・アカデミー・トラストの性格を巡る評価軸が中心であったといってよい。

イギリスを構成するウェールズでも中間単位の再編が行われている。ウェールズは2006年調査の PISA から参加しているが，いわゆる PISA ショックがもたらされたのは2009年調査の結果であった（Evans 2022；Powys 2010；Wheater et al. 2010）。読解力，数学，科学いずれの得点ランキングでも連合王国を構成する4か国の中で最下位であることは一貫して変わっていないが，それでも2006年調査での科学の得点だけは OECD 平均を上回っていた。ところが2009年調査で科学の得点も OECD 平均を下回るようになった。その後，教育改革を効果的に進めるには個別自治体（local authority）単位ではなく，これらを包括したより広範囲の地域に再編する必要があるとの認識で改革が実施されていった（Robert Hill Consulting 2013）。具体的には図6-1に示す地域コンソーシアム（regional consortia）が形成され，これは school improvement consortia とも呼ばれている（Commission on Public Service Governance and Delivery 2014）。

自治体の区域を超えたコンソーシアム形成は他の行政サービス改革でも見られるもので，それぞれに固有の地理的区分が設定される。教育の地域コンソーシアムの区域区分は図6-2のようになっている。また，それぞれのコンソーシアムが所管する地域の特性を示しているのが表6-2である。ここまでの範囲に中間単位のスケールを設定してもなお，4地域が均質な社会経済的環境条件にはないことがわかるだろう。そのため中央政府たるウェールズ教育庁はこれら4地域コンソーシアム同士がさらに連携したプロジェクトを展開するよう要請している。

164

第6章 教育行政における中間 (middle)

Tier 1　ウェールズ政府（Welsh Government）
・エビデンスに基づいた協働により、計画及び政策の立案を行う。
・民主的プロセスの範囲内でのアカウンタビリティ・モデルを管理する。
・全ての層単位（Tier）と連携しつつシステムの改善に向けた能力形成を支援する。

Tier 2　4地域コンソーシアム、地方当局、教区（diocesan authorities）、教育・訓練監査局（Estyn）、ウェールズ資格協会（Qualification Wales）、教育関係労働審議会（Education Workforce Council）、試験委員会及び高等教育機関
・自己改善的学校システム内部において、学校と研究に関して各組織が有する知見を活用しながらベストプラクティスの共有を促進・支援し、かつ相互に連携協働しながら学習者の成績を改善させる。

Tier 3　学校
・子ども、青少年及び教職員に向けて広範な経験を提供するために協働することで学習と福利の質を高める。

図6-1　ウェールズ教育システムの3層（three-tier）モデル
出所：Welsh Government（2017）.

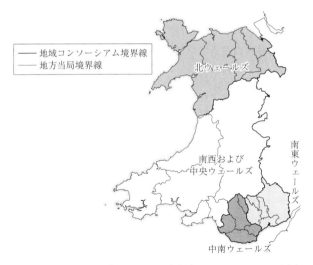

図6-2　ウェールズにおける地域教育コンソーシアムの区域区分図
出所：OECD（2018：70）.

165

第Ⅱ部　リスケーリングと教育

表6-2　ウェールズの4地域コンソーシアムの概要（2016年）

各地域の概要	GwE*, 北ウェールズ	ERW*, 南西および中央ウェールズ	EAS*, 南東ウェールズ	CSC*, 中南ウェールズ
ウェールズ全体の生徒数に占める割合（%）	22	28	19	31
公立学校数	439	513	245	398
ウェールズ全体の公立学校数に占める割合（%）	28	32	15	25
自己申告に基づく3歳以上のウェールズ語話者の割合（%，ウェールズ全体では19%）	31	24	10	11
無料学校給食の対象となる児童数の割合（%，ウェールズ全体では19%）	16	17.5	20.8	20.7
地域の人口に占める少数民族の割合（%）	2	4	4	7
ウェールズ全体の社会的養護を受けている児童数に占める割合（%）	18	27	19	36

注：*各コンソーシアムの略称は順に，GwE: Gwasanaeth Effeithiolrwydd, ERW: Ein Rhanbarth ar Waith, EAS: Education Achievement Service, CSC: Central South Consortium をあらわす。
出所：OECD（2020：84）.

　このように，教育における中間単位の改革とは，従来の地域的区分に根付いた教育政策空間を再構成するものであって，リスケーリングの概念を持ち出すことでこれをよりよく理解しうるようになると考える（Ainscow et al. 2023；Gilbert 2019）。

3　日本の教育行政の中間単位

教育事務所

　教育事務所は県の「教育委員会事務局組織規則」等に設置根拠を有する，いわば教育委員会版の地方出先機関（regional arm）のような存在である。これはすべての県で設置されているわけではない（三重，滋賀，大阪，奈良，山口，徳島，長崎の各府県には設置されていない）。一般に知事部局の地方出先機関としては地方自治法第155条が定める地方事務所の存在が知られている。これら地方事務

第6章 教育行政における中間（middle）

所の設置は条例事項とされているのに対して，教育事務所は前述のとおり教育委員会事務局の内部組織として教育委員会規則にもとづいて設置される。

　ここでは前節で述べたような諸外国の例を参照しながら日本の固有な問題状況を確認しておく。たとえば，これまで日本では公立学校設置管理者たる市町村とその教育委員会は，不要論が提起されることはあっても実現はしなかった。むしろ地方分権改革によって義務教育サービス提供の主体として市町村教育委員会の責任と役割は，以前にも増して大きくなっている。また，チャータースクールやアカデミーのように公立学校が設置管理者たる教育行政機関による包括的管理権限の下から離脱するという制度も日本にはない。

　もっとも，特別地方公共団体とされる広域連合や一部事務組合のほか，法人格のない協議会などを活用した教育事務の共同処理方式はあるから，それによって個別の自治体から教育行政機能が中間単位に移管される，といったロジックを見出すことはできる。しかし，教育事務の共同処理方式では構成団体の総意が重視され，中間単位としての自律性は期待しにくいし，必ずしもこれは学力向上政策の一貫として形成されるわけではない。そこで，本章では教育事務所に着目することで，諸外国における中間単位をめぐる議論からの示唆を得ることができると考える。

教育事務所調査

　これまで教育行政研究論文で教育事務所が中心的なテーマとして取り上げられることは決して多くなかった。ここでは本書の序章と第4章とで言及している3つのアンケート調査の中から教育事務所を調査対象として実施したアンケート調査（以下，教育事務所調査と呼ぶ）の結果を主に参照しながら，学力向上政策という文脈の中で教育事務所というアクターを再評価してみたい。

　調査項目は，「教育事務所の組織について」「都道府県教育委員会との関係について」「教育事務所の業務（管理系）について」「今後の教育事務所のあり方について」であり，質問数は52である。ただし，他の2つの調査に比べて教育

167

第Ⅱ部　リスケーリングと教育

表6-3　教育事務所長の格付け

総数	部長級	次長級	総括課長級	課長級	総括課長補佐級	課長補佐級	その他	無回答
59	2	6	6	34	-	2	5	4
100.0(%)	3.4	10.2	10.2	57.6		3.4	8.5	6.8

出所：アンケート調査結果にもとづき筆者作成。

表6-4　所管する自治体数

総数	0～3	4～7	8～11	12～15	16～19	20～23	無回答	平均
59	19	13	13	8	3	3	-	7.8
100.0(%)	32.2	22.0	22.0	13.6	5.1	5.1	-	

出所：アンケート調査結果にもとづき筆者作成。

事務所調査は回収率がさほど高くなかったことから結果の解釈にあたっては注意を要するだろう。紙幅の都合で，以下では本章の論点に関わる質問等を中心に教育事務所調査の結果を参照していきたい。

　まず，回答があった教育事務所の概要を確認しておく。表6-3に示すように，教育事務所長は教育委員会の本庁課長級に格付けされている場合が多い。知事部局の地方出先機関の長と比べれば，やや低めのポジションといえよう。もっとも，教育事務所長は教育職出身者が多く，所長を経て学校長に転任していくケースも多いから，教育コミュニティ内でのバランスの方が重視されているはずである。

　次に表6-4で教育事務所が所管する自治体数を見ておく。回答のあった教育事務所の平均自治体数は7.8であった。最も多い回答は3以下となっていて，平成の市町村合併で自治体数そのものが減っている影響もあると考えられる。しかし他方で16自治体以上を所管している教育事務所も約1割あった。教育事務所の再編統合などの影響の有無を今後詳しく検証していく必要がある。

　所管する学校数は表6-5に示したとおり，小学校の場合は学校数のばらつきが見られた。平均でみれば小学校66.2校，中学校32.2校となって，併せてお

第**6**章　教育行政における中間（middle）

表6-5　所管する小・中学校数

総数		0校	1～19校	20～39校	40～59校	60～79校	80～99校	100校以上	無回答	平均（校）
小学校	59	–	5	13	15	12	1	11	2	66.2
	100.0（%）	–	8.5	22.0	25.4	20.3	1.7	18.6	3.4	
中学校	59	–	21	23	5	4	4	–	2	32.2
	100.0（%）	–	35.6	39.0	8.5	6.8	6.8	–	3.4	

出所：アンケート調査結果にもとづき筆者作成。

表6-6　学力向上策での教育事務所への期待（都道府県調査）

【問】学力の向上にむけた取り組みは，市区町村ごと，学校ごとに異なります。個別事情に対応するという点で，教育事務所は有効であると考えますか。もっとも当てはまる数字1つに〇をつけてください。〔教育事務所を廃止した自治体の方も一般論としてご回答ください。〕								
総数	有効だ	ある程度有効だ	どちらともいえない	あまり有効でない	有効でない	無回答	有効だ（計）	有効でない（計）
42	29	8	5	–	–	–	37	–
100.0（%）	69.0	19.0	11.9	–	–	–	88.0	–

出所：アンケート調査結果にもとづき筆者作成。

よそ100校程度と考えられるが，この点については後でまた取り上げる。

県の認識と教育事務所の認識

　ここで，筆者らが全ての県の教育委員会に対して行った別のアンケート調査（序章および第4章を参照。以下，都道府県調査と呼ぶ）から，教育事務所の役割に対する県教委の認識を確認しておく（市区町村教委の認識については第4章を参照されたい）。

　まず，表6-6は，学力の向上に向けた取り組みにおいて，学校ごとの個別事情に対応するという点で教育事務所が有効であると考えるかどうか尋ねた質問に対する回答結果である。教育事務所は一般に県費負担教職員の人事管理を担当していることもあって，管内小・中学校の状況をよく把握しているし，所属の指導主事が実際に学校へ赴く機会も多い。調査結果からは9割近い県教委

169

第Ⅱ部　リスケーリングと教育

表 6-7　「確かな学力の向上」のための施策（都道府県調査）

【問】「確かな学力の向上」を図るために，どのような施策を実施しましたか。下記の選択肢の内，該当する数字すべてに○をつけてください。		総数	
		42	100.0(%)
1	都道府県教委の研究指定校を設置	31	73.8
2	市区町村教委が研究指定校を設置	20	47.6
3	国（国立教育政策研究所）の研究指定校制度を活用	24	57.1
4	都道府県教委が重点的支援校を設置	20	47.6
5	市区町村教委が重点的支援校を設置	12	28.6
6	本庁担当課による市区町村教委支援を強化	22	52.4
7	教育事務所による市区町村教委支援を強化	20	47.6
8	本庁の指導主事を増員	11	26.2
9	教育事務所の指導主事を増員	3	7.1
10	市区町村教委が指導主事を増員	5	11.9
11	都道府県教委による教員研修を増やした	22	52.4
12	本庁担当課による学校訪問を増やした	23	54.8
13	教育事務所による学校訪問を増やした	20	47.6
14	都道府県単位の「スタンダード」を設けた	23	54.8
15	教育事務所ごとに「スタンダード」を設けた	6	14.3
16	市区町村別に「スタンダード」を設けた	10	23.8
17	その他の単位で「スタンダード」を設けた	6	14.3
18	指導力を考慮した人事異動を行った	4	9.5
19	FA制を用いて学校の意向に応じた教員配置を行った	1	2.4
20	学力向上に向けた独自資料を作成した	38	90.5
21	本庁に専門の担当部署を新設した	16	38.1
22	教育事務所に専門の担当部署を新設した	1	2.4
23	その他（具体的に　　　　　　　）	6	14.3

出所：アンケート調査結果にもとづき筆者作成。

が市町村と県との中間に位置した教育事務所に学力向上施策への貢献を期待していることがわかった。

　しかし，学力向上のために行う資源投入の局面になると話が別のようである。次の表 6-7 が示すのは，県教委が学力向上のためにどのような施策を行って

第**6**章　教育行政における中間（middle）

表6-8　所管する学校園数の評価

【問】　貴事務所が所管する学校園数をどのように評価していますか。(当てはまるもの１つに○)	総数	とても多い	多い	適切	少ない	とても少ない	無回答	多い（計）	少ない（計）
	59	3	17	28	-	-	11	20	-
	100.0(%)	5.1	28.8	47.5	-	-	18.6	33.9	-

出所：アンケート調査結果にもとづき筆者作成。

表6-9　所管する管轄区域（地理的広がり）の評価

【問】　貴事務所が所管する管轄区域（地理的広がり）をどのように評価していますか。(当てはまるもの１つに○)	総数	とても広い	広い	適切	やや狭い	とても狭い	無回答	広い（計）	狭い（計）
	59	5	15	28	-	-	11	20	-
	100.0(%)	8.5	25.4	47.5	-	-	18.6	33.9	-

出所：アンケート調査結果にもとづき筆者作成。

いるかを，複数回答で答えてもらった結果である。

　多くの回答が集まった選択肢は１，３，20（ゴシック体で表記）であり，一定の望ましい事例やモデルを示すという意味でこれらをグッドプラクティス型の施策と要約できよう。選択肢８および21（斜体字で表記）は本庁組織自体の拡充・強化策と考えることができ，それに対して選択肢９，18，19，22（波線を付記）は中間単位としての教育事務所と学校を含めた，本庁外組織の強化策といえよう。教育事務所のない県の回答も含まれているとはいえ，前述の表6-6の結果にもかかわらず，実際のところ県教委は本庁外組織の強化には消極的であることがわかる。

　ここで教育事務所調査に戻って，教育事務所が自己の存在意義をどのように認識しているか，その実情を明らかにしてみたい。

　表6-8と表6-9は，所管している学校数の多さと地理的区域の広さがどのように受け止められているかを示している。いうまでもなく，これらの環境条件は教育事務所として展開する施策や業務に直接影響を与えることになるだろう。平均的な所管学校数は前掲表6-5で確認したとおりであるが，表6-8，表6-9ともに，「とても多い＋多い」「とても広い＋広い」とする回答よりも，「適切」とする回答の方が多かった。とくに地理的区域の場合は，教育事務所

第Ⅱ部　リスケーリングと教育

表6-10　指導（要請訪問）を行う機会の変化

【問】　学校からの要望に応えて指導（要請訪問）を行う機会は2010年以降でどのように変化していますか。（当てはまるもの1つに○）	総数	増えた	やや増えた	変わらない	やや減った	減った	無回答	増えた（計）	減った（計）
	59	15	19	12	5	-	8	34	5
	100.0(%)	25.4	32.2	20.3	8.5	-	13.6	57.6	8.5

出所：アンケート調査結果にもとづき筆者作成。

　の再編統合によって拡大する例があることや，所属職員あたりの担当区域が参照点にされているとすれば，人員削減の影響により「広い」との認識になっても不思議はないことを考えれば，意外な結果であったといえる。

　表6-10からは，2010年以降，学校からの要望に応えて指導主事等が訪問指導を行ういわゆる要請訪問の機会が増えたと感じている教育事務所が過半を占めていることがわかる。文部科学省の全国学力・学習状況調査は2007年から実施されており，2010年の末には，OECDのPISA2009の結果が公表され，日本の学力パフォーマンスの回復状況が報じられた。日本の学校における自己改善志向マインドを教育事務所が支えている実態が明らかになったといえよう。では，教育事務所が自ら能動的にふるまうことはありえるのだろうか。

教育事務所の自律性と今後のすがた

　第1節と第2節で述べたように，諸外国においては分権的な教育改革と大規模学力調査の定着とにより，学校は自ら学校改善に取り組まざるをえなくなっている。その中で中間単位の役割を巡っては，マネージャリズム的な中間単位が現れてきた一方で，地方教育政治を体現する従来型の地方学校区を再評価する議論があることも既にみたとおりである。

　では，日本の教育事務所は単に本庁事務を分担処理し，県教委—市町村教委—学校間の情報伝達ルートにおける中継局の役目にとどまるのであろうか。あるいは，事務所が自ら能動的に学校や県教委に働きかけることはあるのだろうか。この点を表6-11〜表6-15により推測してみたい。

172

第**6**章　教育行政における中間（middle）

表6 - 11　全国学力調査結果の政策への影響度

【問】 2007（H19）年度からは，PISA 型の特徴をもつ出題を含んだ「全国学力・学習状況調査」（全国学力調査）が実施されています。全国学力調査の結果は，貴事務所管内市町村の学校教育政策に影響を与えていると感じますか。（当てはまるもの1つに○）	総数	影響を与えている	ある程度影響を与えている	どちらともいえない	あまり影響を与えていない	影響を与えていない	無回答	影響を与えている（計）	影響を与えていない（計）
	59 100.0(%)	30 50.8	18 30.5	4 6.8	2 3.4	－	5 8.5	48 81.4	2 3.4

出所：アンケート調査結果にもとづき筆者作成。

　まず，8割を超える教育事務所で，全国学力・学習状況調査の結果が市町村の教育政策の変化に影響を及ぼしていると認識している（表6 - 11）。地方分権改革後の経緯を見ればわかるように，一口に市町村教委といってもその行政能力は一様ではない。⁽³⁾こうしたインプット面での教育行政格差問題は長らく文科省の政策の中でも懸念されてきた点である。さらに大規模学力調査は，アウトプット・アウトカムとしてのテスト結果における格差をも表面化させた。競争重視の分権的改革を貫徹させるのであれば，こうした格差問題に対しても個別自治体の創意工夫で対応すべきという言い方ができなくもない。すなわち市場の論理である。

　しかし，学力テスト結果に見られる管内市町村間の格差を容認する見解は教育事務所の間では主流とはいえず，それは県内での格差に対しても同様である（表6 - 12）。ここに，県費負担教員の人事や給与・旅費事務などの内部管理事務だけではなく，学習・指導面で市町村教育委員会へのサポートを行い，事務所管内および県内で生じる学力格差の平等化や標準化を志向する教育事務所の教育の論理を想像しうるのである。

　では，教育事務所は学力向上策のためにどのような行動を自律的に行いうるのであろうか。これを現状分析，施策への助言，授業改善のための指導の3つの局面で考えることができるだろう。

　本章では表として示していないが，「全国学力調査の結果を都道府県教育委

173

第Ⅱ部　リスケーリングと教育

表6‐12　市町村間の学力格差について

	総数	あってもよい	ある程度あってもよい	どちらともいえない	あまりない方がよい	ない方がよい	無回答	あってもよい（計）	ない方がよい（計）
【問】　貴都道府県内の市町村間の学力格差をどう捉えていますか。(当てはまるもの1つに○)	59 100.0(%)	－	3 5.1	13 22.0	15 25.4	21 35.6	7 11.9	3 5.1	36 61.0
【問】　貴事務所管内の学校間の学力格差をどう捉えていますか。(当てはまるもの1つに○)	59 100.0(%)	－	3 5.1	9 15.3	15 25.4	25 42.4	7 11.9	3 5.1	40 67.8

出所：アンケート調査結果にもとづき筆者作成。

表6‐13　全国学力調査結果への独自助言の実施状況

【問】全国学力調査の結果を受けて，市町村教育委員会や学校に対して，都道府県教育委員会とは別に貴事務所が独自の助言等を行っていますか。当てはまるものすべてに○をしてください。	総数	各市町村教委に助言を行っている	各学校に助言を行っている	無回答	回答計
	59 100.0(%)	35 59.3	26 44.1	16 27.1	77 130.5

出所：アンケート調査結果にもとづき筆者作成。

表6‐14　全国学力調査結果を受けての授業改善に向けた指導の有無

【問】　全国学力調査の結果を受けて，授業改善に向けた指導を行っていますか。(当てはまるもの1つに○)	総数	行っている	行っていない	無回答
	59 100.0(%)	50 84.7	4 6.8	5 8.5

出所：アンケート調査結果にもとづき筆者作成。

員会とは別に貴事務所が独自に分析していますか」との質問に対して，39教育事務所（66.1%）が「分析している」と回答した。また，表6‐14で示すように，授業改善の指導であれば8割以上の教育事務所が行っている。そこで「行っている」と回答した50事務所のうち半数以上（35）の教育事務所が「県教委の企画にあわせて，教育事務所も独自に指導を行っている」および「教育事務所が独自に行っている」と回答している（表は省略）。

第**6**章　教育行政における中間（middle）

表6-15　市町村教育委員会の指導体制の評価

【問】市町村教育委員会の指導体制をどのように評価されていますか。（当てはまるもの1つに○）	総数	十分整っている	ある程度整っている	あまり整っていない	整ってない	無回答	整っている（計）	整っていない（計）
	59	6	36	9	-	8	42	9
	100.0(%)	10.2	61.0	15.3	-	13.6	71.2	15.3

出所：アンケート調査結果にもとづき筆者作成。

表6-16　教育委員会の指導体制の自治体ごとの差について

【問】貴事務所管内の市町村別に教育委員会の指導体制を見た場合，自治体ごとの差はどの程度ありますか。（当てはまるもの1つに○）	総数	非常に差がある	差がある	ある程度差がある	あまり差がない	差がない	無回答	差がある（計）	差がない（計）
	59	5	12	25	8	1	8	42	9
	100.0(%)	8.5	20.3	42.4	13.6	1.7	13.6	71.2	15.3

出所：アンケート調査結果にもとづき筆者作成。

　最後に，教育事務所が自らの将来像をどのように描いているかについて，次の表6-15〜表6-19を基に考察しておく。

　回答があった教育事務所の7割は市町村教育委員会の指導体制全般については「整っている」と認識していた（表6-15）。しかし，管轄区域内の市町村別に見た場合にその指導体制に差があるかどうかの質問に対して，「差がある」と回答した教育事務所が7割であった（表6-16）。

　そして表6-17によれば，管内に指導体制の不十分な市町村教委がある場合，立て直しの中心には，「市町村教委がなるべき」とする回答が8割あるのに続いて，「教育事務所がなるべき」とする回答が5割であり，これは「都道府県教委がなるべき」とする回答（約3割）を上回っていた。

　このように教育事務所は県の内部組織でありながらも，管内市町村教委および学校と県教委との間に位置する中間単位として，そこに形成される政策空間において一定の自律的な行動をとりうる存在であると自らを規定している様子がうかがえる。とはいえ，表6-18に示したように，管内の学校に対する直接的な指導に際しては，市町村教委を中抜きにしてしまうことのないよう配慮し

175

第Ⅱ部　リスケーリングと教育

表6-17　指導体制の不十分な市町村教育委員会の立て直しの中心

【問】貴事務所管内に指導体制の不十分な市町村教育委員会がある場合，誰が立て直しの中心となるべきだと思いますか。(ア)～(ウ)それぞれについて，当てはまるものに1つずつ○をつけてください。	総数	そう思う	どちらかといえばそう思う	どちらかといえばそう思わない	そう思わない	無回答	そう思う(計)	そう思わない(計)
(ア)都道府県教（本庁）がなるべき	59 100.0(%)	3 5.1	14 23.7	19 32.2	13 22.0	10 16.9	17 28.8	32 54.2
(イ)教育事務所がなるべき	59 100.0(%)	6 10.2	24 40.7	12 20.3	7 11.9	10 16.9	30 50.8	19 32.2
(ウ)市町村教委がなるべき	59 100.0(%)	34 57.6	14 23.7	1 1.7	－ －	10 16.9	48 81.4	1 1.7

出所：アンケート調査結果にもとづき筆者作成。

表6-18　直接交流・指導の際の市町村教育委員会への配慮について

【問】管轄区域内の学校と直接交流したり，直接指導したりしようとする際に，市町村教育委員会への配慮をどの程度考えますか。(当てはまるもの1つに○)	総数	非常に考える	考える	ある程度考える	あまり考えない	考えない	無回答	考える(計)	考えない(計)
	59 100.0(%)	37 62.7	12 20.3	3 5.1	－	－	7 11.9	52 88.1	－

出所：アンケート調査結果にもとづき筆者作成。

てもいる。

　では，中間単位としての教育事務所の今後のすがたを教育事務所自身はどのように認識しているのであろうか。表6-19に示したのは教育事務所が今後どのような機能を充実させていく必要があると思うか，という問いに対する回答結果である。用意した項目には教育事務所の所掌事務としてこれまであまり一般的ではなかったものもあえて含めている。このうち，進路指導・キャリア教育(イ)，特別支援教育(ウ)，生涯学習(ク)などの事務を挙げる教育事務所が多かった。もっとも，すでにこれらに取り組んでいる教育事務所は少なくない。それに対して県立高校と市町村教委との連携(オ)や，教育相談等の住民への直接的なサービス提供(ケ)への支持は小さい結果となっている。教育事務所の機能拡張には慎重であることがうかがえる。

第6章　教育行政における中間（middle）

表6-19　教育事務所の今後の役割と機能

【問】 都道府県の教育事務所は，今後，どのような機能を充実させていく必要があると思いますか。(当てはまるものに1つずつ○)	総数	そう思う	ある程度そう思う	どちらともいえない	あまりそう思わない	そう思わない	無回答	そう思う(計)	そう思わない(計)
㈠所管内市町村間の教育格差是正に貢献する必要がある	59 100.0(%)	25 42.4	19 32.2	5 8.5	– –	1 1.7	9 15.3	44 74.6	1 1.7
㈡所管内市町村の小・中学校における進路指導・キャリア教育に関する支援又は指導助言を行う必要がある	59 100.0(%)	20 33.9	21 35.6	6 10.2	4 6.8	– –	8 13.6	41 69.5	4 6.8
㈢所管内市町村の特別支援教育に関する支援又は指導助言を行う必要がある	59 100.0(%)	30 50.8	17 28.8	4 6.8	– –	– –	8 13.6	47 79.7	– –
㈣所管内小・中学校の部活動の地域移行に関して支援又は指導助言を行う必要がある	59 100.0(%)	11 18.6	20 33.9	14 23.7	4 6.8	2 3.4	8 13.6	31 52.5	6 10.2
㈤市町村又は市町村教委との連携を模索している都道府県立高校への支援や指導・助言を行う必要がある	59 100.0(%)	7 11.9	13 22.0	16 27.1	10 16.9	5 8.5	8 13.6	20 33.9	15 25.4
㈥所管内市町村における幼稚園，認定こども園等における就学前教育の充実に貢献する必要がある	59 100.0(%)	11 18.6	22 37.3	9 15.3	5 8.5	4 6.8	8 13.6	33 55.9	9 15.3
㈦所管内市町村における文化財保護の取組に対する支援又は指導助言を行う必要がある	59 100.0(%)	4 6.8	12 20.3	15 25.4	6 10.2	13 22.0	9 15.3	16 27.1	19 32.2
㈧所管内市町村における社会教育・生涯学習の取組に対する支援又は指導助言を行う必要がある	59 100.0(%)	20 33.9	16 27.1	8 13.6	2 3.4	5 8.5	8 13.6	36 61.0	7 11.9
㈨教育相談等の相談業務や支援を，所管内住民に行う必要がある	59 100.0(%)	9 15.3	13 22.0	17 28.8	4 6.8	8 13.6	8 13.6	22 37.3	12 20.3
㈩今後も教育事務所は必要	59 100.0(%)	42 71.2	9 15.3	– –	– –	– –	8 13.6	51 86.4	– –

出所：アンケート調査結果にもとづき筆者作成。

第Ⅱ部　リスケーリングと教育

4　中間単位の将来像

　ここまでのところで，海外の教育行政システムにおける中間単位の再編事例を参照しつつ，日本の教育事務所も同様の文脈の中に位置付けうることを示すために，筆者らが実施したアンケート調査結果を紹介してきた。これらを踏まえて，本節では教育事務所の機能と役割の再考を試みるとともに教育事務所研究の視座を問題提起してみたい。主な論点は，リスケーリングというレンズを通して見た現状理解，管内住民との距離，中間単位としての自己認識，の３点である。

　まず，第２節の中間単位論争でみたように，上位の政府はそのスケールクラフトを発揮して，政策のスケールをシフトさせたり，複数のスケールを用意したりすることができる。まずこうしたリスケーリングの概念を理解したうえで，日本の教育事務所を観察していくことが肝要であるように思われる。

　日本の教育事務所はあくまで県教委の地方出先機関として存在してきた経緯から，県の事務，なかでも教員人事等の内部管理事務に研究上の関心が寄せられがちであった。県のような地方政府にも同様のスケールクラフトがあるのだとすれば，今後は，教育政策の中でも教育事務所の単位にスケール設定がなされる教育政策があってもよいであろう。

　たとえば特別支援教育は，特別支援学校を一部の都市自治体が設置する例はあるものの，基本的には県にその設置義務が課されてきたこともあり，長らく県レベルにスケールされた教育政策分野であった。インクルーシブ教育の理念が普及してきたことで，自治体（市町村）や学校レベルでこの理念に即した特別支援教育の充実が求められるようになっている。近年の特別支援教育に関わる課題の複雑化・多様化は，いわゆる「チームとしての学校」が要請されるようになった背景要因の１つでもある。とはいえ，当該分野に必要とされる専門性の程度や人材の確保などの面から個別学校の自主性・自律性を強調するだけ

第**6**章 教育行政における中間（middle）

では対応しえないであろう。

　このように，1つの教育政策領域にも複数のスケールが設定されうる。この点，本章の第1節で参照してきたイギリスの自律的学校主導改革をめぐって，特別支援教育の関係者らの間では，当該分野に適した中間単位の必要性が認識されてきたことがわかっている（Driver Youth Trust 2015；Gray et al. 2015；Jopling and Hadfield 2015）。第4節の表6-19を見てもわかるように，日本の教育事務所も今後は特別支援教育における指導助言機能を充実させる必要を認識している。もっとも，既存の教育事務所が特別支援教育政策における中間単位として妥当かどうかは検討の余地があるが，少なくとも基礎自治体や個別学校などにスケールを固定化させる必要もないように思われる。

　次に，教育事務所と住民との距離の保ち方にも焦点を当てる必要があるだろう。第2節で指摘したところであるが，中間単位の改革は脱政治化を伴うことにもなる。イギリスのマルチ・アカデミー・トラストのように，公共部門以外から参入した新たなアクターによって実際の学校運営又は教員の教育活動が統制を受けるのだとすれば，中間単位と住民との距離は教育改革の持続可能性という点で今後慎重に検討していかねばならない論点であろう。

　繰り返すが日本の教育事務所はもともと内部管理事務を処理してきた機関であって，それ自体に民主的統制を受けるルートは存在しないから，公立学校関係者の間でしか認知されていないことが多い。しかし，各教育事務所がウェブサイト上で活動状況を公表したり，年報等の刊行物を作成・公表したりする例は決して珍しいことではなくなっている。教育事務所が一般にはあまり知られていない存在であるだけに，その透明性を確保することは自らの存在意義を主張するためにも重要な要素であると考える。そうした中，近年は教育相談業務を直接行う教育事務所も増えつつあり，直接に管轄区域内の住民や保護者と接する機会が増えていくことも予想される。自らは学校を運営する主体とならないだけに，住民との距離の保ち方が日本の教育事務所を再考する際のポイントとなるであろう。

179

第Ⅱ部　リスケーリングと教育

　最後に，前記2つの視点はいずれも，教育事務所自身が中間単位としての自己認識を構築していくことに寄与する要素であると考える。

　地方分権改革やそれに続く地方行革が進められていく中で教育事務所を廃止または再編統合した県がある一方で，一旦廃止した教育事務所（中間単位）を再度復活させた例もある（本多・川上編著 2022）。教育事務所はその業務を遂行するにあたって，公立小中学校の設置管理者としての管内市町村（教育委員会）の意思を尊重するというローカリズムと，かつての郡の単位を区域としてきた例が多いことから，その歴史的経緯や地理的一体性により形成される政策空間の独自性を維持しようとするリージョナリズムの両方を体現している。

　今後も教育事務所は単なる県教育委員会の代理人ではなく，県と市町村又は各学校との「中間空間」（middle space）としても，それぞれの地域において固有の意味を持ちうるであろう。しかし，諸外国にみられた学校改善運動の中での中間単位には，行為能力上の制約があることが知られている。つまり，分権改革では権限や財源が中間単位にむけて委譲されることは通常ないにもかかわらず，その所管する各学校等への支援に関しては1つの組織として成果を求められてしまう。単にグッドプラクティスを管内市町村や学校に波及させていくためのハブであればよいとする見解も成り立ちうるが，その点で，今後は変革を促すエージェントとしての中間単位に着目してもよいであろう（Childress et al., 2020）。これに関していえば，県教育委員会の中には全国学力・学習状況調査の結果を，教育事務所の単位で平均正答率などを集計・公表している例がある。こうした工夫の中から，教育事務所の中間単位としての自己認識にどのような変容が生じているのか，今後検証していく余地があるように思われる。

　日本の教育事務所は，将来また地方行革が課題となった際にはふたたび再編整理の対象となる可能性があるだろう。とはいえ，日本の地方教育行政において独自の政策空間を形成しうる存在であるとすれば，教育事務所を有する都道府県は，その戦略的な活用を検討する余地があるといえるだろう。

第6章 教育行政における中間（middle）

注
(1) もっとも，人口・児童生徒数の減少傾向が避けられない中，今後は市町村単体ではなく複数市町村で教育事務の共同処理を進めていく必要性が増していくものと予想される。
(2) 教育事務所に関する先行研究の整理については，本多・川上編著（2022），参照。
(3) たとえば，文部科学省「令和5年度教育行政調査（令和5年5月1日現在）」によれば，市町村全体では25％の市町村で指導主事がいない。こうした状況は，平成の市町村合併が終息して移行，徐々に改善しつつあるものの，指導主事数でみれば，人口1万5000人未満の自治体当たり指導主事数平均は2.0人を下回っている。

参考文献
久保木匡介（2021）「イギリスにおける2010年代の教育ガバナンスの変容——マルチ・アカデミー・トラストの増大と学校教育の統制構造」『長野大学紀要』43(2)：13-27。
高橋望（2007）「1980年代ニュージーランドにおける教育行政制度の再編」『比較教育学研究』2007(34)：44-64。https://doi.org/10.5998/jces.2007.44
広瀬裕子（2020）「自律的教育経営の機能不全問題と対応政策——英国政府の強制的介入支援及び Ofsted の性格変容」『社会科学年報』54：163-177。https://doi.org/10.34360/00010970
ブレナー［Brenner］, N.（2011）「国家のリスケーリングをめぐる未解決の問題群［Open questions on state rescaling］」（齊藤麻人・丸山真央訳）『地域社会学会年報』23：83-108。https://doi.org/10.20737/jarcs.23.0_83
ヘニグ，ジェフリー（2021）『アメリカ教育例外主義の終焉——変貌する教育改革政治』（青木栄一監訳）東信堂。
本多正人・川上泰彦編著（2022）『地方教育行政とその空間——分権改革期における教育事務所と教員人事行政の再編』学事出版。
横井敏郎・横関理恵・姉崎洋一（2018）「イギリスにおけるキャメロン連立政権の教育改革——アカデミーとスタジオ・スクールを中心に」『北海道大学大学院教育学研究院紀要』133：91-121。https://doi.org/10.14943/b.edu.133.91
Ainscow, M., Armstrong, P., Hughes, B. C. and Rayner, S. M.（2023）*Turning the tide : A study of place based partnerships.* Staff College. https://thestaffcollege.uk/publications/turning-the-tide/
Armstrong, P. W., Brown, C. and Chapman, C. J.（2021）"School-to-school collaboration in England: A configurative review of the empirical evidence," *Re-*

view of Education 9(1)：319-351. https://doi.org/10.1002/rev3.3248

Asim, M., Mundy, K., Manion, C. and Tahir, I.（2023）"The "missing middle" of education service delivery in low- and middle-income countries," *Comparative Education Review* 67(2)：353-378. https://doi.org/10.1086/724280

Barber, M.（2003）"Deliverable goals and strategic challenges: A view from england on reconceptualising public education," in OECD（Ed.）, *Networks of innovation：Towards new models for managing schools and systems*（pp. 113-130）. OECD Publishing. https://doi.org/10.1787/9789264100350-en

Beel, D., Jones, M. and Rees Jones, I.（2018）"Elite city-deals for economic growth？ Problematizing the complexities of devolution, city-region building, and the（re）positioning of civil society," *Space and Polity* 22(3)：307-327. https://doi.org/10.1080/13562576.2018.1532788

Childress, D., Chimier, C., Jones, C., Page, E. and Tournier, B.（2020）*Change agents：Emerging evidence on instructional leadership at the middle tier.* Education Development Trust, the Education Commission and UNESCO. https://unesdoc.unesco.org/ark:/48223/pf0000374918

Commission on Public Service Governance and Delivery（2014）*Commission on Public Service Governance and Delivery：Full report.* Welsh Government. https://www.gov.wales/report-commission-public-service-governance-and-delivery

Courtney, S. J. and McGinity, R.（2022）"System leadership as depoliticisation: Reconceptualising educational leadership in a new multi-academy trust," *Educational Management Administration & Leadership* 50(6): 893-910. https://doi.org/10.1177/1741143220962101

Cousin, S. and Greany, T.（2022）*Developing a new locality model for English schools：Literature review update*（Summary Report）. Association of Education Committees Trust/British Educational Leadership, Management and Administration Society. https://localed2025.org.uk/

Datnow, A. and Honig, M. I.（2008）"Introduction to the special issue on scaling up teaching and learning improvement in urban districts: The promises and pitfalls of external assistance providers," *Peabody Journal of Education* 83(3)：323-327.

Department for Education（2010）*The importance of teaching：The schools white paper 2010*（Cm 7980）. The Stationery Office. https://www.gov.uk/govern

ment/publications/the-importance-of-teaching-the-schools-white-paper-2010

Department for Education (2022) *Implementing school system reform in 2022/23 : Next steps following the schools white paper.* Department for Education. https://www.gov.uk/government/publications/implementing-school-system-reform-in-2022-to-2023

Driver Youth Trust (2015) *Joining the dots : Have recent reforms worked for those with SEND?* Driver Youth Trust. https://driveryouthtrust.com/research-policy/

European Commission: Directorate-General for Education, Youth, Sport and Culture (2018) *Study on supporting school innovation across Europe* [Final report]. Publications Office, European Commission. https://doi.org/10.2766/466312

Evans, G. (2022) "Back to the future? Reflections on three phases of education policy reform in Wales and their implications for teachers," *Journal of Educational Change* 23(3) : 371–396. https://doi.org/10.1007/s10833-021-09422-6

Fraser, A. (2010) "The craft of scalar practices," *Environment and Planning A : Economy and Space* 42(2) : 332–346. https://doi.org/10.1068/a4299

Fullan, M. (2015) "Leadership from the middle," *Education Canada* 55(4) : 22–26.

Gilbert, C. (2019) *Optimism of the will : The development of local area-based education partnerships. A think-piece.* London Centre for Leadership in Learning, UCL Institute of Education. https://discovery.ucl.ac.uk/id/eprint/10065147/

Gilreath, A. (2024, September 9) "All-charter no more: New Orleans opens its first traditional school in nearly two decades," *Hechinger Report.* https://hechingerreport.org/all-charter-no-more-new-orleans-opens-its-first-traditional-school-in-nearly-two-decades/

Gray, P., Elliot, N. and Norwich, B. (2015) *Governance in a changing education system : Ensuring equity and entitlement for disabled children and young people and those with special educational needs.* SEN Policy Research Forum. https://senpolicyresearchforum.co.uk/past-policy-papers/

Greany, T. (2015) *The self-improving system in England : A review of evidence and thinking.* Association of School and College Leaders. https://www.ascl.org.uk/Our-view/Campaigns/ASCL-Blueprint/A-Blueprint-for-a-Self-Improving-System

第Ⅱ部　リスケーリングと教育

Gunter, H. M. (2015) "The politics of education policy in England," *International Journal of Inclusive Education* 19(11)：1206-1212. https://doi.org/10.1080/13 603116.2015.1044206

Hargreaves, A. (2024) *Leadership from the middle : The beating heart of educational transformation.* Routledge.

Hargreaves, A. and Shirley, D. (2018) *Leading from the middle : Spreading learning, well-being, and identity across Ontario.* CODE Consortium for System Leadership and Innovation, Council of Ontario Directors of Education. http://www.ccsli.ca/downloads/2018-Leading_From_the_Middle_Final-EN.pdf

Henderson, S. R. (2019) "Framing regional scalecraft: Insights into local government advocacy," *Territory, Politics, Governance* 7(3)：365-385. https://doi.org/10.1080/21622671.2017.1389660

Henig, J. R. and Rich, W. C. (2004) *Mayors in the middle : Politics, race, and mayoral control of urban schools.* Princeton University Press.

Honig, M. I. (2004) "The new middle management: Intermediary organizations in education policy implementation," *Educational Evaluation and Policy Analysis* 26(1)：65-87.

House of Commons Education Committee (2016) *The role of Regional Schools Commissioners : First Report of Session 2015-16* (HC 401). UK Parliament. https://committees.parliament.uk/work/2300/the-role-of-regional-schools-commissioners-inquiry/publications/

IIEP-UNESCO (2017) *Decentralization in education : Examining the role of the district education office.* International Institute for Educational Planning, United Nations Educational, Scientific and Cultural Organization. https://www.iiep.unesco.org/en/publication/decentralization-education-examining-role-district-education-office

Innes, M. (2023) "School policy actors and their policy work in a multi-academy trust," *Journal of Educational Administration and History, Latest Articles*, 1-14. https://doi.org/10.1080/00220620.2023.2288564

Jochim, A. and Pillow, T. (2019) *Sustaining improvement after state takeovers : Lessons from New Orleans.* Center on Reinventing Public Education. https://crpe.org/sustaining-improvement-after-state-takeovers-lessons-from-new-orleans/

Jopling, M. and Hadfield, M. (2015) "From fragmentation to multiplexity: Decentralisation, localism and support for school collaboration in England and Wales," *Journal for Educational Research Online* 7(1)：49-67.

Karlsen, G. E. (2000) "Decentralized centralism: Framework for a better understanding of governance in the field of education," *Journal of Education Policy* 15(5)：525-538. https://doi.org/10.1080/026809300750001676

Leithwood, K. (2010) "Characteristics of school districts that are exceptionally effective in closing the achievement gap," *Leadership and Policy in Schools* 9 (3)：245-291. https://doi.org/10.1080/15700761003731500

Leithwood, K. and Mccullough, C. (2017) *Strong districts and their leadership project : Final report.* Council of Ontario Directors of Education. https://www.ontariodirectors.ca/sdl.html

Lubienski, C. (2014) "Re-making the middle: Dis-intermediation in international context," *Educational Management Administration & Leadership* 42(3)：423-440. https://doi.org/10.1177/1741143214521594

Lucas, M., Faulkner-Ellis, H., Del Pozo Segura, J. M. and Julius, J. (2023) *Transitioning to a multi-academy trust led system : What does the evidence tell us ?* National Foundation for Educational Research. https://www.nfer.ac.uk/publications/transitioning-to-a-multi-academy-trust-led-system-what-does-the-evidence-tell-us/

Mascall, B. and Leithwood, K. (2010) "Investing in leadership: The district's role in managing principal turnover," *Leadership and Policy in Schools* 9(4)：367 -383. https://doi.org/10.1080/15700763.2010.493633

Mawhinney, H. B. (2008) "Towards a new political leadership praxis in the rescaled space of urban educational governance," in B. S. Cooper, J. G. Cibulka and L. D. Fusarelli (Eds.), *Handbook of education politics and policy* (pp. 411 -430). Routledge. https://doi.org/10.4324/9780203887875.ch22

Mourshed, M., Chijioke, C. and Barber, M. (2010) *How the world's most improved school systems keep getting better.* McKinsey & Company. https://www.mckinsey.com/industries/education/our-insights/how-the-worlds-most-improved-school-systems-keep-getting-better#/

Muir, R. and Clifton, J. (2014) *Whole system reform : England's schools and the middle tier.* Institute for Public Policy Research. https://www.ippr.org/publications/whole-system-reform-englands-schools-and-the-middle-tier

Naumann, I. K. and Crouch, C. (2020) "Rescaling education policy: Central-local

第Ⅱ部　リスケーリングと教育

relations and the politics of scale in England and Sweden," *Policy & Politics* 48(4)：583-601. https://doi.org/10.1332/030557320X15835195302535

Nicholson, P. M. and Wilkins, A. W. (2024) "Intermediaries in local schooling landscapes: Policy enactment and partnership building during times of crisis," *Journal of Education Policy, Latest Articles*, 1-22. https://doi.org/10.1080/02680939.2024.2346140

OECD (2015) *Schooling redesigned : Towards innovative learning systems.* Educational Research and Innovation, OECD Publishing. http://dx.doi.org/10.1787/9789264245914-en

OECD (2018) *Developing schools as learning organisations in Wales.* OECD Publishing. https://doi.org/10.1787/9789264307193-en

OECD (2020) *Achieving the new curriculum for Wales.* OECD Publishing. https://doi.org/10.1787/4b483953-en.

O'Shaughnessy, J. (2012) *Competition meets collaboration : Helping school chains address England's long tail of educational failure.* Policy Exchange. https://policyexchange.org.uk/publication/competition-meets-collaboration-helping-school-chains-address-englands-long-tail-of-educational-failure/

Papanastasiou, N. (2019) *The politics of scale in policy : Scalecraft and education governance.* Policy Press.

Pemberton, S. (2016) Statecraft, scalecraft and local government reorganisation in Wales. *Environment and Planning C : Government and Policy* 34(7)：1306-1323. https://doi.org/10.1177/0263774X15610581

Penuel, W. R., Briggs, D. C., Davidson, K. L., Herlihy, C., Sherer, D., Hill, H. C., Farrell, C. and Allen, A.-R. (2017) "How school and district leaders access, perceive, and use research," *AERA Open* 3(2): 1-17. https://doi.org/10.1177/2332858417705370

Powys, B. (2010, December 7) "Pisa tests show pupils in Wales falling behind," *BBC News.* https://www.bbc.com/news/uk-wales-11930257

Robert Hill Consulting (2013) *The future delivery of education services in Wales.* Welsh Government. https://www.gov.wales/future-delivery-education-services-wales

Sampson, C. (2019) ""The state pulled a fast one on us": A critical policy analysis of state-level policies affecting English learners from district-level perspectives," *Educational Policy* 33(1)：158-180. https://doi.org/10.1177/089590

第**6**章　教育行政における中間（middle）

4818807324

Sibieta, L. and Jerrim, J. (2021) *A comparison of school institutions and policies across the UK*. Education Policy Institute. https://epi.org.uk/publications-and-research/a-comparison-of-school-institutions-and-policies-across-the-uk/

Thraves, L., Fowler, J. and Carr-West, J. (2012) *Should we shed the middle tier?* Local Government Information Unit. https://lgiu.org/publication/should-we-shed-the-middle-tier-3/

Welsh Government (2017) *Education in Wales: Our national mission, action plan 2017-21*. Welsh Government. https://www.ysgoldyffrynconwy.org/archif/downloads/041017-education-in-wales-en.pdf

West, A. and Nikolai, R. (2017) "The expansion of "private" schools in England, Sweden and Eastern Germany: A comparative perspective on policy development, regulation, policy goals and ideas," *Journal of Comparative Policy Analysis: Research and Practice* 19(5): 452-469. https://doi.org/10.1080/13876988.2016.1262549

West, A. and Wolfe, D. (2019) "Academies, autonomy, equality and democratic accountability: Reforming the fragmented publicly funded school system in England," *London Review of Education* 17(1): 70-86. https://doi.org/10.18546/LRE.17.1.06

Wheater, R., Burge, B., Bradshaw, J. and Ager, R. (2010) *ISA 2009: Achievement of 15-year-olds in Wales*. NFER: National Foundation for Educational Research. https://nfer.ac.uk/publications/pisa-2009-achievement-of-15-year-olds-in-wales/

Wong, K. K., Shen, F. X., Anagnostopoulos, D. and Rutledge, S. (2007) *The education mayor: Improving America's schools*. Georgetown University Press.

Woulfin, S. L., Donaldson, M. L. and Gonzales, R. (2016) "District leaders' framing of educator evaluation policy," *Educational Administration Quarterly* 52(1): 110-143. https://doi.org/10.1177/0013161X15616661

第7章

イギリス教育政策におけるリスケーリング
――日本との比較のために――

近 藤 康 史

1　イギリスの教育政策を見る視点

イギリス教育政策とリスケーリング

　本章の目的は，本書の主要概念の1つである「リスケーリング」の観点から，イギリスの教育政策・行政の変化の過程を，描き出すことである。そのことを通じて，前章までで行われてきた日本の教育政策・行政との違いを浮かび上がらせ，比較の視点を与えたい。

　序章で述べられているように，日本の場合は後発型近代国家として「教育の論理」の自律性が高まったが，そのような近代化を辿らなかったイギリスの場合には，「教育の論理」の自律性は日本ほどには高くなかった。その場合，リスケーリングも含む教育改革はどのように進むのだろうか。この問いを中心として，イギリスの事例は重要な比較対象となるだろう。ただし，本章で扱うのはあくまでイギリスの事例である。またイギリスの中でもイングランドを対象とし，初等・中等教育を中心として公立学校に対象を絞る。[1]

　政策介入や意思決定の単位の変化を空間的に捉える「リスケーリング」は，イギリスにおいても，国家機構の空間的・領域的再組織化を通じた国家や経済の再活性化の方法として注目されている（Giddens 2002）。公共政策研究に関しても，「ガバナンスの新たな形態であり，公共政策を供給する新たな方法」（Jeffery 2002：3）といった形で関心は高まっており，実際にその視点から政策

189

第Ⅱ部　リスケーリングと教育

について分析した研究も存在する（Goodwin et al. 2012）。なかでも，（地方）分権化を語る際の概念として用いられることが多くなっている。

　しかし序章でも触れられているように，リスケーリングは，単なる分権化にとどまるものではない。中央集権化もある種のリスケーリングであるし，分権化が進めば国家の権力が弱まるといったような，ゼロサム的な権力関係を前提とするのでもない。たとえば分権化を通じて国家の権力も強めていくといったようなことも，「リスケーリング」としてはありうる。さまざまな方向性を持った空間的な権限移譲を通じて，何らかの政策的目標を達成しようとするトータルな国家戦略として把握することが必要である（Brenner 2019=2024）。

　この観点からすれば，イギリスの教育政策や教育行政は，日本と比べてかなり大胆な形でリスケーリングが展開されてきた事例である。20世紀初頭，イギリスで国家レベルでの教育行政が確立したときには，基本的には地方教育当局（Local Education Authority：LEA）が担うものとされ，その意味で地方分権的な性格が強かった。分権的なシステムは戦後も続いたが，1980年代のサッチャー保守党政権期において，教育にかかる LEA の権限は大幅に縮小され，国家と学校の役割が強められた。国家という上位の単位と学校という下位の単位へと，相反する二方向へのリスケーリングが行われたのである。その後，1990年代後半に労働党政権へと政権交代すると，LEA は地方当局（Local Authority：LA）へと改組されつつ，一定の権限を回復した。ただし国家や学校の権限が縮小されたわけではなく，教育にかかる地方の役割も，かつてからは大きく変化した。加えて，「アカデミー」の設置など「公私のパートナーシップ」の変化として捉えられる学校改革においても，リスケーリングの要素が組み込まれてきたのである。2010年の保守党・自由民主党政権以降は，それらの改革が加速される中で，LA が学校に対してもつ権限は再び削減されつつある。

リスケーリングの要因

　以上のように，イギリスの教育政策・行政におけるリスケーリングは大規模

190

に進められており，それはとくに日本と比べた場合には顕著であろう。ではなぜイギリスでは，このようなリスケーリングを伴う教育改革が可能となったのか。この問題こそ，本章においてイギリスの教育政策・行政の展開を描きつつ検討していく論点であるが，その背景には，イギリスの二大政党である保守党と労働党との間での教育政策をめぐる党派的対立と，政権交代があった。つまり，大胆なリスケーリングは，これらの政党による政治主導的改革によって可能となったのである。

　日本の場合，近年においては変化が見られるものの，教育政策をめぐっては文部科学省の意向が強く働いてきた。その意味で，省庁主導の性格があったといえるだろう。しかしイギリスの場合にはその改革は政治主導で進められるとともに，政権交代に伴ってその方針は変化してきた。そもそもイギリスにおいては，省庁の構成すら政権によって大きく変動する。教育に関しても，1964年から92年までが教育・科学省（Department of Education and Science），1992年から95年までは教育省（Department for Education），1995年から2001年までは教育・雇用省（Department for Education and Employment），2001年から2007年までは教育・技能省（Department for Education and Skills），2007年から2010年までは子ども・学校・家庭省（Department for Children, Schools and Families）という形で再編成され，2010年以降は再び教育省に戻っている。教育政策は，あるときは雇用，またあるときは職業的技能と結びつけられる形で政治主導によって構想され，それに合わせた形で省庁が再編成されてきたのである。

　この点は，イギリスにおいて，教育政策が他の政策と切り離される形でセクショナリズム的に進められてきたというよりも，より包括的な福祉や公共サービス改革と結びつけられながら展開してきたことも示している。つまり，教育改革を主導した理念は，その政権の福祉国家改革理念と一貫している面を持つのである。したがって，教育のみの独自の論理で改革が展開されているわけではなく，他の福祉政策や公共サービス改革の理念にもとづいていることが，より大胆な改革やリスケーリングに繋がっている。

191

第Ⅱ部　リスケーリングと教育

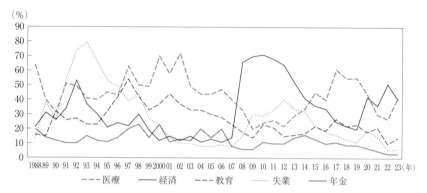

図7-1　イギリスの有権者が重視する争点（1988年以降）
注：Ipsus/MORI の調査より。回答者は、2つを選択している。また、調査は月毎に行われているが、各年において最も割合の高かった月の数値を採用した。

　また図7-1に示したように，有権者の関心という点において，教育政策は常に10〜30％程度の有権者から「重要な争点」とみなされており，一定の重要性を認められている。とはいえ，教育政策が最もセイリエンスの高い争点になることもない。このような状況の下で政権にとって教育が大胆な改革対象となるのは，イギリスでは最も注目を浴びることの多い医療や雇用といった争点と「公共サービス」や「福祉」に関連して結びつけられつつ，それらを包括した理念をもって改革対象となる場合が多いからであろう。この点も，教育政策がそれ自体の独自の論理をもって扱われがちな日本との大きな違いといえそうである。

　このように，イギリスにおいてはより包括的な福祉国家や公共サービスの一環として教育が捉えられ，その政権の福祉国家改革理念と一致した形で教育改革も行われてきたと考えられる。このことが，リスケーリングを含む大胆な改革が構想され実現された要因でもあり，教育政策をより広い政策的文脈の中で捉えることの必要性にも繋がっている。

　以下では，これらの視点にもとづいてイギリスの教育政策の展開と変化について「リスケーリング」を中心に検討し，大胆な改革が可能となった理由につ

いて検討していくことにしたい。

2　地方主導の教育——1970年代まで

イギリス教育制度の成立

　本書の関心は現代にあり，イギリスを対象とする本章も同様であるが，1980
年代以降のリスケーリングのインパクトを議論するためには，それ以前に形成
されたイギリスの教育政策・行政の特徴について，歴史的文脈にもとづき確認
しておく必要がある。したがってここではまず，20世紀におけるその成立から
見ていくことにしたい。

　イギリスでは，19世紀に入ると徐々に公教育制度が整備されつつあったが，
依然として「教育行政のごたまぜ状態」と表現されるような状況であった（Al-
drich 1996=2001：137）。それらを国家レベルで統一し，20世紀以降の教育制度
の基礎を成立させたのが，1902年教育法である。それはイギリスにおける教育
の近代化という役割を果たしたが，国家レベルで統一されたとはいえ，教育に
関して地方の役割・権限が強く，その意味で分権的な性格が強かった。具体的
には，全国に318の地方教育当局（Local Education Authority：LEA）を設置し，
初等・中等教育の運営を担わせたのである。その結果，中央政府が国家的な教
育政策を決定し，LEA は財政や教員の人事などを中心として学校を運営する
役割を負うという形がとられた。これは，「中央と地方の活発なパートナーシ
ップ」を目指したものとして捉えられ（大田 1992：Sharp 2002），イギリス教育
行政の顕著な特徴とされた（Chitty 2002：262）。

　このように一定の中央統制が働く仕組みではあったが（大田 1992：318），実
態としては，パートナーシップといいながらも LEA の独自性と自律性が強か
った。たとえばカリキュラムに関しても，国家レベルでは統一されておらず，
LEA の助言を受けながら各学校が決定することとなっていた。イギリスにお
いては，地方によって人種的・民族的構成や，産業構造などに伴う階級構成の

第Ⅱ部　リスケーリングと教育

違いがあるため，そういった地方・学校ごとの多様性が尊重されていたといえるが，他方で，教育行政の一貫性は国家レベルでは構築されなかったという評価もある（Sharp 2002：199）。

　またそれは同時に「教員の教育の自由」が根幹となる制度でもあり，そこには中央政府も介入しないという認識があった（大田 2010：25）。上述のカリキュラムの独自性は，教員自らカリキュラムを設定するという点で，それを顕著に示す例であろう。さらにその背景には，地方政治を通じた教員労働組合の影響力の強さもあった（Lowe 2002：151）。20世紀初頭においては，労働組合を主な支持母体とする労働党は設立されたばかりの小政党で二大政党の一角を占めておらず，国政レベルではまだ政治的影響力を行使できる勢力ではなかった。したがって教員労働組合は，地方を通じて影響力を行使しようとしたのである。地方主体の教育制度と教員の教育の自由とは，このような形でも結びついていた。のちに，LEA主体の教育システムはサッチャー保守党政権による教育改革の主要なターゲットとされるが，その理由の1つは，サッチャーが忌み嫌った「労働組合」と「生産者（＝教員）中心制度」とが結びつく場が，LEAであったからでもある。

　いずれにしても，イギリスの公教育制度は当初から地方分権的な形で成立し，戦後の教育政策・行政も，この基礎の上に展開されることになる。

戦後のイギリス教育政策・行政

　戦後のイギリス福祉国家の展開を考える際，第2次世界大戦中にその基礎が生み出されていた点はよく指摘される。「ナショナル・ミニマム」や「普遍性・十分性・包括性」の名のもとに，国民全体をカバーする包括的な福祉の必要性を提言した『ベヴァリッジ報告』が発表されたのは1941年であり，その中には教育政策の重要性も含まれていた。

　戦後の教育制度の基礎を形成したのは，1944年教育法である。当時は第2次世界大戦中の挙国一致内閣であったが，この教育法を主導したのは労働党であ

った。戦後の基礎をなす教育法であったとはいえ，基本的には1902年教育法を引き継いだ性格があり，教育制度としては引き続き LEA が主体となる面が大きかった。LEA は教育大臣の「統制と指示」の下で運営され，「あらゆる地域に多様で包括的な教育サービスを提供するための国家政策」の実施を確保する責任を負った。つまり「国家的な教育システムを，地方で管理する」体制であった（Chitty 2002：261）。

　したがって，国家的な方針の下に教育を運営する責任を負うという点において，LEA は「日本の教育委員会に相当する」とされる場合もある（植田2016：116）。確かに，この頃の LEA は教員の人事権を持っていた。また，教育的な指導助言や青少年・地域の指導に関わるサービスを行うなどもしており（高妻 2007：185），これらの点に日本の教育委員会との間での共通性があったのは確かである。しかし教育行政における中央─地方関係から捉えれば，LEA は権限的にも役割的にもより広い。たとえば，先述したようにカリキュラム編成に関しては国家ではなく LEA が管理の役割を担っていた。

　ただしカリキュラム編成に関しては，LEA は指導や助言の役割に留まっており，実質的には各学校の自律性に委ねられていた面もある。しかも大半の LEA が，初等・中等教育のカリキュラムに関して名目的な管理さえ行っていなかったとされ，これらの決定は各学校の教員によって行われていた（Chitty 2002：263）。この背景には，先述したように教員の教育の自由があり，また各学校が，その地域に特有のニーズを特定して対応することが重視されていたことがある。つまり，さまざまな地域的差異，たとえば経済発展の程度や社会構造，人種的・民族的構成，宗教などに対応し，その地域の特性に合った教育が行えるようなシステムとして，イギリスの教育制度は設計されていたのである。このような理由から，「地方（local）」というスケールが重視されたといえる。

　しかしこのシステムは，国家レベルで教育の標準化（standardisation）を達成するという点では，問題を内包するものでもあった。カリキュラムなどに関し地域的多様性は尊重される一方で，不利な環境にある子どもが多い地域を中心

として，教育水準の地域間格差を生む可能性があるからである。とりわけ国家レベルでの標準化を重視してきた日本と比べれば，このことは大きな問題に感じられるかもしれない。

　しかし，このような問題を内包しつつも，イギリスにおいてLEA主体の教育制度が構築された背景には，日本との間での教育に関わる平等観の違いがある。苅谷によれば，戦後日本における教育の標準化は，「面の平等」として行われた。つまり，地域間の教育格差の是正が平等観の根本となり，それが教育の標準化と均質化に結びついていった（苅谷 2009）。イギリスの場合，先述のようにLEA主体の教育制度は地域的多様性を尊重しており，地域間での標準化や均質化を重視する日本とは大きな違いがあった。

　しかしイギリスの場合も，教育における「平等」が重視されなかったわけではない。むしろ，「何の」平等を目指すかという点で違いがあったのである。イギリスで重視されたのは地域間の平等というよりも，階級的な平等であった。イギリスの中等教育においては，入学時点（11歳）で入学試験による選抜を行う制度であったが，これは実質的には属する階級によって通う学校が異なることへとつながり，階級的不平等の固定化に結びついていた。したがって戦後においては，入学試験による選抜を行わない総合制中等学校が推進され，労働党や教員労働組合が強いLEAを中心に総合制中等学校の設置は広がっていった。これはもちろん，教育にとどまらず階級的平等を目指した労働党が国政レベルで推進していたものであり，実際に総合制総合学校の設置を各LEAに義務づけることとなった（望田 1996：140）。

　ここにみられる，日本における地域間平等（＝地域間格差の是正），イギリスにおける階級間平等という平等観の相違は，教育政策を越えて，戦後の日英の公共政策全般に関する相違としても示唆的であろう。つまり，日本においては公共事業等を通じて主に地域間格差の是正を目指す分配が主とされたのに対して，イギリスにおいては階級間格差の是正を目指す経済的再分配が福祉国家の軸となった。

このことはまた，イギリス教育政策が，階級間の経済的格差是正を目指す，より包括的な福祉国家や公共サービスの理念と一致する形で進められていたことも示している。もちろんこれらの理念は労働党が主に推進するものであったが，戦後しばらくの時期は保守党と労働党の間で福祉国家に対する一定のコンセンサスが形成されており（近藤 2017），教育政策の基本的な方針が保守党政権によって破壊されるというようなこともなかった。しかし，イギリスにおいて深刻な経済停滞の時期となった1970年代に入ると，福祉国家批判とパラレルな形で従来の教育政策への批判も高まり，風向きは変わっていく。そして批判の矛先は，地方主導の教育システムに向かい，LEA が主要な改革ターゲットになっていったのである。

3　国家と学校へのリスケーリング──1980年代

LEA への批判

その後，イギリスの教育政策・行政は大きくリスケーリングされることになる。それは主に1980年代のサッチャー保守党政権期であるが，改革の必要性自体は，1970年代中盤の労働党政権期から提起されていた。

その理由の1つは，イギリスにおける教育水準の低下であった。LEA に大きな自律性を認める「中央と地方とのパートナーシップ」は，教育水準という点で有効な手段ではなくなっているのではないか。このような形で LEA に批判の矛先は向かった。また1974年には，急進的な教育方法が導入された公立中等学校において保護者の批判が集中した，いわゆる「ウィリアム・ティンダール事件」が有権者の注目を集めた。これもまた，LEA の管理責任が問われるとともに，教員や LEA という「教育の生産者」の優位性を疑問視させる象徴的事件となった。つまり，この「教育の生産者」の優位性のために，社会のニーズや，保護者・子どもという「教育の消費者」の願望に応えられていないという認識へと繋がっていったのである。

第Ⅱ部　リスケーリングと教育

　このような批判は，教育だけではなく，当時のイギリスにおいて高まりつつ
あった福祉国家全般に対する批判とパラレルな部分があった。深刻な経済停滞
の時期にあって，経済水準や国際競争力の低下の原因が，生産者優位で労働組
合の影響力が強い経済システムや福祉国家にあるとの批判と結びつけられてい
たのである。その意味で，これらの福祉国家批判のロジックが，そのまま教育
にも適用されていた面があった（山下ほか 2023：43）。

　このような批判が教育に対しても広がった当時，政権を担当していたのは労
働党であり，首相はキャラハンであった。これまでも見てきた通り，労働党は
そもそも LEA 中心の教育行政を推進してきた側であり，さらに労働組合を支
持母体とするため「教員の自由」を尊重する姿勢を示してきた。しかしこの時
は，キャラハン首相自ら，これまでの「（中央と地方の）パートナーシップ」か
ら学校など教育提供者側の「アカウンタビリティ」へと重点を移行する姿勢を
示した（Chitty 2002：66）。また「パートナーシップ」という場合も，学校と保
護者・地域住民との間のパートナーシップが強調されるようになったのである。

　こういった方向性は，1977年に発表されたいわゆる『テイラー報告』に具体
化された。この報告書は，教育水準を含めた学校パフォーマンスの向上と，教
員人事などに関する学校の裁量権の拡大を明確に提言した。その中では，各学
校に設置された保護者と LEA 代表が同数となる学校理事会が管理の役割を担
う形が提案されていた（植田 2016：119）。これは学校の自律性を高める改革提
案であり，LEA から学校へと権限を移すというリスケーリングの視点がすで
に登場していたのである。その意味で，『テイラー報告』は戦後イギリスの教
育改革の画期となる文書であったともいわれる。

　ただし1979年の総選挙で労働党は敗北し，政権交代が生じた結果，『テイラ
ー報告』は廃棄されることとなった。しかしこの報告書の基礎をなした理念，
とりわけ学校の自律性を高めるという点はサッチャー保守党政権の関心を呼ん
だ（Sharp 2002：201）。その結果，保守党政権において，教育のリスケーリン
グが本格的に始まるのである。

サッチャー政権による教育改革とリスケーリング

　サッチャー改革に関しては日本でも多くの研究が存在し，教育政策に関しても例外ではない。その多くは，サッチャー政権による教育改革が，新自由主義，あるいは NPM 型の行政統制の性格を持つものであることを示している（たとえば，久保木 2019）。他の福祉・公共サービス改革と同様に，サッチャー政権期の教育改革が新自由主義や NPM の要素を持っていたことは確かであり，その意味で，序章でいうところの「市場の論理」が本格的に導入された時期と見ることができる。しかしとくに教育政策の場合，リスケーリングがその手段とされていた点については指摘する価値があるだろう。

　サッチャー政権による教育改革のターゲットは，明確に LEA であった。教員や労働組合の影響力の強い LEA は保守党政権に対する抵抗勢力となりうるため，LEA の権限を弱めること自体が目的化している面もあった。しかしより理念的に捉えれば，LEA の代わりに各学校の自律性を高めるというリスケーリングによって，保護者など「教育の消費者」による選択と，それをめぐる学校間の競争を促そうとしたといえる。

　それに向けたサッチャー政権の教育改革は，矢継ぎ早に行われた。政権獲得直後の1979年には，LEA が総合制学校を促進する義務を廃止した。これは先述のように労働党政権が行った政策であり，それからの転換であった。また1980年教育法では，LEA が維持している学校間での保護者の選択をより容易にする改革がなされた。さらに1986年教育法では，各学校に設置された学校理事会における，保護者や地元企業の影響力が強化された（Whitty 2008：167）。

　そしてこのような改革の集大成であり，サッチャー政権による教育改革として最も言及されることが多いのが，1988年の教育改革法である。この改革は，LEA の権限の大幅な削減を含んでいた。その１つは，国庫補助学校の導入である。これまで公立学校は，LEA から予算を受け取っていた。しかし国庫補助学校は，LEA の管理下から離脱し予算も国から直接受け取る学校であり，その導入は地方の権限を弱め国家の役割を高めることを意味した。さらに，各

第Ⅱ部　リスケーリングと教育

学校が国庫補助学校へと転換するかどうかは，保護者の投票によって決められることとなり，保護者の役割が高まったのである。もう1つは，自律的学校経営である。LEA が持っていた権限を各学校の学校理事会へと移譲するもので，とくに教員人事権が LEA から各学校へと移されたことは重要であった。

　これらの改革は，「保護者の学校選択の自由」「学校間の競争による教育水準の向上」「生産者（＝教員）から消費者（＝保護者）へ」といった要素を色濃く持っており，その点でサッチャー政権におけるより包括的な福祉国家改革の理念と共通するものであった。たとえば医療（NHS：National Health Service）においても，財源はこれまで通り公費によりながらも，医療機関の間での競争を促すような「準市場」と呼ばれる改革がサッチャー政権期には行われており，教育政策との間で共通性が見られる。

　しかしその中でも教育政策の場合には，医療のように準市場を導入するというよりは，これらの改革を「リスケーリング」によって達成しようとする点に特徴があった。これまで述べてきた通り，LEA から各学校への権限移譲という点は明確である。しかし，単なる「分権化」にとどまるものでもなかった。各学校の自律性を高める一方で，その改革は国家からの統制を強める側面も伴っていたのである。すでに取り上げた国庫補助学校の導入は，各学校の自律性を高めつつも，同時に予算を通じた国家からの直接的管理という性格を持つ。さらにサッチャー政権期においては，国家的に統一されたナショナル・カリキュラムが設定され，LEA や各学校はカリキュラム編成権を失った。

　したがって，学校と国家という二方向への権限移譲によって，LEA の権限は大幅に削減された。この結果，LEA にはさまざまなタイプの学校間での協力を促進する役割のみが残されることとなった（Sharp 2002：303）。学校の統制や運営といった，LEA が伝統的に担ってきた権限や役割は剝奪され，それらは一方では学校に，他方では国家へと移された。ここに，「地方（local）」という中間単位から，「学校」という下位の単位と，「国家（national）」という上位の単位へという，2つの方向性を持ったリスケーリングが認められる。また

200

このリスケーリングは，教育の水準を改善するという目的へと向けた国家の戦略として行われたのであった。

4　パートナーシップの構造転換とリスケーリング——1990年代後半から現在へ

ブレア労働党政権期の教育改革

　1997年の総選挙で労働党が勝利し，政権交代が生じた。首相となったブレアは，野党党首期から教育に力を入れる必要性を訴えており，労働党政権において教育政策は最重要課題の1つとなった。ブレア政権は，人的資本を重視する社会的投資政策への転換を試みており（近藤 2023），教育はその中軸の1つを担うものであった。またこれに呼応するように，この時期においては有権者の教育への関心も比較的高かった（前掲の図7-1）。このような状況の下，ブレア政権はどのような教育改革を行い，そこにリスケーリングを組み込んできたのだろうか。またこれまでも触れてきたように，伝統的に労働党は教育政策においてLEAの役割を重視してきたが，政権交代後の労働党はLEAに対してどのようなスタンスを取ったのだろうか。

　このような視点からブレア労働党政権の教育改革を見ると，確かにLEAの役割を再構築している面は認められる。保守党政権期に国庫補助学校に転換した学校は，地方補助学校へと戻され，学校予算はLEAを介して配分する形に戻された。その意味で，地方の役割が再び重視される形でリスケーリングが生じていると考えられるかもしれない。

　イギリス政治研究において，サッチャー保守党政権とブレア労働党政権との間の共通性（連続性）と差異（断絶性）は，大きな論点となってきた。教育政策についても同様であり，その際，ブレア労働党政権がLEAの役割を再生したという点は，サッチャー保守党政権との違いを強調する際の重要な一要素とされる場合が多い（たとえば，清田 2009）。

　しかしこのような側面は確かにあるとはいえ，単純な再生とは言えなかった。

第Ⅱ部　リスケーリングと教育

ブレア政権期には，地方の教育担当は LEA から，より包括的な政策領域を扱う LA（地方当局）へと変更された。この変更をもって教育は他の政策領域と統合されたため，本書の序章でいうところの「総合化」の側面を持った[2]。また，かつてのような地方による学校統制には戻らなかった。サッチャー政権以降に進められた自律的学校経営は，ブレア政権期にもさらに強化されたのである。その際のロジックは保護者や地域の人々の「参加」を保証するという点にあった。その中で LA の役割はむしろ限定的なものにとどめられた。たとえば，2000年に発表された教育・雇用省の文書『学校教育における地方教育当局の役割』では，「深刻な弱点を抱える学校を除き，学校を運営したり，介入したりすることは，地方の役割ではない」との方針が見られる（DfEE 2000）。そうではなく地方は，各学校への支援機能を担うべきであり，その意味で「媒介」の役割へと変化すべきとされている。

　したがって，ブレア労働党政権期においては地方の役割が一定程度は再生されたとはいえ，国家や学校の役割を地方に再移譲する形での，ゼロサム的なリスケーリングであったと捉えることはできない。また，リスケーリングの要素を含んでいることは確かであるが，パートナーシップの構造転換と捉えた方が良い面もある。上述したように，かつてのイギリスでは「中央─地方のパートナーシップ」が重視されてきた。しかし労働党政権期においては，このような「スケール」を単位とした「中央─地方─学校」間のパートナーシップだけではなく，「公─民」や「地域─保護者─学校」といったより多元化したパートナーシップへの構造転換が行われ，その中にリスケーリングもまた一要素として含まれる形となったと見るべきであろう。

　この点に関して最も注目すべきは，ブレア労働党政権期において「アカデミー」と呼ばれる新たな公立学校の設置が開始されたことである。アカデミーとは，国から直接に運営費を受給するが，企業などの民間団体がスポンサーとなることも認められており，その上で学校が独自に管理運営を行う学校である。とくに労働党政権期においては，不利な社会状況にある地域で「失敗している

学校」をアカデミーに転換し，教育成果を上げることを目的としていた。

このアカデミーに関しては，日本において取り上げられる場合にも，民間資金の導入がとくにクローズアップされ，新自由主義的な文脈や，「公―私のパートナーシップ」の枠組の中に位置づけられることが多い。しかしそれとともにアカデミーは，他の地方補助学校とは異なりLAからは離脱し，国家の直接管理になっているとともに，カリキュラム編成や教員雇用に関して自由裁量権を持つ点で，自律的学校経営を推進するという側面を持つ。これらの側面からすれば，アカデミーの設置という改革の中にも，国家と学校という二方向へのリスケーリングの要素が含まれていると言えるだろう。

また国家の役割の強化という点からすれば，ブレア政権期には国家による教育の監査も重要視されるようになった。イギリスでは1992年にOFSTED（教育監査局）が設立されたが，ブレア政権はこのOFSTEDによるLAや各学校への監査を重視した。その監査によって，LAや学校に対して不利な結果が出た場合には，民間部門への引き継ぎや，民間部門の一部導入などが行われることになったのである（Sharp 2002：209）。ここには，教育水準の向上を国家戦略として行う目的があり，大田はこれを「品質保証国家」と呼んでいる（大田2010）。

以上のように，ブレア労働党政権期においては，「国家―地方―学校」にとどまらず，「公―民」，「地域―保護者―学校」といった形で多様なサービス供給主体やステークホルダーの参加によって教育水準の向上を果たそうとする，「多元化したパートナーシップ」への方向性が見られた。しかし上述のように，それらの改革の中にもリスケーリングが組み込まれている点は見逃せない。

またこれらの改革も，教育改革だけにとどまらず，ブレア労働党の福祉国家・公共サービス改革全般に共通するものでもあった。たとえば医療（NHS）に関しても，各医療機関に対する権限移譲を通じて患者のニーズにより的確に対応するとともに，「国家―地方当局―医療機関」や「公―民」のパートナーシップを構築することで，医療の質の向上を目指した（近藤 2008：74）。した

第Ⅱ部　リスケーリングと教育

がってこの時期の教育改革もまた，教育だけの独自の論理にもとづくのではなく，より包括的な福祉国家・公共サービス改革と一貫する形で行われていたと見ることができる。

保守党・自由民主党連立政権から現在へ

　2010年に政権交代が生じ，保守党・自由民主党連立政権が成立する。2010年代以降の教育改革で重視されたのはアカデミーの大幅な拡大であり，それによって自律的学校経営はさらなる広がりを見せ，逆にLAの役割はいっそう縮小された。上述のように，アカデミー自体はブレア労働党政権期に導入されており，その意味で連続性はあったが，保守党・自由民主党連立政権との間では重点の違いがある。

　ブレア労働党政権期に最初にアカデミーが導入された際，アカデミーへの転換が想定されていたのは，貧困など社会的に不利な環境にある地域において，成績不振など失敗している状況にある学校に限定されていた。こういった学校をLAの管理から外し，国家による直接介入と自律的学校経営によって改善をはかり，他の地域との格差を埋めようとしたのがアカデミーだったのである。

　保守党・自由民主党政権は，これらのアカデミーが成績不振の学校を立て直してきたことを評価し，2010年アカデミー法をもって，すべての公立学校がアカデミーに転換できるようにした点に，前政権との違いがあった。そのアカデミーへの転換にも2種類ある。1つは，OFSTEDによる監査結果が良い学校で，これらの学校は自発的にアカデミーへと転換する権利を持ち，「転換型アカデミー」と呼ばれる。アカデミーに転換するかどうかは保護者の投票によって決められる。もう1つは，監査結果が最低水準にある学校で，これらは強制的にアカデミーへと転換させられる。この場合は「スポンサー・アカデミー」と呼ばれる。また既存の学校のアカデミーの「転換」ではなく，保護者や教員などによって組織され，政府に申請する形で新たにアカデミー同様の学校を設置する場合は，「フリースクール」と呼ばれる。

204

第7章　イギリス教育政策におけるリスケーリング

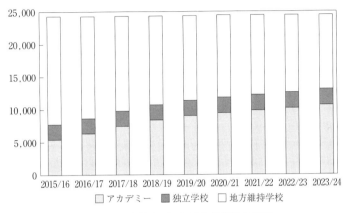

図7-2　イギリスにおける学校数の推移
出所：Department for Education（2024）*Schools, Pupils and their Characteristics*.

表7-1　イギリスにおけるアカデミーと地方維持学校の数と割合（2023/24年）

		学校数	割合
初等学校	アカデミー	7158	42.7%
	地方維持学校	9606	57.3%
中等学校	アカデミー	2828	81.9%
	地方維持学校	624	18.1%

出所：Department for Education（2024）*Schools, Pupils and their Characteristics*.

　これらのアカデミーの拡大は着実に進行しており、現在では地方維持学校の数に迫っている（図7-2）。またその内訳に関しては、2023/24年の段階で公立学校のうち、初等学校の42.7%、中等学校の81.9%はアカデミーとなっており、とくに中等学校においては、アカデミーの方が圧倒的に多数になっていることがわかる（表7-1）。

　このように2010年以降の保守党・自由民主党連立政権期およびその後の保守党政権期においても、アカデミー化を中心として学校形態の多様化が進んだ。そのことは教育のリスケーリングが、学校という下位の単位へといっそう権限

第Ⅱ部　リスケーリングと教育

移譲される形で進んでいることも意味する。実際，アカデミーはカリキュラムの編成を学校独自に行いうるし，教員人事についての権限も持つ。さらに教員人事に関しては，アカデミーの教員は教員資格を持つことが義務付けられておらず，また給与と労働条件に関しても，法定のガイダンスに従う必要はない。また，入学試験もアカデミーの責任で行いうるのである（West 2019）。

　他方でLAに関しては，アカデミー化の進展の中で教育サービスを供給するという役割はますます縮小されている。それどころかLAはアカデミー化やフリースクール設置を奨励する役割を負っており，これは実質的には各学校のLAからの離脱を促進する役割が，LA自体に課せられていることを意味する。その上で，複数の学校にまたがる問題への対処や，成功した学校改善戦略の共有化といった役割が，LAには与えられている（青木 2015：50）。いずれにしても，直接的な教育サービスの供給から，多様な学校間の調整へと，LAの役割は変化しつつある。

　2010年以降の保守党・自由民主党連立政権（キャメロン首相）の最大の課題は緊縮財政であり，多くの福祉分野で削減が進んだ。しかし教育や医療といった公共サービスは，一部の人ではなく普遍的に広範囲の人々が利用するサービスであり，また有権者の関心も比較的高い争点であるため（前掲の図7-1），不人気を避けて明確な削減対象とはならなかった（近藤 2017：177）。そのような中，教育水準の向上や国際競争力の強化は政権の課題でもあり，その目的をリスケーリングで果たそうとしたのである。また，キャメロン政権は「大きな社会」という理念を重視したが，その理念とこれらの教育改革の共通性も指摘されている（久保木 2019：216）。「大きな社会」とは，公共サービスを，地域団体や民間団体，ボランタリー・グループといったさまざまな社会団体との協力にもとづいて推進しようとする理念であるが（近藤 2015：25），これらの団体によって運営されるアカデミーへの転換は，その一部をなすものといえる。したがって，この時期の教育改革も，教育独自の論理というよりは，より包括的な福祉国家・公共サービス改革理念に沿ったものであったともいえるのである。

ただし，各学校の自律性を強化する改革が進む中で，再び問題となってきたのが，各学校間のネットワーク化や協力である。もちろん，上述のようにLAにはその役割が期待されていたが，LAはアカデミーには直接介入できない。そこで，必ずしも地域の枠にとらわれない，新たな形での学校間のネットワーク化が，近年では見られるようになっている。それは，マルチ・アカデミー・トラストという形態である。そもそもアカデミーは，トラスト（法人）と教育省との契約によって設置され，国家から資金提供されるが，トラストが契約にもとづいて1つのアカデミーを運営する場合（単独型アカデミー）もあれば，単一の契約にもとづいて複数のアカデミーを運営する場合もある。後者が，マルチ・アカデミー・トラストと呼ばれている。2017年の段階では，アカデミーのうち，73％がマルチ・アカデミー・トラストであり，その形態は拡大を見せている（West 2019：74）。また単独型アカデミーの場合でも，あるアンブレラ・トラストの下に編成されていたり，他のアカデミーと協働パートナーシップを形成したりするなど，一定のチェーンの傘下にある場合が増えている。

　マルチ・アカデミー・トラストなど，アカデミー間のチェーンの拡大は，個々の学校という最も下位の単位に権限が移譲された後，再びその上の中間単位での連携が必要とされていった過程として見ることができるだろう。国家（中央）―LA（地方）―学校が，これまでの「スケール」の前提となってきたが，マルチ・アカデミー・トラストのように，国家と学校との間の中間単位を担う新たな連携組織が登場する形で，リスケーリングが進んでいると見ることができるのである。

　しかし，このマルチ・アカデミー・トラストが拡大するにつれて，それが各学校の自律性を損なっているのではないかという批判も登場している。マルチ・アカデミー・トラストが運営する各学校は，それ自体としては独立した法人格を持たないため，マルチ・アカデミー・トラストが中央と契約した内容の教育を提供する地域の拠点としての役割にとどまる。したがって各学校は，マルチ・アカデミー・トラストから与えられた権限のみを有するのであって，そ

第Ⅱ部　リスケーリングと教育

れはかつて，学校の自律性を損なうと批判された，地方（LEA）と学校との関係と同じ形へと戻ってしまっているのではないかという議論である（West 2019：75）。これらは，学校の自律性を強化する形でリスケーリングを行った場合でも，何らかの形でその学校間の調整を行う中間単位の組織が必要となるが，今度はその組織が学校の自律性を制約するという問題を示しているといえよう。しかし，現在その中間単位を担う組織は，地方（LA）という地理的スケールではなくなりつつあるのである。

5　リスケーリングはなぜ進んだか

　本章では，20世紀以降のイギリスにおける教育政策・行政の変化について，主に「リスケーリング」の観点から論じてきた。明確になったのは，日本に比べても大胆なリスケーリングが行われてきたことである。

　その過程は，次のようにまとめられる。20世紀初頭に，「中央―地方のパートナーシップ」を重視する形でイギリスの教育システムは形成されたが，実質的には地方の教育当局（LEA）が大きな権限を持つ形となった。それは戦後においても続いたが，1970年代になると，教育水準の低下などさまざまな問題を指摘されるようになり，LEA中心のあり方が改革のターゲットになっていく。1980年代におけるサッチャー保守党政権は，LEAの権限を大幅に削減し，学校の自律性を高めるとともに，国家の役割も強化した。1990年代後半からの労働党政権は，再び地方当局（LA）の役割を重視するが，以前の状態に戻すのではなく，学校の自律性や国家による監査も強化し，多元的なパートナーシップの構築の中にリスケーリングを組み込んだ。そして2010年からの保守党・自由民主党政権および保守党政権は，労働党政権期に導入されたアカデミーを大幅に拡大することで，LAの役割を実質的にはさらに削減していく。その中で，アカデミー間の調整や協力を担う中間単位の組織として，マルチ・アカデミー・トラストなどが構築されつつある。

208

第**7**章　イギリス教育政策におけるリスケーリング

　ここにも示されているように，これらの改革の画期には，イギリスにおける政権交代がある。したがって，リスケーリングを伴う教育政策・行政の改革は，保守党・労働党それぞれの党派性が反映される形で，政治主導によって進められたということがわかるだろう。なぜイギリスにおいては大胆なリスケーリングが可能となったのかという問題を考えるとき，党派性と教育政策との関係，および政権交代の存在は，重要な要素となる。とりわけ，そもそも政権交代が少なく，教育行政に関しては政党の党派性というよりも文部科学省の意向が反映されてきた日本と比較した場合には，このイギリスの特徴はより顕著に浮かび上がるだろう。

　また，本章の冒頭部でも示したように，イギリスにおいて教育そのものは，有権者の間でも一定の着実な関心を呼んではいるが，決して突出したセイリエンスを持つ争点ではない。しかし，政権における教育への関心は教育水準や国際競争力の観点から高く，またそれを，有権者の間でも関心が高いより包括的な福祉国家・公共サービス全般に関する改革理念と結びつける形で，教育改革が実行されてきたのである。この点も，イギリスにおいて大胆なリスケーリングが実行されてきた背景にある。また，他の福祉や公共サービスとは切り離され，いわば独自の論理をもって教育政策が展開されがちな，日本との違いとして読み取ることができるだろう。

　以上のように，日本と比較した場合，イギリスの特徴はより顕著に浮かび上がる。逆にいえば，イギリスと比較することによって，本書で扱われてきた日本の事例も相対化して考えることができるように思われる。また同時に，日英の間にはこれらの違いがあるとはいえ，教育政策やその改革が，中央―地方における権限関係を中心として，統治機構のあり方と強く関連づいている点では共通していることを示しているだろう。

　しかしもちろん本章は，イギリスの教育政策・行政やそのリスケーリングを「理想」として考えるものではない。学校の自律性を高める方向での改革は，さまざまな問題点も生み出している。たとえば，アカデミーは独自にカリキュ

209

第Ⅱ部　リスケーリングと教育

ラムを編成する権限を持つため，ナショナル・カリキュラムに従う必要がなく，そのことが教育内容の断片化につながり，教育水準の標準化に結びついていない点が指摘されている（West et al. 2023）。また，教員人事も学校ごとであり，アカデミーの場合には雇用条件や給与水準も学校ごとの権限となるが，その一方で教員不足は恒常的な問題となっている[3]。このように，学校の自律性に伴う問題が指摘される一方で，国家（OFSTED）による監査の存在や，マルチ・アカデミー・トラストの拡大などは，むしろ各学校の自律性を損なう形で機能しているのではないかという批判も根強い。こういった問題も認識しながら，教育改革，また教育改革におけるリスケーリングの役割について，考えていく必要があるだろう。

注

(1)　イギリスは，イングランド，スコットランド，ウェールズ，北アイルランドの四つの地域からなる連合王国であるが，教育政策はそれぞれの地域によって異なる。本章では，イギリスの中でもイングランドに関する議論を行う。

(2)　LA の中に教育担当の部局が設けられたが，その部局名は地方によって異なる（日英教育学会編 2017：85）。

(3)　労働党は，政権交代を果たした2024年の総選挙におけるマニフェストで，教育政策の最優先課題を教員のリクルートメントに置いた。

参考文献

青木研作（2015）「イギリス連立政権化のアカデミー政策——学校の自律化が与える地方教育行政への影響に着目して」『日英教育研究フォーラム』19号。

植田みどり（2016）「現代イギリスの教育改革」原清治・山内乾史・杉本均編著『比較教育社会学へのイマージュ』学文社。

大田直子（1992）『イギリス教育行政制度成立史——パートナーシップ原理の誕生』東京大学出版会。

大田直子（2010）『現代イギリス「品質保証国家」の教育改革』世織書房。

苅谷剛彦（2009）『教育と平等——大衆教育社会はいかに生成したか』中公新書。

清田夏代（2009）『現代イギリスの教育行政改革』勁草書房。

久保木匡介（2019）『現代イギリス教育改革と学校評価の研究——新自由主義国家に

おける行政統制の分析』花伝社。

高妻紳二郎（2007）『イギリス視学制度に関する研究——第三者による学校評価の伝統と革新』多賀出版。

近藤康史（2008）『個人の連帯——「第三の道」以後の社会民主主義』勁草書房。

近藤康史（2015）「キャメロン政権下のイギリス福祉国家——緊縮財政と『大きな社会』」『生活協同組合研究』469号。

近藤康史（2017）『分解するイギリス——民主主義モデルの漂流』ちくま新書。

近藤康史（2023）「イギリスにおける家族政策へのシフトと支持調達」高端正幸・近藤康史・佐藤滋・西岡晋編『揺らぐ中間層と福祉国家——支持調達の財政と政治』ナカニシヤ出版。

日英教育学会編（2017）『英国の教育』東信堂。

望田研吾（1996）『現代イギリスの中等教育改革の研究』九州大学出版会。

山下晃一・清田夏代・高野和子・勝野正章（2023）「英国における"学校分権型教員人事"の生成過程と今日的展開——広域教員人事による集権的問題解決との相違を念頭に」『神戸大学大学院人間発達環境学研究科研究紀要』16(2)。

Aldrich, Richard（1996）*Education for the Nation*. Cassell.（松塚俊三・安原義仁監訳『イギリスの教育——歴史との対話』玉川大学出版部，2001年）。

Brenner, Neil（2019）*New Urban Spaces : Urban Theory and the Scale Question*. Oxford University Press.（林真人監訳『新しい都市空間——都市理論とスケール問題』法政大学出版局，2024年）。

Chitty, Clyde（2002）"The Role and Status of LEAs: Post-war pride and fi de siècle uncertainty," *Oxford Review of Education* 28(2 & 3).

Department for Education and Employment［DfEE］（1997）*Excellence in School*.

Department for Education and Employment［DfEE］（2000）*The Role of the Local Educational Authority in School Education*.

Jeffery, Charlie（2002）"An Introduction to the Devolution and Constitutional Change Programme," in Charlie Jeffery ed., *Devolution and Constitutional Change : A Research Programme of the Economic and Social Research Council*. ESRC Research Programme.

Giddens, Anthony（2002）*Where Now for New Labour*. Polity Press.

Goodwin, Mark, Martin Jones and Rhys Jones（2012）*Rescaling the State : Devolution and the geographies of economic governance*. Manchester University Press.

Lowe, Roy（2002）"A Century of Local Education Authorities: what has been

第Ⅱ部　リスケーリングと教育

lost ?," *Oxford Review of Education* 28(2 & 3).

Sharp, Paul (2002) "Surviving, not Thriving: LEAs since the Education Reform Act of 1988," *Oxford Review of Education* 28(2 & 3).

West, Anne (2019) "Academies, autonomy, equality and democratic accountability: Reforming the fragmented publicly funded school system in England," *London Review of Education* 17(1) : 70-86.

West Anne, David Wolfe and Basma Yaghi (2023) "How can we create a fairer school system ?," *British Politics and Policy at LSE.* https://blogs.lse.ac.uk/politicsandpolicy/how-can-we-create-a-fairer-school-system/

Whitty, Geoff (2008) "Twenty Years of Progress ?: English Education Policy 1988 to the Present," *Educational Management Administration Leadership* 36 (2): 165-184.

終　章

教育行政研究の「失われた環」をつなぐ

徳久恭子・砂原庸介・本多正人

1　教育行政研究の可能性

本書の試み

　本書では，産業構造の転換に起因する構造改革への社会経済的な要請という背景のもとで取り組まれた統治機構改革が教育に与えた影響を「教育の論理」と「市場の論理」，そしてそれらを踏まえた政治の判断に注目して検討した。これは，教育を社会経済構造の変化ならびにそれへの政治的対応というマクロな次元からもたらされる変革圧力と，教育政策というミクロな次元での応答（教育改革の実態）とを結びつける，いわば，メゾの分析を試みたものである。同様の手法を採るものとしては，序章に述べた福祉国家研究が挙げられるが，そこでは，職業訓練や人的資本の形成の面で教育に注目した研究が重ねられている。人的資本への注目という点では，社会学（教育社会学を含む）にも社会階層と学歴・文化資本との関係についての分厚い研究があり，そこで得られた知見をもとに教育政策への課題提起などが行われている（吉川 2006；中澤 2014；中村編 2018；松岡 2019）。

　教育政策研究はどうだろうか。国内の教育政策研究の特徴の1つは，対象に時期的な偏りがあることだと考えられる。学校教育と一言でいっても内容は多岐にわたることから，一人の著者による通時研究は難しく，教育史研究に頼ることになるが，それも多くはない（木村 2015；小国 2023；貝塚 2024）。個々の事

例研究に目を向けても，対象は占領期から1950年代までの制度改革期，臨時教育審議会（臨教審）による改革，行政改革や地方分権改革の影響が教育におよんだ2000年代以降に偏在している。ここから，教育政策研究の関心が変化を説明することに寄せられてきたことがわかる。もちろん，そうした傾向は教育に限ったことではなく，社会科学全般に見られることでもある。

　だが，そのように変化に関心を寄せることと，定型的な行政活動への関心の有無は別問題で，変化の少ない安定的な活動への関心が限られることには，別の理由が考えられる。そして，そこに戦後教育学の特殊性があるのではないか。戦後の教育学は戦前の軍国主義教育を一掃し，民主教育の推進を期待されたが，冷戦が進行する中で，「国民の教育権論」を権力への対抗言説とし，それを擁護することが主流となった。教育を内的事項と外的事項に区分し，教育行政は教育内容に関与するべきではないという公権力不介入論は占領期に築かれた教育システムの堅持を正当化したものの，教育システムの作動そのものへの関心を低めさせた。そのことは，教育行政学に，教職希望者や学校教職員，自治体職員に教育法規や運用を教示するという実学を担わせながらも，教育行政が日常的に行う定型的な活動の把握を軽視させたのである（広瀬 2006, 2010）。

　教育は経済社会の期待と無縁でないし，政治の判断と無縁でない。教育制度も制度の1つとして特定の目的に即し形成され，運用される。運用は多くの場合，創意工夫の余地をもち，そこから特定の行為を促す慣行が生まれ，その慣行が非公式の制度として機能し，教育政策を特徴づける。本書は制度形成のみならず，運用に注目することで，日本の教育政策の特徴を把握しつつ，そうした特徴が社会経済構造の変化をどのように受け止め，変化したのか／しなかったのかを明らかにすることを目的とした。それは，教育行政研究の「失われた環」をつなぐ試みであったといえる。本書の執筆陣が政治学，行政学，教育行政学を専攻する研究者から構成されたのは，そうした理由にもとづいている。

　学際的な研究は遠心力が働きやすいが，目的と手法が共有されれば，シナジー効果を得られる。たとえば，行政学は政府間関係の特性把握に長けるものの，

終　章　教育行政研究の「失われた環」をつなぐ

教育行政の運用上の創意工夫や慣行を知ることが難しい。教育行政学はこの点
に明るいものの，実務を円滑化する慣行を積極的に説明する必要を強く認識し
てこなかった。本書が注目した「教育事務所」は好例といえる。学際的な研究
により教育行政研究の「失われた環」，すなわち，定型的な教育行政活動が教
育政策にどのような特徴を与えたかを改めて確認しよう。

教育行政の作動

　教育学は「領域」学問であり，対象を教育に限ることから，教育行政学にお
いては文部科学省（文科省）─都道府県教育委員会─市区町村教育委員会とい
う政府間関係のもとで学校教育が運営されることが自明視される。だが他の分
野と比較すると，その関係は例外的であることがわかる。国の行政機関による
地方自治体への関与は，一般的には省庁に対応する部局（厚生労働省と福祉部な
ど）に対して行われる。そこでは，知事や市町村長をリーダーとする総合行政
のもとで，国からの関与を受けつつさまざまな意思決定が行われることになる。
それに対して教育分野では，知事や市町村長から一定の独立性を有するとされ
る教育委員会が執行機関となっている。他の分野であれば，知事や市町村長が
自治体内の組織再編成を行うと，その影響で組織の境界が変わる可能性がある
が，教育の場合には教育委員会（教育庁）という組織の境界が極めて強固とな
っている。

　国民の教育権論を理論支柱とした教育行政研究は，地教行法が定めた政府間
関係を法文どおり上意下達（垂直的行政統制モデル）と捉え，標準化を実現する
ために国から地方への統制が強く働くことを前提としがちであった。しかし，
一定の独立性が付与された教育委員会制度のもとで，教員の雇用には都道府県
教育委員会が責任を持つ県費負担教職員制度が重なり，都道府県を中心に学校
教育を提供するしくみを築かざるを得なかった。都道府県には，公立学校の運
営に関する教育行政に最適なスケールを設定し，そのもとに教育事務所（支
所）を配置して，社会経済的条件の異なる学校教育の運営に携わり，学校間・

市区町村間の格差を是正することで標準化を実現することが求められてきたのである（本書第3・6章）。制度の運用実態把握への関心の低さが教育行政特有の機能を軽視させたといえるが，「標準化」という政策志向が義務教育を均質化させることで教育行政の多様性を不可視化させたことも，特性把握を遅らせた理由の1つに挙げられる。詳細を確認しよう。

　教員人事のスケールが地理的条件や教職員組合との力関係，財政力などから決められたように，公立の義務教育諸学校に関わる制度の運用には幅があり，自治体の多様性が認められる。とはいえ，それは標準化の範囲を逸脱しない。制度がそれを求めるのも事実だが，アクターの志向性が多様化の範囲を限るからである。筆者たちは3つの調査から，教育委員会ならびに学校教育関係者が学校間の格差を嫌うことや，学力テキストで測られる教育パフォーマンスの改善についても学校や自治体というそれぞれの単位よりはむしろ全体的な底上げを望むことを明らかにしたが，それは「標準化」という学校教育行政の作動原理が教育関係者に内面化され，そのもとで創意工夫を図るという条件つきの個性化や多様化が常態化していることを意味する（徳久・本多・川上 2023a, 2023b, 2024）。教員が特定の圏域内での定期的な異動を予定する人事慣行（県費負担教職員制度）はこの志向性を強化させ，多様性を校長や教員による個性ある学校運営という範囲に収めている。

　義務教育が「標準化」を保障する制度体系のもとで機能していることは，高校教育政策と比較することで明らかになる（リード 1990）。高校については，学習指導要領をのぞくと国の行財政的な制度が緩やかで，教職員給与や学校建築等は設置自治体の自治事務となることから一定の裁量を持った政治の判断が効きやすい。高校間の序列化を嫌う自治体では狭域の学区が設置された例が示すように，政策の多様性も観察されやすい。もし地方分権改革が徹底すれば，義務教育においても「多様化」を追求する政治家が増え，教育委員会に政策変更を迫ると予想される。有権者の関心が高い学力問題を例に考えよう。有権者の期待に応えたい政治家にとっては，突出した結果を生む条件を整えたことが

終　章　教育行政研究の「失われた環」をつなぐ

手柄になるため，優秀教員の囲い込みを求めると予想される。ただし，県費負担教職員制度はそれを許さないため，独自採用に向けた権限の移譲を期待すると思われる。

　ところが，第5章の考察からは，権限移譲を望む自治体はそもそもそれほど多くなく，「基礎自治体が包括的に教員人事に関する権限を担おうとするというよりも，それぞれの状況に対してあくまでも選択的に対応している」傾向にあることが示された。教員不足への対応を検討した第4章からは，教員人事については，小規模自治体を中心に，広域での最適・均衡を志向する「教育の論理」に則ったリスケーリングの傾向が再び観察されつつあること，換言すれば，教職員の安定供給が優先されることが明らかになり，予想と逆の選択が採られていることが見て取れた。昨今の教員不足の報道を見る限り，教育の多様性は公教育の安定性と継続性の上に立つという理解は社会的にも支持されており，「教育の論理」にもとづく現行システムを利用しつつ，地域特有の課題に個別に対処することが政治家にとって合理的な選択になっていると考えられる。

　例外は人事権を有する政令指定都市で，ここには「市場の論理」を徹底させる余地が残る。政令指定都市は人口規模も経済規模も一定あり，学校教育という市場に参入する主体が複数存在しうる。もし受け皿があれば，市場化という選択は可能になり，自治体が構造改革特区を活用した規制緩和に出る可能性は否めない。もちろん，政治家の判断は有権者の意向に左右される。有権者は「よい教育」を期待するものの，判断指標は学力なのか，市民教育なのか，別の何かであるかは定かでない。「はじめに」で述べたように，学校に期待されるものは多義的で，学校教育に直接的な利害関係を有する児童生徒の保護者の占める割合は限られている。結果として，政治家は魅力化や卓越化を学校形態の多様化や地域協働型の学校運営という範囲に止めるかもしれない。

　質・量ともに標準化された学校教育が当たり前にされる社会において，標準的な教育に何かを付け加えることは広く支持されても，標準から何かを削ることは社会的な批判を高める可能性が高い。そのために，政治家の手柄獲得と非

難回避の行動は教育システムの枠内での選択，すなわち，運用による改善を選択させるといえよう。本書の分析が示唆するのは，「市場の論理」を強める地方分権改革が行われても，「教育の論理」が政治的に選択される形で，教育行政システムの当面の安定が保たれることである。

2　レジームとイデオロギー

福祉国家と教育

　分析で示唆される当面の安定は今後も続くのだろうか。この点について考察するためには，現在に至る教育政策の位置づけに作用する福祉国家とその再編に対する理解が欠かせない。教育に影響を与える福祉・雇用レジームを構成する理念との関係から検討することが求められるのである。第1章で指摘したように，教育政策分析においては，構造改革を推進する理念を「新自由主義」と表現することが多いが，その内容は多義的で，文脈依存的になりやすい。このため，第3章では，教育政策の理念を分析可能なものにするために，3つのイデオロギー軸の掛け合わせと捉え直し，類型化を試みた。紙幅の関係で正面から扱わなかったレジームと理念（イデオロギー）の関係を少しだけ論じておこう。

　戦後日本政治のイデオロギーを語る際に指摘されるのが，防衛問題軸の特殊[2]性と生産性の政治に対する超党派的な合意である（大嶽 1999）。つまり，戦後の経済体制については国際的な自由貿易体制のルールに従いつつ，国内において経済発展に伴う果実の再分配を行うことで国民生活を豊かにするという，ケインズ主義的福祉国家の発展を事実上承認し（新川ほか 2004），党派的なイデオロギー対立を平和問題や防衛問題に傾注させたというものである。この特徴は労働運動において顕著に表れた。企業別組合を基礎とする日本の労働運動においては生産性の向上の代替として賃上げや福利厚生を得つつ，平和問題や環境問題，生活運動といった社会運動を営利追求を直接の目的としない日教組や

終 章 教育行政研究の「失われた環」をつなぐ

自治労が担うという棲み分けが行われ，実利と象徴の共存が果たされた。[3]

　裏を返せば，経済軸におけるイデオロギー対立の不在を防衛問題軸に代弁さ
せるという日本特有の左右軸は，教育における保革イデオロギー対立を象徴と
して用いながらも，超党派的に人的資本の形成を教育に期待し，「標準化」と
いう「教育の論理」を正当化したといえる。教育におけるイデオロギー対立は
冷戦を投影した党派対立で，革新の側は占領期に実施された一連の「教育の民
主化」政策を擁護した。そして，教育を受ける子どもの自由とその可能性を引
き出すことを強調する市民教育を改編しようとする文部省や文教族を「反動」
と批判して，「教育の中立性」に訴えた。他方で，秩序の弛緩を危惧し，道徳
教育の重要性を訴える保守の側は日教組の教育研究全国集会の活動を偏向教育
の温床と批判するなど，両陣営の対立は根深かった。

　ただし，学校教育においては，脱政治化が図られていた。学生運動に伴う混
乱の収拾などが学校教育の課題になる中で，日教組の理論的支柱とされた勝田
守一や堀尾輝久らも教育的価値を政治と峻別し，中立性を確保することが「子
どもの発達」を保障するという議論を1950年代後半以降に展開するようになり
（小玉・荻原・村上 2016），学校を教育のみのための空間と位置づける見方が強
まったからである。おりしも始まった高度経済成長は，党派対立を穏健化させ
る「ゆたかさ」による政治統合を可能にし，人々を学歴獲得競争に専念させる
ことで日本型の福祉国家を確立させた。

　そのような福祉国家を下支えすることになったのは，夫婦と子からなる近代
家族において，専業主婦の母親が人格形成に資するしつけ（「しつけとしての家
庭教育」[4]）と学歴獲得のための学習（「戦略としての家庭教育」）を請け負う「教育
する家族」による「社会化」であった（広田 1999; 山田 2005; 本田 2014）。裏を
返せば，学校教育は家庭教育に補完されることで福祉国家の期待する人的資本
の形成を果たしたわけだが，そこには，標準的な人材の育成という目的の共有が
見られた。

　一般に，家庭や家族のあり方については，文化（社会文化的価値）をめぐるイ

デオロギー対立が存在する。つまり，家族を社会規範や道徳で結びつけられた集団と見なす伝統的価値を重視する立場（権威主義）と，家族はあくまでも自律した自由な個人から構成されると見なすリバタリアン的価値を重視する立場（リバタリアニズム）とに分かたれ，それが家族や教育における家庭の役割に関する党派対立を生むと仮定される。ところが，日本では，バブル崩壊以降に始動した構造改革の時代まで，家庭教育は争点化を免れた。むしろ，標準化を志向する「教育の論理」と一体化することで，保革の別を問わず広く支持されたのである。その理由を簡単に見ておこう。

　まず，経済復興と高度経済成長は近代家族の形成を容易にしたが，それを築いたのは戦後の民主教育を受けた世代だった。当時理想とされた民主的な家族は，アメリカ中間階級の愛情で結ばれた家族であったが，それは占領期に移入された新しい家族像でもあった。封建的なイエ制度の解体と近代化を求めたGHQ は，よき家庭人がよき社会人になるという理解のもと，学校での家庭科教育を充実させ，それと（近代的な）家庭教育を一体的に行うことで家族の脱封建化を図ろうとした（徳久 2023）。アメリカのライフスタイルの享受はその手段であったが，豊かさへのあこがれや民主化への期待は吸引力を持ち，家庭教育は近代家族の営みとして支持され，女性たちの献身的な関与を引き出した。

　彼女たちが担った「しつけ」は「礼儀を守る」「嘘をつかない」「約束を守る」といった道徳や倫理の継承（規範的文化の伝達）のみならず（新保 2022），中流の立ち居振る舞いを習得させることでもあった。学歴による地位達成が可能であった当時，しつけも教科教育も標準化されていることが中流になることを保障したからである。このような「教育の論理」は，豊かな近代家族になるという期待に媒介され，学校教育と家庭教育を一体化させたわけだが，教育政策を形成する側には，誰もが等しく豊かになれる条件の設計が求められた。そしてそのことは，標準化を志向する「教育の論理」に言語化されないかたちで平等主義——社会に埋め込まれた社会民主主義的要素——の実現という慣行を埋め込み，格差是正に貢献するという自己強化的な理解をもたせたのである。

終 章 教育行政研究の「失われた環」をつなぐ

　総じてみれば，日本では，福祉国家がゆたかさによる政治統合を果した結果，福祉国家が本来的に持つ経済的左右軸におけるイデオロギー対立が不在となり，争点化しやすいはずの家庭教育（しつけ）や道徳も，戦前の政治体制を想起させる価値規範に頼らない限り，問題とされなかった。裏を返せば，党派間に残されたイデオロギー対立は防衛問題軸のみとなり，冷戦崩壊まで安全保障問題や平和問題が明確な争点であり続け，国旗国歌への態度や平和教育の扱いなどを通じて教育政策における保革対立を特徴づけた。このように，経済構造や福祉国家というマクロな次元から教育政策を検討すると，専業主婦を中心的な担い手とする家庭教育に支えられた「標準化」という教育の論理は体制親和的で，党派においても事実上の合意争点だったのである。

福祉国家再編期におけるパラダイム転換の実態

　1990年代以降に顕在化した変化は，日本の福祉国家における教育の位置づけの見直しを迫るものであった。まず冷戦の崩壊は，それまで防衛問題軸によって形成されてきたイデオロギー対立のあり方に見直しを迫った。本格化する脱工業化，グローバル化，知識産業化による福祉国家の再編に焦点が当てられ，中曽根康弘政権以降，「市場の論理」を強調する新自由主義的改革が試みられたのである。国鉄民営化に象徴されるような市場化を進める政策が決定されるようになり，教育分野でも臨教審による提言以降，教育の市場化や自由化を目指す改革が政治の場で本格的に議論されるようになった。

　しかし，それは必ずしも徹底されたものではなかった。労使関係の再編や積極的設備投資による経済の再編をめざした英米と異なり，日本では企業レベルの労使協調を前提に民間の努力による経営改善を新自由主義的改革と読み込んだからである。日本が英米と異なる経路を採ったのは，雇用保障を通じた生活保障が行われ（北山 2003），「一億総中流」と呼ばれた平等主義を実現したこと，それらが社会通念化し，暗黙の了解として非公式に制度化されたことで，経営者には雇用維持の道義的制約が，ネオ・リベラリストには明文化されない社会

221

的慣行を改編する政策コストが課され，改革を難しくした（大嶽 1999：178）。社会民主主義の理念を体現する政党の不在は政策選択を困難にさせ，ネオ・リベラリズムを体現した改革は，「既得権益による（イデオロギー的論争を欠いた）事実上の抵抗を受けて，進展しない」という事態に陥った（同：179）。

　このような状況で，「市場の論理」を徹底させた改革を断行するには，強い意思をもった政治リーダーによる政治の判断が欠かせない。統治機構改革により，党内の意思決定においても政府内の意思決定においてもトップダウンが可能になった状況で改革を断行した小泉純一郎はその可能性を示した。だが，彼を除くと成長の時代に築かれた平等主義という社会通念に抗する理念を保守の側も革新の側も明瞭に示せてはおらず，既得権益を擁護する折衷的な政策の提示に止まっている。結果として，社会経済構造の転換というマクロな変動に対応する構造改革の先送りが繰り返されている。

　もう1つの変化は，「教育の論理」の内部で生じた。それは家庭教育の争点化である。福祉国家の発展期には，マイホームとそこで暮らす専業主婦は1つの成功モデルであった。雑誌やテレビ等の媒体で描かれる専業主婦像はマルチタスクをこなし，子育てにも熱心な存在で，道徳的規範を伝統的秩序に求める志向性を家庭教育に回収させた。過度な理想は主婦たちに孤独や不安，焦燥を感じさせ，社会病理をもたらしもしたが，高度経済成長が終わりを迎え，高齢化が顕著になりつつあった1970年代以降は，福祉国家の機能不全を家族に補完させることを期待する政治的主張が強まり，家族と家庭の重要性が一層増していった（德久 2025）。そのような家庭教育の役割をより強調するのは，第3章に示した「保守志向の市場化」路線であり，安倍政権の家庭教育への期待や女性活躍と一体化した家族政策もこの点から理解される[5]。だが家族は盤石でない。単身世帯の増加や未婚率の上昇が示すように，家族の形成さえ困難になりつつある中で，家族による補完を前提とする政策は動揺しつつある。教育に照らせば，学校教育を補完してきた家庭教育の維持に社会階層による差が顕著となり，それが教育格差を拡大させつつある現実が浮かび上がる（苅谷 2001；松岡

2019)。

　ところが，中教審・文科省がこの問題に自覚的であるとは言い難い。「教育の論理」が標準化を志向したのは，地理的，社会経済的格差の是正が欠かせないとの判断が戦前に下されたからであり，1950年代にかけてそれを保障する制度を整え，運用してきたことが文部行政の寄る辺であることは，制度堅持の態度から明らかといえる。問題は福祉国家の求めた学校教育が家庭教育による補完の上に成立していたことであり，家族の動揺に応える措置を欠けば，制度理念である「標準化」を達成することは難しい。「教育の論理」が無自覚的に従来の家庭教育を前提とする一方で，保守の側が家庭に新たな役割を求めることが争点となっているのである。

　福祉国家の再編に伴ってイデオロギーの再構築が進む欧州では，経済的自由主義の立場からは市場化の徹底と参加による管理を促す NPM（New Public Management）が選択され，社会民主主義の立場からは社会的平等の実現と弱者の社会的包摂に向けた個人のリスク管理と将来的な経済成長を両立させる社会的投資が選択されている。それに対して，経済軸における自由主義と社会民主主義の対立が明示的に争点化されてこなかった日本では，改革思想としての経済的自由主義が先鋭化しやすく，NPM にもとづく構造改革が続けられている（「磁力としての新自由主義」）。しかし，それは所得格差の拡大や社会秩序の不安定化を伴わせやすい。そこで期待されるのは，緩衝材としての家族による自助と規律化になる（「日常的現実としての保守主義」）（宮本 2021）。新たな経済的現実に対応して有効な教育を与え，社会秩序の再構築のために規律を加える主体としての機能が焦点化されているのである。

3　リスケーリングと教育

教育ガバナンスとリスケーリング

　2000年代以降の日本では，ここまで述べてきたような福祉国家の再編を前提

としつつ，別の意思決定主体が教育政策の決定に新たに関与するようになる。すなわち，地方分権改革によって裁量の度合いを高めた地方自治体である。地方自治体は，地域住民の要求に応えて，学力向上を図る施策を導入したり，教育に関する選択の多様性を高めようとしたり，伝統的な規範の強化を図ろうとしたりする。「市場の論理」と親和的に，従来の標準化を志向する「教育の論理」に対抗するかたちで，地域ごとの多様な教育を生み出しているのである。地方分権改革が生み出したこのような帰結は，従来の国レベルでの一元的な決定から，地方レベルでの多元的な決定へと教育政策のリスケーリングが行われていることを示唆する。

　このような教育とリスケーリング問題との関連性を最もよく観察しうるのは，欧州連合（EU）という超国家機関やそれに加盟するヨーロッパ諸国の事例であり，また OECD や UNESCO 等の国際機関によって国家の領域を超えて促されるような教育におけるグローバリゼーションの事例である（Keating 2013; Lawn and Grek 2012; Lingard and Rawolle 2009）。これらの事例は，国境を超えるかたちで各国での教育政策のリスケーリングが行われることを示してきた。それに対して本書第Ⅱ部で取り上げたのは日本および EU から離脱したイギリスであり，一国内での教育改革の事例または地方教育行政運営の現状に焦点を当てたことになる。しかし，以下に述べるように，このリスケーリングの視点が一国内の教育政策に関しても十分に応用可能であることを示すことができたと考える。

　第 7 章でリスケーリングをガバナンスの新たな形態と捉える議論を紹介していることからも知られるように，リスケーリングの具体的な諸相を考察する際には，そこでのガバナンスの変容を無視することはできない（Papanastasiou 2019）。改めていうまでもないことであるが，コロナ禍のような危機に直面した場合でもなければ，社会の自律的な領域としての教育を，政治が直接的に変えることは難しい。本書第 4 章および第 5 章が扱う教員人事はその典型であり，リスケーリングが進められても，概ね教員出身者で構成される各都道府県の人

終　章　教育行政研究の「失われた環」をつなぐ

事管理担当者が具体的な実務を担っている。政治改革に伴ってまず変わるのは
いわゆる教育ガバナンスの態様であって，これに合わせて教育関係者の教育実
践や教育行政実務が変わっていくという道筋をたどり，こうした実践や実務の
積み重ねが総体としての教育を構築し直していくことになる。

　ガバナンスの概念そのものに確立した定義がないため，教育ガバナンスにつ
いての理解もまた多面性を持っている。そのため教育政策に関わる各アクター
の立場によって，また，どのような文脈の中でどのようなものとしてその教育
ガバナンスが語られるかによって，さまざまに解釈されていく（Wilkins and
Olmedo 2020）。本書の各所で言及されているように，イギリスやアメリカをは
じめとする西側先進諸国では，1970年代後半以降に規制改革や分権化を志向す
る行財政改革の潮流がほぼ共通して見られた，そうした中で教育ガバナンスも
また変容を遂げた。一言でいえば，財源や人事権を含む各種権限を各学校とい
う現場レベルの組織に付与して自律性を保障する代わりに，目標管理にもとづ
く成果主義を採用させたのであり，いわゆる NPM 的手法の採用でもある。第
6 章で論じたように，これを学校レベルにスケールが設定された現象として捉
えることができる。

　第 7 章でも指摘されているとおり，イギリスの例と比較して，日本の義務教
育レベルの公立学校教育に関していえば，こうした NPM 的手法が徹底された
わけではない。それでは両国の共通点と相違点から何を読み取ることができる
だろうか。

　教育においては，強い権力的な作用を伴わなくとも，社会の関心や論争の争
点のスケールをシフトさせることで，特定の政策や政策理念の実現を図ること
も可能である。たとえば，教育改革のスケールを学校レベルに設定し，その自
主性・自律性の確立とともにアカウンタビリティ確保を主眼とする教育ガバナ
ンスが構築されれば，その成果を客観的かつ公平に測定するための大規模学力
テストは容易に導入できるし，定着もしうる。これはグローバリゼーションを
前提とした環境においても同様で，前述した OECD 等の国際機関が行う大規

225

模学力テスト（たとえばPISA）では，その結果が国別の成績順位表（league table）として公開されることで，参加国の中にはこの結果を受けて教育ガバナンス改革が行われることもある。このように，教育に関する決定を行うスケールを変更することによって，学力の向上のような教育の目的の実現を目指す考え方がありうる（スケールクラフト）。

とりわけNPM的な分権を志向するスケールクラフトにおいては，いわゆるエビデンス・ベースの政策形成と親和的なかたちで，地方自治体や学校間の競争が強調されるようになる。数値による教育ガバナンス（governance by numbers）の体制が各国で受容され（Grek 2009; Steiner-Khamsi et al. 2024），大規模学力テストの結果が教育改善のための客観的データとして用いられることになれば，分権化された各学校はこうしたデータに基づいて自ら分析を行い改善に努めることが要請される。いわゆるデータ駆動型の自己改善学校システム（Ainscow 2015; Greany and Higham 2018; Hadfield and Ainscow 2018）であり，この点，日英での現状に大きな相違はない。

一方，大規模学力テストの結果は学校間の比較のための指標としても用いることができるし，これが学校間の格差を浮き彫りにすることにもなりうる。この場合，単体の学校ではなく複数の学校同士あるいは複数の学校を包括するアンブレラ組織を単位として改善を要する学校へのサポート体制の構築を図るならば，一段階上のレベルで政策のスケールを設定しなおすことになるだろう。本書第6章および第7章ではこうしたイギリス教育政策におけるスケールクラフトの発動の例として，マルチ・アカデミー・トラストや地域ディレクターといった中間単位の存在を確認することで検討した。

翻って，日本における地方分権改革は，スケールクラフトの役割を果たしたのだろうか。確かに先行研究においては，地方自治体における少人数学級の導入（青木 2013; 阿内 2021）や保守的なイデオロギーとも結びついた教科書選択（金井 2016）といった多様化を図るような事例が取り上げられ，新たなスケールにおける自治体の試みが強調されている。ところが，本書の第4章や第5章

終　章　教育行政研究の「失われた環」をつなぐ

の分析結果では，自治体が新たなスケールに沿って多様な教育の提供を目指そうとすることよりも，従来からの「教育の論理」を補完するかたちで教育の提供を行う姿が示されている。また，第6章では自治体よりも広域を包摂する教育事務所を，学校間の格差に対応する中間単位と認識しうる可能性についても指摘している。序章および第4章で紹介している3つのアンケート調査の結果に依拠して行った考察では，日本の政治改革，分権改革がイギリスと同様にスケールクラフトを発揮した教育改革であったことを実証できたわけではなく，イギリスとの類似性や1980年代以降の日本の教育を取り巻く環境条件からスケールクラフトの可能性を類推したにとどまっているといわざるをえない。この点の解明は今後の課題に加えておく必要があるといえよう。

　第Ⅰ部で指摘したように，グローバル化や知識社会化への対応が遅れた日本では，抜本的な構造改革が期待され，それを推進するための統治機構改革を果し，社会経済構造の転換が迫られてきた。とはいえ，成果は限られている。バブル崩壊後，「失われた10年」といわれた停滞は「失われた30年」と言い直されるほどに続き，その間に深刻化した少子高齢化が日本の経済社会に与える負荷は大きくなってきた。他方で，現状の「教育の論理」に内在する標準化志向には，政治の教育への影響力を希薄化しようとするメカニズムが埋め込まれている。ヨーロッパのように，福祉国家の再編をめぐる党派的な理念対立が前面に現れない中で，明示的な選択肢なしに「市場の論理」と「教育の論理」のどちらを重視するかを決めることは難しい。仮に大きな変更を行うとすれば，イデオロギーの可視化を前提にした上でのスケールクラフトのようなことを考えなくてはならないのではないか。本書の分析は，そのような教育政策の変更を決定するための前提条件が欠如している中での模索を浮き彫りにしたものであるとも言えるだろう。

注
⑴　教育学は教育実践研究に厚く，学校教育に関わる定型的な事務も個々の事例研究

の中で言及されることが多い。しかしながら，それに焦点を据えた研究は少なく，悉皆的な調査研究は多くない（徳久・本多・川上 2023b）。

⑵ 「戦後における防衛という争点は，単なる戦争と平和，安全保障という論点として議論されたのではなく，戦前の軍国主義，ファシズムの復活という問題と密接に絡むこととなった」こと，さらには 9 条との関係で憲法改正問題と連動した点でも特殊性を有する（大嶽 1999：7）。

⑶ 元連合総研，井上定彦氏へのインタビュー（2017年 2 月 5 日・23日）。

⑷ 教育言説としての「家庭教育」は，子どもの社会化としての家庭教育を意味する「しつけとしての家庭教育」と子どもの地位達成をめざす「戦略としての家庭教育」の 2 つに分けられる（天童・多賀 2016）。

⑸ 安倍政権が伝統的価値に訴えた理由は，下野を経験した自民党がリベラルとの立場の違いを鮮明にするために右傾化したこと，固い組織票を持つ保守的な政治団体や宗教団体の支持する伝統的家族の強化に訴えたこと，ケアの私事化を正当化する言説として期待したことなどが挙げられる（本田・伊藤編著 2017）。

参考文献

阿内春生（2021）『教育政策決定における地方議会の役割——市町村の教員任用を中心として』早稲田大学出版部。

青木栄一（2013）『地方分権と教育行政——少人数学級編成の政策過程』勁草書房。

大嶽秀夫（1999）『日本政治の対立軸』中央公論新社。

小国喜弘（2023）『戦後教育史——貧困・校内暴力・いじめから，不登校・発達障害問題まで』中央公論新社。

落合恵美子（2019）『21世紀家族へ——家族の戦後体制の見かた・超えかた（第 4 版）』有斐閣。

貝塚茂樹（2024）『戦後日本教育史——「脱国家」化する公教育』扶桑社。

金井利之（2016）「禍福は糾える縄のごとし——八重山教科書問題をめぐる政府間関係」『年報行政研究』51：43-66。

苅谷剛彦（2001）『階層化日本と教育危機——不平等再生産から意欲格差社会へ』有信堂高文社。

吉川徹（2006）『学歴と格差・不平等——成熟する日本型学歴社会』東京大学出版会。

北山俊哉（2003）「土建国家日本と資本主義の諸類型」『レヴァイアサン』32：123-146。

木村元（2015）『学校の戦後史』岩波書店。

小玉重夫・荻原克男・村上祐介（2016）「教育はなぜ脱政治化してきたか——戦後史

における1950年代の再検討」『年報政治学』67(1)：31-52。

新川敏光・井戸正伸・宮本太郎・眞柄秀子（2004）『比較政治経済学』有斐閣。

新保敦子（2022）「近代日本の家族におけるしつけの変遷──1930年代から40年代生まれの女性の検証」『学術研究：人文科学・社会科学編』70：31-48。

天童睦子・多賀太（2016）「『家族と教育』の研究動向と課題──家庭教育・戦略・ペアレントクラシー」『家族社会学研究』28(2)：224-233。

德久恭子（2023）「家庭教育における性別役割分業──変質する家族像を手がかりに」『立命館法学』404：513-565。

德久恭子（2025）「二つの近代家族像──香山健一とリベラル・モダニストの家族像」待鳥聡史・宇野重規編『〈やわらかい近代〉の日本』弘文堂。

德久恭子・本多正人・川上泰彦（2023a）「教育行政における政府間の相互補完性──都道府県教育委員会基礎調査にみる標準化のしくみ」『立命館法学』408：550-607。

德久恭子・本多正人・川上泰彦（2023b）「地方教育行政システムの再評価(1)──分権改革以降の地方教育行政管理の実像」『立命館法学』410：1-40。

德久恭子・本多正人・川上泰彦（2024）「地方教育行政システムの再評価（2・完）──分権改革以降の地方教育行政管理の実像」『立命館法学』413：420-452。

中澤渉（2014）『なぜ日本の公教育費は少ないのか──教育の公的役割を問いなおす』勁草書房。

中村高康編（2018）『教育と社会階層── ESSM 全国調査からみた学歴・学校・格差』東京大学出版会。

広瀬裕子（2006）「教育行政と「政府介入」の問題──内野正幸氏の問いかけに対して」『日本教育行政学会年報』32：69-73。

広瀬裕子（2010）「教育政策を分析するグランドセオリーの再考──「戦略的」公私二元論」『日本教育政策学会年報』17：32-45。

広田照幸（1999）『日本人のしつけは衰退したか──「教育する家族」のゆくえ』講談社。

本田由紀（2014）『もじれる社会──戦後日本型循環モデルを超えて』筑摩書房。

本田由紀・伊藤公雄編著（2017）『国家がなぜ家族に干渉するのか──法案・政策の背後にあるもの』青弓社。

松岡亮二（2019）『教育格差──階層・地域・学歴』筑摩書房。

宮本太郎（2021）『貧困・介護・育児の政治──ベーシックアセットの福祉国家へ』朝日新聞出版。

山田昌弘（2005）『迷走する家族──戦後家族モデルの形成と解体』有斐閣。

リード，スティーブン・R.（1990）『日本の政府間関係——都道府県の政策決定』（森田朗ほか訳）木鐸社。

Ainscow, M.（2015）*Towards self-improving school systems : Lessons from a city challenge.* Routledge.

Greany, T. and Higham, R.（2018）*Hierarchy, markets and networks : Analysing the "self-improving school-led system" agenda in england and the implications for schools.* UCL Institute of Education Press. https://discovery.ucl. ac.uk/id/eprint/10053501/

Grek, S.（2009）"Governing by numbers: The PISA 'effect' in Europe," *Journal of Education Policy* 24(1)：23-37. https://doi.org/10.1080/02680930802412669

Hadfield, M. and Ainscow, M.（2018）"Inside a self-improving school system: Collaboration, competition and transition," *Journal of Educational Change* 19 (4)：441-462. https://doi.org/10.1007/s10833-018-9330-7

Keating, M. J.（2013）*Rescaling the European state : The making of territory and the rise of the meso.* Oxford University Press. https://ci.nii.ac.jp/ncid/ BB14344938

Lawn, M. and Grek, S.（2012）*Europeanizing education : Governing a new policy space.* Symposium Books.

Lingard, B. and Rawolle, S.（2009）"Rescaling and reconstituting education policy," in M. Simons, M. Olssen and M. A. Peters（Eds.）, *Re-reading education policies : A handbook studying the policy agenda of the 21st century*（pp. 217 -231）. Sense Publisher. https://hdl.handle.net/10536/DRO/DU: 30025009

Papanastasiou, N.（2019）*The politics of scale in policy : Scalecraft and education governance.* Policy Press.

Steiner-Khamsi, G., Martens, K. and Ydesen, C.（2024）"Governance by numbers 2.0: Policy brokerage as an instrument of global governance in the era of information overload," *Comparative Education* 60(4)：537-554. https://doi.org/ 10.1080/03050068.2024.2308348

Wilkins, A. and Olmedo, A.（2020）"Introduction: Conceptualizing education governance: Framings, perspectives and theories," in A. Wilkins and A. Olmedo （Eds.）, *Education governance and social theory : Interdisciplinary approaches to research*（pp. 1-17）. Bloomsbury Academic.

むすびにかえて

　よい研究はよい仲間から生まれる。本書がその通りの結果になっていれば，望外な喜びである。力及ばずともそうありたいと今も願っている。

　本書を執筆するきっかけは２つある。１つは研究代表者が2015年春に東京出張に出向いた際の空き時間に共編著者の本多さんとお茶をしていた時，彼が「今は行政空間の再編をめぐる議論に関心があるんだ」と楽しそうに話してくれたことだ。偶然でしかないのだが，その当時，本書の執筆陣でもある砂原，待鳥，徳久の３名は縮小都市研究を通じてリスケーリングの問題に取り組んでいた。研究成果は『縮小都市の政治学』（岩波書店，2016年）として公刊されたが，スケールをめぐる政治の共同研究は一度中断する。多忙なメンバーがそれぞれの研究課題に戻ったことと，徳久が出産したからだ。

　しばらくは育児に専念，とならないのがこのご時世だが，同時に，無理のない範囲で調査に出た方が気分転換になるし，公私のバランスが取れていいよと助言してくれた友人が複数いた。その一人が荻原克男さんで，荻原・本多・徳久の３名と小入羽秀敬さんとで高校再編の研究（JSPS 科研費 JP17K03571）を始めた。その過程で，教育行政におけるリスケーリングに再度注目することとなった。決定打が震災復興においても自治体間連携の有無が対応差を生んだこと，自治体間の連携を支えるうえで重要だったのは都道府県教育委員会の支所にあたる教育事務所の機能だというお話を佐々木幸寿さんに伺ったことだった。いつものことながら研究会後の会食では話が弾み，教育行政単位が学力格差や標準化に影響を与えるのではないかという仮説が勢いで示され，これを検証できたらいいね，と語った雑談が第２のきっかけとなった。

　子育てに忙殺される中では先送りにされやすい新しい研究企画だが，科研の

申請時期と重なったことが幸いして申請する運びとなったといえば聞こえがいい話になる。だが残念なことに私の処理能力には限りがあり，所属機関の研究支援担当者から「先生の科研は今年度が最終年度ですが，次期科研に申請しなくて大丈夫ですか」と聞かれ，慌てふためいたというのが事実だ。〆切直前の分担依頼であったにもかかわらず，全員が快く二つ返事をくれたことで本書に結実する研究が胎動した。

　問題はコロナ禍で科研費の助成（JSPS 科研費 JP20H01459）が開始されたことだった。多くの研究者が直面した，調査出張やヒアリング等ができない困難な現実がそこにあった。大学を含む教育関係機関が対応に四苦八苦していた当時，教育委員会を対象にした悉皆調査を行うことを逡巡したが，都道府県教育委員会，市区町村教育委員会，教育事務所の担当者の方々のご厚意で実現できた。改めてお礼申し上げたい。あわせて，調査研究支援をくださった立命館大学法学部共同研究室の佐藤理英さん，畑千代さん，阿部環さん，法学アカデミーの赤塚みゆきさん，アンケート調査に尽力下さった新情報センターの飯田豊さんにも感謝申し上げる。アンケート調査の概要が『立命館法学』に公表されていることは本書に述べた通りだが，それもかれらの協力があって可能になった。

　多くの人に支えられた共同研究だが，市区町村教育委員会へのアンケート調査を設計する際には，青木栄一さんに助言をいただいた。学外研究先の北海道大学での研究会となったが，佐々田博教さんのご協力もあって有意義な時間を過ごすことができた。小学 1 年生の息子も同席した研究会だったが，研究会終了後，メンバーのフライト時間まで大通公園のオータムフェストで語らえた時間も研究の活力となった。人の輪に支えられるという点では，CLAIR・ロンドン事務所所長の松谷朗さんにコーディネートいただいた Andrew Stevens 上席調査員，LSE の Anne West 教授へのインタビュー調査（2023年 9 月14日）や旧知の苅谷剛彦さんとの意見交換などからさまざまな気づきを得ることができた。スタートアップの研究会では，坂部真理さん，田村哲樹さんからも助言いただいた。知的刺激を受けられることは研究に欠かせない糧であり，それを

むすびにかえて

惜しみなく下さった皆様に心よりお礼を申し上げたい。

　出版にあたっては，ミネルヴァ書房の冨士一馬さんに大変お世話になった。研究成果発信の関係で2024年5月上旬に相談した企画を年度内に出版まで導いてくださった進捗管理ならびに的確な助言には感服するばかりだった。このような無謀な出版計画になったのは，ひとえに研究代表の能力のなさに起因する。学外研究期間が明けた直後に父の闘病が始まり，ダブルケアの中で研究にまで手が回らなくなった不甲斐ない研究代表であったが，出版に至るよう鼓舞してくれ，大学の夏季休業というわずかな執筆期間に原稿を整えてくれた共同研究者のみなさん，出版物としての一体性を高めるために，ともに頭を捻ってくれた共編者の砂原さん，本多さん，編集者の冨士さんに深く感謝したい。

　「いい研究仲間に恵まれて幸せだな」という父の言葉を地で行った共同研究だが，課題もたくさん残されている。教育を保革のイデオロギー対立から捉えてきた学問潮流を否定するつもりはないが，見落とされてきたものも多くある。教育行政の定型的な作動の背面にある理念も政治の判断により変化しうること，それを促すのは社会経済構造の変化であること，リスケーリングはその対応であること，本書の知見が次なる研究に活かされることになれば，執筆者一同大変嬉しく思う。最後に，本書を手に取ってくださった読者の方々に心より感謝を申し上げたい。

　2025年1月

　　　　　　　　　　　　　　　　　編者を代表して　　徳久恭子

索　引

（＊は人名）

あ 行

アカウンタビリティ　156
アカデミー　158, 161, 167, 190, 202-206, 209,
　210
充て指導主事　79, 80
＊安倍晋三　95, 98
＊天城勲　85, 87
イデオロギー　218, 223, 226, 227
イデオロギー対立　219, 221
エビデンス・ベースの政策形成　226
追いつき型近代化　31
大阪維新の会　37

か 行

階層移動　ii, 3, 5
学習指導要領　1, 79
学力格差　119
学力向上政策　108, 109, 118, 121, 128
学力問題　120
学歴　i
学歴獲得（競争）　ii, iii, 3, 6
家族　219, 220, 222
学級編制基準　56, 57, 70
学校選択制　57, 70-72
学校チェーン　160
学校統廃合　134, 137
学校理事会　198, 200
家庭教育　219, 220, 222
ガバナンス　15-17, 94, 99, 224
関与の縮小　49, 55
管理主事　82
機関委任事務制度　48, 49, 53-56, 70
規制緩和　51, 57, 71

既卒者プール　122-124, 128
＊木田宏　85, 89
規模別権限移譲　49, 61, 68
義務教育費国庫負担金　60, 61, 71
義務教育費国庫負担制度　36, 81, 135, 136
義務教育費国庫負担法　76, 77
義務標準法　81
教育委員会　57, 62, 195
教育課程（カリキュラム）　1, 2
教育行政研究　214, 215
教育事務所　16, 82, 110, 114, 117, 120, 126,
　136, 140, 142, 143, 153, 157, 166
教育事務所調査　111
教育政策研究　213
教育長の任命承認制　56
教育投資　85
教育の大衆化　5, 89
教育の論理　iv, v, 1, 6, 9, 12, 15, 17, 24, 25,
　30, 31, 35, 37-39, 41, 96, 99, 109, 112, 119,
　122, 124, 128, 130, 133, 134, 139, 149, 150,
　217, 222
教員人事行政　107, 108, 115, 121, 125
教員不足　110, 124, 125, 128, 130
教員免許更新制　97, 98
行政改革　24, 25, 27, 29
行政学　214
協働による公共管理　94
緊縮財政　206
近代化　3
近代主義右派（リベラル・モダニズム）　29,
　33, 34, 41
空間　108, 111, 115, 117, 121, 128, 130
グループ・ヒアリング　55, 56, 59
グローバルシティ　154

系統性　6, 78
ケインズ主義的福祉国家　10, 218
権威主義　92
権限移譲　49, 54-56, 61, 68, 72
県費負担教職員　2, 56, 61, 69, 81, 107, 109
　　-111, 113, 114, 121, 124, 127, 139, 141
小泉構造改革　54, 58
広域異動　3, 82, 108, 112, 116
広域人事　128
広域調整　115, 117, 119-121, 127, 130
後発型近代国家　3, 4
＊香山健一　11, 89
国民統合　10
国民の教育権論　214, 215
個性重視の原則　90
子ども中心主義　iv, 93
コミュニティ・スクール　155

さ　行

サッチャー政権　198, 199, 201
三位一体改革　57, 58, 61, 95
市区町村調査　111
市場化　88, 90
市場の論理　iv, 9, 11, 12, 14, 17, 23-25, 30, 33,
　　35, 37-39, 41, 75, 90, 96, 99, 109, 110, 112,
　　128, 130, 134, 138, 149, 150, 164, 217, 221
市町村合併　113, 128, 129
指導主事　78-80, 82
指導・助言　120
社会的投資　8
自由化　11, 90
（再）集権化　13, 14
集権・分離型　4
就社　7
準市場　200
生涯学習／生涯教育　91
少人数学級　137, 138, 149, 151
自律的学校経営　200, 202-204
46答申　85-87

新規学卒一括採用　7
人事異動　142
人事異動の範囲　143-145, 147, 150
人事異動パターン　142
人事権委譲　115, 122
新自由主義　23, 24, 33, 41, 42, 203, 221
新中間層　5
人的資本　2, 8, 9
人的能力開発路線　92
スケール　16, 84, 215, 216
スケールクラフト　17, 155, 156, 178, 226
スケールの再編　77
ステートクラフト　155
政治家　217
政治改革　225
政治の判断　9, 10, 17, 99, 222
政府間関係　4, 77, 78, 215
政令指定都市　138-142, 151
狭い異動　114-116
1902年教育法　193
1988年教育改革法　199
1944年教育法　194
選挙制度改革　25, 26, 29, 32, 34
全国学力・学習状況調査　108, 118, 120
全国知事会　48, 59, 60
総額裁量制　61, 71
総合化　13, 14
総合制中等学校　196
族議員　52-54, 58, 59

た　行

第1次分権改革　47
大規模学力テスト　155, 156, 225, 226
第2次分権改革　61
多様化　v, 88, 216
地域学校コミッショナー　160, 163
地域協働　95, 96
地域限定枠　117
地域コンソーシアム　164, 165

地域ディレクター　161
チームとしての学校　178
知識基盤社会　i, 7
地方学校区　154, 159
地方教育行政の組織及び運営に関する法律
　（地方教育行政法／地教行法）　56, 62, 76,
　78, 135, 136, 138
地方教育当局（LEA）　190, 193, 195, 197,
　199, 201, 208
地方当局（LA）　202, 207, 208
地方分権一括法　50
地方分権改革　25, 29, 35-37, 41, 134, 136, 138,
　140, 149
地方分権改革推進委員会　61, 72
地方分権推進委員会（分権委）　48, 50, 53, 55,
　56, 61, 62
地方六団体　48, 54, 55
チャータースクール　158, 162, 167
中央教育審議会（中教審）　57, 60
中核市　139, 140, 142, 144, 145, 147, 149
中間（middle）　153, 158, 159, 161
中間からのリーダーシップ　162
中間単位　16, 84, 226
中間でのリーダーシップ　162
詰め込み教育　i
定型的な行政活動　214
適正規模　129
適正配置　129
統治機構　12
統治機構改革　v, 13, 75
＊土光敏夫　10, 87
都道府県調査　111

な　行

内閣府　35
ナショナル・カリキュラム　200, 210
二元代表制　38
＊西田亀久夫　86
2010年アカデミー法　204

2000年分権改革　47, 49, 50, 53, 55, 56, 63, 65
日本教職員組合（日教組）　34
日本経済調査協議会（日経調）　87, 88

は　行

非正規教員　110, 121, 122, 124
非中間化　161
標準化　iv, 1, 6, 10, 75, 76, 80, 81, 84, 216
標準化路線　92, 93
広い異動　114-116
福祉国家　135, 194, 196, 200, 203, 206, 209,
　219, 221
福祉国家（の）再編　8, 223, 227
フリースクール　204, 206
ブレア政権　201, 202
文教族　24, 30, 31, 33, 34, 41
分権化　13, 14
分離型　77
平成の大合併　62-68
ベヴァリッジ報告　194
偏差値　7
（都道府県による）補完・支援（機能）　68,
　69
保守志向の市場化　97
＊細川護熙　69

ま　行

マルチ・アカデミー・トラスト　160, 179,
　207, 208, 210
マルチレベル分析　144
無党派首長　37, 41
メタ・ガバナンス　99
＊森戸辰男　86
文部（科学）省　133, 136
　文部科学省（文科省）　24, 25, 35, 37, 38, 40,
　41
　文部省　30, 31, 33, 34, 136

索　引

や　行

有権者　217
融合型　4, 6
豊かさを実感できる社会　47, 51, 52
ゆとり（教育）　ⅱ, ⅲ, 90, 91

ら　行

リージョナリズム　180
リスケーリング　15-17, 149, 150, 154, 155,
　　164, 166, 178, 190, 224
立身出世　5
リバタリアニズム　92

リベラル・モダニズム　→近代主義右派（リ
　　ベラル・モダニズム）
臨時教育審議会（臨教審）　31, 34, 89
レジーム　218
労働党　194, 196, 198
ロジスティック回帰分析　144

欧　文

LA　→地方当局
LEA　→地方教育当局
NPM　ⅳ, 12, 57, 93-97, 226
OFSTED（教育監査局）　203, 204
PISA　ⅱ, ⅲ, 156, 172

《執筆者紹介》（執筆分担，執筆順，＊印は編著者）

＊**徳久恭子**（とくひさ・きょうこ）　**はじめに・序章・第3章・終章・むすびにかえて**

　　1973年　生まれ。
　　2003年　大阪市立大学大学院法学研究科博士課程修了，博士（法学）大阪市立大学。
　　現　在　立命館大学法学部教授。
　　主　著　『日本型教育システムの誕生』木鐸社，2008年。
　　　　　　『縮小都市の政治学』（共編著）岩波書店，2016年。
　　　　　　「二つの近代家族像——香山健一とリベラル・モダニストの家族像」待鳥聡史・宇野
　　　　　　重規編『〈やわらかい近代〉の日本——リベラル・モダニストたちの肖像』弘文堂，
　　　　　　2025年。

待鳥聡史（まちどり・さとし）　**第1章**

　　1971年　生まれ。
　　1996年　京都大学大学院法学研究科博士後期課程退学。
　　2003年　京都大学博士（法学）。
　　現　在　京都大学大学院法学研究科教授。
　　主　著　『政治改革再考』新潮社，2020年。
　　　　　　『民主主義にとって政党とは何か』ミネルヴァ書房，2018年。
　　　　　　『首相政治の制度分析』千倉書房，2012年。

市川喜崇（いちかわ・よしたか）　**第2章**

　　1963年　生まれ。
　　1997年　早稲田大学大学院政治学研究科博士後期課程修了，博士（政治学）早稲田大学。
　　現　在　同志社大学法学部政治学科教授。
　　主　著　『日本の中央—地方関係——現代型集権体制の起源と福祉国家』法律文化社，2012年。
　　　　　　「《分権改革》再探究」『都市問題』111巻9号，2020年。
　　　　　　「『昭和の大合併』再訪」『自治総研』437号，2015年。

川上泰彦（かわかみ・やすひこ）　**第4章**

　　1976年　生まれ。
　　2006年　東京大学大学院教育学研究科学校教育高度化専攻単位取得退学。
　　2009年　修了，博士（教育学）。
　　現　在　兵庫教育大学大学院学校教育研究科教授。
　　主　著　『公立学校の教員人事システム』学術出版会，2013年。
　　　　　　『教員の職場適応と職能形成——教員縦断調査の分析とフィードバック』（編著）ジア
　　　　　　ース教育新社，2021年。
　　　　　　『地方教育行政とその空間——分権改革期における教育事務所と教員人事行政の再編』
　　　　　　（共編著）学事出版，2022年。

＊砂原庸介（すなはら・ようすけ）　第5章・終章

　　1978年　生まれ。
　　2006年　東京大学大学院総合文化研究科博士課程単位取得退学。
　　2009年　博士（学術）（東京大学）。
　　現　在　神戸大学大学院法学研究科教授。
　　主　著　『領域を超えない民主主義』東京大学出版会，2022年。
　　　　　　『新築がお好きですか？』ミネルヴァ書房，2018年。
　　　　　　『分裂と統合の日本政治』千倉書房，2017年。

＊本多正人（ほんだ・まさと）　第6章・終章

　　1966年　生まれ。
　　1996年　東京大学大学院教育学研究科教育行政学専攻博士課程単位取得退学。
　　現　在　愛知教育大学教育学部教育ガバナンス講座教授。
　　主　著　『公立学校財務の制度・政策と実務』（編著）学事出版，2015年。
　　　　　　『教育委員会制度再編の政治と行政』（編著）多賀出版，2003年。
　　　　　　『地方教育行政とその空間──分権改革期における教育事務所と教員人事行政の再編』
　　　　　　（共編著）学事出版，2022年。

近藤康史（こんどう・やすし）　第7章

　　1973年　生まれ。
　　2000年　名古屋大学大学院法学研究科博士課程後期課程修了，博士（法学）（名古屋大学）。
　　現　在　名古屋大学大学院法学研究科教授。
　　主　著　『分解するイギリス──民主主義モデルの漂流』ちくま新書，2017年。
　　　　　　『社会民主主義は生き残れるか──政党組織の条件』勁草書房，2016年。
　　　　　　『個人の連帯──「第三の道」以後の社会民主主義』勁草書房，2008年。

統治機構改革は教育をどう変えたか
——現代日本のリスケーリングと教育政策——

2025年3月30日　初版第1刷発行　　　　　　　　　　　〈検印省略〉

定価はカバーに
表示しています

編　著　者	徳	久	恭	子
	砂	原	庸	介
	本	多	正	人
発　行　者	杉	田	啓	三
印　刷　者	江	戸	孝	典

発行所　株式会社　ミネルヴァ書房

607-8494　京都市山科区日ノ岡堤谷町1
電話代表　（075）581-5191
振替口座　01020-0-8076

© 徳久・砂原・本多ほか，2025　　共同印刷工業・新生製本

ISBN978-4-623-09884-2

Printed in Japan

C. ポリット・G. ブカールト 著／縣公一郎・稲継裕昭 監訳　　　A 5 判・416頁
行政改革の国際比較
—— NPM を超えて　　　　　　　　　　　　　　　　　　　　本 体 5,000円

室崎益輝・幸田雅治 編著　　　　　　　　　　　　　　　　　A 5 判・264頁
市町村合併による防災力空洞化
—— 東日本大震災で露呈した弊害　　　　　　　　　　　　　本 体 3,500円

藤田祐介 著　　　　　　　　　　　　　　　　　　　　　　　A 5 判・490頁
「教育の政治的中立」の政治過程
—— 教育二法成立史を再考する　　　　　　　　　　　　　　本 体 7,500円

松浦正孝 編著　　　　　　　　　　　　　　　　　　　　　　A 5 判・708頁
「戦後日本」とは何だったのか
—— 時期・境界・物語の政治経済史　　　　　　　　　　　　本 体 8,500円

砂原庸介 著　　　　　　　　　　　　　　　　　　　　　　　四六判・266頁
新築がお好きですか？
—— 日本における住宅と政治　　　　　　　　　　　　　　　本 体 2,800円

———————————— ミネルヴァ書房 ————————————

https://www.minervashobo.co.jp/